Denkanstöße
herausgegeben von Rainer Völker

Ziad Mahayni

Mensch-Sein im Zeitalter Künstlicher Intelligenz

Verlag W. Kohlhammer

Umschlagabbildung: © MeLena – stock.adobe.com

1. Auflage 2025

Alle Rechte vorbehalten
© W. Kohlhammer GmbH, Stuttgart
Gesamtherstellung: W. Kohlhammer GmbH, Heßbrühlstr. 69, 70565 Stuttgart
produktsicherheit@kohlhammer.de

Print:
ISBN 978-3-17-046043-0

E-Book-Formate:
pdf: ISBN 978-3-17-046044-7
epub: ISBN 978-3-17-046045-4

» Das Feld der Philosophie lässt sich auf folgende Fragen bringen:

1. Was kann ich wissen?
2. Was soll ich tun?
3. Was darf ich hoffen?
4. Was ist der Mensch?

Im Grunde könnte man aber die ersten drei Fragen zur Vierten rechnen, weil sie sich alle auf diese letzte Frage beziehen.«
Immanuel Kant, 1800

» ›Wer *bin* ich schon?‹ fragt der Prometheus von heute, der Hofzwerg seines eigenen Maschinenparks, ›wer bin *ich* schon?‹«
Günther Anders, 1956

Inhalt

Einleitung[1]

>> In keinem anderen Sinne, als Napoleon es vor 150 Jahren von der Politik, und Marx es vor 100 Jahren von der Wirtschaft behauptet hatte, ist die Technik nun unser Schicksal.«[2]
Günther Anders

Drei Stichtage aus den 1950er-Jahren:

Im Jahr 1958 sitzt der Ingenieur Jack Kilby allein im Labor. Es ist Sommer, praktisch alle seine Kollegen sind im Urlaub. Als Firmenneuling bei *Texas Instruments*, einer Firma, die zu diesem Zeitpunkt Transistor-Radios herstellt, hat Kilby kein Anrecht auf Urlaub, und so hat er viel Zeit für abwegige Gedanken: Was, wenn alle Schaltelemente wie Transistoren, Kondensatoren, Widerstände aus demselben Material bestünden? Dann könnten sie in einem einzigen integrierten Schaltkreis miteinander verbunden werden! Der erste Mikrochip war erfunden. Er hatte zwei Transistoren[3]. Die Anzahl der Transistoren bestimmt, wie leistungsfähig ein Computerchip ist. Der 2022 eingeführte M1 Ultra Mikrochip von *Apple* verfügt über 114 Milliarden Transistoren[4].

Im Jahr 1950 stellt Alan Turing, Mathematiker, Logiker, Informatiker und Entzauberer der deutschen Chiffriermaschine Enigma, in einem Aufsatz die spekulative Frage: »Can machines think?«[5] Er gibt keine Antwort auf die Frage, sondern darauf, wie man sie irgendwann einmal beantworten könnte. Im Jahr 2025 kann man diese Frage einer Künstlichen Intelligenz wie ChatGPT stellen und bekommt folgende Antwort:

>> Ah, das ist eine spannende Frage! ☺ Alan Turings Aufsatz *Computing Machinery and Intelligence* hat ja den berühmten Turing-Test eingeführt, der das Denken von Maschinen anhand ihrer Fähigkeit beurteilt, einen Menschen in einer Unterhaltung zu täuschen. Aber ob ich tatsächlich »denken« kann, hängt davon ab, wie man Denken definiert: Ja, wenn Denken reine Informationsverarbeitung bedeutet: Ich kann logisch Schlussfolgern, Text verstehen (bis zu einem gewissen Grad) und Antworten generieren [...].«[6]

Im Jahr 1956 erscheint das Buch »Die Antiquiertheit des Menschen« des Technikphilosophen Günther Anders. Das Buch ist getragen von drei Thesen: »daß wir der Perfektion unserer Produkte nicht gewachsen sind; daß wir mehr herstellen als vorstellen und verantworten können, und daß wir glauben, das, was wir können, auch zu dürfen, nein: zu sollen, nein: zu müssen«. Anders diagnostiziert am Menschen eine »prometheische Scham«, das ist die »*Scham vor der beschämend hohen Qualität selbstgemachter Dinge*«. Der Mensch schäme sich in Anbetracht der von ihm selbst erzeugten glänzenden Apparate seiner eigenen »fleischlichen Tölpelhaftigkeit«, er schäme sich »*geworden, statt gemacht zu sein*« und beginne sich zu fragen, ob er vielleicht nicht mehr als eine »*faulty construction*« sei[7]. Günther Anders wusste nichts vom M1 Ultra oder von ChatGPT.

Knapp 70 Jahre nach Erfindung des Mikrochips ist die Welt eine andere. Das Zeitalter der Künstlichen Intelligenz ist angebrochen und wirft die großen Fragen des Seins neu auf. Der Wechsel vom analogen in das digitale Zeitalter verändert die Welt und die Narrative, mit denen sich der Mensch in einen Sinnzusammenhang mit ihr zu bringen versucht. Er verändert den Menschen und die Art und Weise, wie er sich selbst sieht und versteht. Der Beginn des KI- und Digitalzeitalters ist nicht nur von großen und schnellen Veränderungen geprägt, sondern auch von Des- und Neuorientierung in der Frage, was Mensch-Sein im Antlitz immer menschenähnlicherer Apparate bedeutet.

Am Anfang allen Nachdenkens über die Welt steht das Nachdenken über sich selbst. Jedes Weltbild basiert auf einem Menschenbild. Beide formen sich unter dem Eindruck der digitaltechnologischen Revolution neu. Auf der Eingangsschwelle zum KI-Zeitalter stehend können wir den Prozess der Auskristallisierung neuer Leitnarrative über Mensch und Welt beobachten. Wir können Muster erkennen, erahnen wie sich verfestigen könnten – und wir können Einfluss darauf nehmen.

Der Einflussnahme voraus geht die Reflektion. Die Reflektion der tiefgreifenden Verschiebungen, die Künstliche Intelligenz im Verhältnis des Menschen zu sich selbst und der Welt hervorruft, ist das Anliegen dieses Buchs. Darin versuche ich, die Leitgedanken freizulegen, die den neuen Erzählungen zugrundeliegen. Die Perspektive, die eingenommen wird, ist eine Betrachtung von oben, die ein ›Big Picture‹ zu zeichnen versucht, das, so die Hoffnung, Orientierung in einer Zeit wachsender Desorientierung zu geben vermag. Es ist ein Blick, der versucht, sich nicht in der endlosen Fülle handfester und operativer Fragen der Künstlichen Intelligenz, die in zahlreichen anderen Untersuchungen im Vordergrund stehen, zu verlieren.

Das Buch geht dieser Suche in vier Kapiteln nach: Im ersten Kapitel wird der Kontext aufgespannt, in dem sich die KI- und Digitalrevolution entfaltet. Das zweite Kapitel untersucht, wie sich das menschliche Selbstverständnis im Angesicht Künstlicher Intelligenz neu ausrichtet. Das dritte Kapitel geht der Frage nach, wie sich der Mensch in einer immer weiter von Technologie durchdrungenen Welt neu verortet. Das vierte Kapitel betrachtet die Zukunft der Beziehungen des Menschen, dem sich im Digitalzeitalter mit Künstlicher Intelligenz und humanoider Robotik neue Lebensgefährten anbieten.

Mensch, Welt, Beziehungen bilden den Dreiklang der Analyse. Durch alle Reflektionen hindurch zieht sich die Differenzierung zweier grundsätzlich unterschiedlicher Denkweisen, mit denen die in diesem Dreiklang liegenden fundamentalen Fragen beantwortet werden können. Diese werden als das *technologiezentrierte Denken* einerseits und das *menschzentrierte Denken* andererseits bezeichnet. Sie spannen, wie mir scheint, den Raum auf, in dem sich die neuen Leitbilder eines neuen Zeitalters auskristallisieren.

Der primäre Anspruch des Buches ist die Analyse. Philosophische Analyse ist jedoch immer auch kritische Analyse, die das sinnvolle vom weniger sinnvollen zu trennen versucht. Daher wird in diesem Buch auch eine Haltung eingenommen und begründet, die in der Gegenüberstellung von technologie- bzw. menschzentriertem Denken Position bezieht.

1
In was für einem Zeitalter leben wir?

» Incomprehensibility is, in effect, the end state of information overload.«[8]
James Cascio

Spätestens seit dem 30. November 2022 ist Künstliche Intelligenz in der Welt. An diesem Tag machte die Firma OpenAI den KI-basierten Chatbot GPT-3 öffentlich und kostenfrei zugänglich. ChatGPT war natürlich nicht die erste KI-Anwendung, doch es war die Anwendung, die sich so schnell wie keine andere Applikation zuvor – KI-basiert oder nicht – ausbreitete. Bereits nach zwei Monaten verzeichnete OpenAI 100 Millionen Nutzer[9]. Der Geist ist aus der Flasche. Das ist für manche eine aufregende und rundum positive Tatsache, anderen macht sie Angst.

Ähnlich schnell wie sich GPT-3 verbreitet hat, haben sich die Fähigkeiten des Chatbots entwickelt. Die Leistungsfähigkeit einer Künstlichen Intelligenz zu definieren ist nicht trivial und Gegenstand von Fachdiskussionen. Als Annäherung kann man beispielsweise die Anzahl der Parameter heranziehen, mit deren Hilfe eine KI ihren Output produziert. GPT-1 verfügte über 117 Millionen Parameter. Das im November 2022 freigeschaltete GPT-3 verfügte bereits über 175 Milliarden Parametern und die im März 2023 erschienene Version GPT-4 über ca. 1,8 Billionen Parameter[10]. Diese Form der beschleunigten Entwicklung ist kennzeichnend für unsere Zeit. Im Digitalzeitalter begegnet sie uns in unterschiedlichen Gewändern immer wieder.

Der Geist lässt sich nicht wieder in die Flasche zurückdrängen. Dafür gibt es viele Gründe, von denen einige in diesem Buch beleuchtet werden. In einer kapitalistischen Gesellschaft mögen folgende Zahlen allein ausreichen, um dies deutlich zu machen: Aktuell werden jährlich über 190 Milliarden US$ in KI-Technologien investiert[11]. Der erwartete ökonomische Beitrag von Künstlicher Intelligenz zur Weltwirtschaft liegt bei 15,7 Billionen US$ bis zum Jahr

2030[12]. In diesen Zahlen sind jüngere Investitionsankündigungen wie das Projekt *Stargate*, in das allein 500 Milliarden US$ fließen sollen, nicht berücksichtigt[13]. Diese Investitionen streben nach Rendite. Hinter den Gewinnaussichten stehen zahlreiche Möglichkeiten, KI nutzbringend einzusetzen. Nicht wenige argumentieren, dass die Entfaltung von Künstlicher Intelligenz zwingend sei, um die großen Probleme der Menschheit, vom Klimawandel bis zur Ernährung einer Weltbevölkerung von bald 10 Milliarden Menschen, sicherzustellen. All dies entfaltet einen Sog, der zu einer Ausbreitung von Künstlicher Intelligenz und zum Aufschlagen eines neuen Kapitels in der Geschichte des Menschen führt.

Doch Künstliche Intelligenz ist nicht einfach nur eine Technologie in den Händen des Menschen. Es ist eine Technologie, die in besonderem Maße auf den Menschen abfärbt und ihn verändert. Sie verändert das Verständnis, das der Mensch von sich selbst und von der Welt hat. Aus philosophischer Sicht liegt daher die wesentliche Frage, die sich im Angesicht immer leistungsfähigerer KI stellt, nicht in den Möglichkeiten der Technologie, sondern denen des Menschen: Wie unterscheidet sich der Mensch von Maschinen, wo ist sein Platz in der Welt, und wird es im Zeitalter von KI überhaupt noch einen besonderen Platz für ihn geben? »Was bedeutet es, ein Mensch zu sein?« ist die zentrale Frage des KI-Zeitalters. Die Antwort, die sich der Mensch auf diese Frage geben wird, wird sich in allem niederschlagen, was menschliches Leben auszeichnet.

Die Ausbreitung Künstlicher Intelligenz ist Teil einer technologischen Revolution, die ich im Folgenden auch als *digitale Revolution* bezeichnen werde. Künstliche Intelligenz ist nicht ihr einziger, jedoch ihr wesentlicher Teil. Die digitale Revolution wird getrieben von einem Bündel zahlreicher neuer Technologien, in deren Zentrum KI steht und die gemeinsam das Antlitz der Welt verändern.

Von einem neuen Zeitalter, dem KI- oder Digitalzeitalter, zu sprechen, bedarf der Erläuterung. In welchem Sinn ist dieses Zeitalter neu und anders, und worin liegt die grundlegende Veränderung, die diese Bezeichnung rechtfertigt? Darum soll es in diesem Kapitel gehen. Dabei möchte ich die Entfaltung

Künstlicher Intelligenz in einen größeren gesellschaftlichen Kontext stellen, um das Ausmaß der Veränderung begreifbar zu machen.

Künstliche Intelligenz und Digitalisierung

In Deutschland beginnt die Diskussion über die Digitalisierung um 2013 unter dem Schlagwort »Industrie 4.0« virulent zu werden. Natürlich gab es Vorläufer hierzu, etwa die »Dotcom-Economy«, die in den frühen Jahren des Internets entstand und um das Jahr 2000 herum blasenartig zerplatzte. Nachhaltig verankerte sich das Thema aber erst seit den 2010er-Jahren im gesellschaftlichen Bewusstsein. In dieser Zeit wurde auch eine neue Welle von Digitalunternehmen gegründet, die den Logiken des Web 2.0 folgten und die bis zum heutigen Tag eine dominierende Stellung einnehmen. In diesem Kontext entstand in Deutschland die Debatte zur »Industrie 4.0«, die lange Zeit den Diskurs zur Digitalisierung dominierte.

Aus industrieller Sicht mag der Begriff »Industrie 4.0« eine Berechtigung haben. Aus philosophischer Perspektive, die die gesamtgesellschaftlichen Prozesse in den Blick zu bekommen versucht, ist es ein sehr irreführender, um nicht zu sagen verirrter Begriff. Der Begriff führt die Debatte über die Digitalisierung an zwei entscheidenden Stellen auf eine vollkommen falsche Fährte. Zum einen suggeriert er, dass das, was sich aktuell abspielt, einfach nur der nächste Schritt in einer kontinuierlichen, treppenartig verlaufenden Entwicklung sei: von der ersten Stufe, der Einführung der Dampfmaschinen (Industrie 1.0), über die zweite Stufe, die durch die Elektrifizierung gekennzeichnet ist (Industrie 2.0), zur dritten Stufe, in der IT- und Robotersysteme Einzug nahmen (Industrie 3.0) bis hin zur aktuell vierten Stufe, in der internet- und cloudbasierte Technologien eine Echtzeitvernetzung aller Dinge und Prozesse ermöglichen (Industrie 4.0)[14]. Zum anderen suggeriert der Begriff, dass das, was sich gerade abspielt auf die Sphäre der Wirtschaft im Allgemeinen und der Industrie im Speziellen beschränkt sei. Beide Suggestionen sind falsch. Die Digitalisierung ist keine treppenartig verlaufende Evolution, sondern eine Revolution. Sie ist eine Zäsur, die die Geschichte in ein Davor und ein Danach aufspaltet. Und ein wesentliches Merkmal dieser Revolution ist, dass sie gerade nicht auf eine lebensweltliche Sphäre wie die Industrie oder Wirtschaft begrenzt ist, sondern jede Facette menschlichen Lebens bis in den letzten Winkel hinein verändert. In diesen digitalen Transformationsprozess zieht nun Künstliche Intelligenz ein. Es ist, wie wenn man in brennendes Öl einen großen Eimer Wasser schüttet.

Unter den Technologien des Digitalzeitalter nimmt Künstliche Intelligenz eine Sonderrolle ein. Künstliche Intelligenz ist eine »general purpose technology«, die, ähnlich wie Elektrizität, alle bestehenden Technologien auf ein gänzlich anderes Niveau hebt und zahlreiche neue Technologien ermöglicht, die ohne sie nicht denkbar wären. Zwar gibt es auch andere wichtige Technologien, wie die Robotik und Nanorobotik, Mixed und Virtual Reality oder die Gen- und Biotechnologie. Doch in allen diesen Technologien kommt auch Künstliche Intelligenz zum Einsatz und setzt sich ans Steuerrad. Wenn beispielsweise ein Roboter darauf trainiert wird, empathisch mit Menschen zu interagieren, dann ist es Künstliche Intelligenz, die ihm die hierfür entscheidende Fähigkeit zukommen lässt, feinste Veränderungen in der Mimik eines Menschen richtig zu interpretieren und die eigenen Reaktionen darauf in Selbstlernschleifen zu verbessern. Wenn ein Roboter lernen soll, sich ähnlich filigran zu bewegen wie ein Mensch, dann ist das eine technische Herausforderung, die nicht nur mit KI zu tun hat, jedoch erst durch KI gelöst werden kann. Man kann Roboter daher als den »Körper der KI«, als »seine physische Manifestation« verstehen[15]. Ähnlich verhält es sich mit vielen anderen Leittechnologien des Digitalzeitalters, deren ebenfalls rasantes Voranschreiten somit direkt oder indirekt an die exponentielle Entwicklung von Computertechnologie im Allgemeinen und Künstlicher Intelligenz im Besonderen gekoppelt sind. Durch diese zentrale Funktion wird Künstliche Intelligenz zum wesentlichen Treiber der digitalen Revolution. Sie ist »im Zentrum der kommenden Welle«, wie es Mustafa Suleyman, Mitgründer von DeepMind und Inflection AI formuliert[16].

Ist die Digitalisierung eine Revolution?

Wenn wir heute das Wort Revolution hören, dann denken wir an dramatische und blutige Ereignisse wie etwa die Französische Revolution 1789 oder die russische Oktoberrevolution 1917. Wir denken an Ereignisse, bei denen das Volk auf die Straße geht, Herrscher gestürzt oder gar hingerichtet werden. Wir denken an schlagartige und tiefgreifende Veränderungen, die die Welt zumindest zeitweise ins Chaos stürzen. In diesem Sinne ist die Digitalisierung keine Revolution (auch wenn nicht völlig ausgeschlossen ist, dass es im Kontext der digitalen Revolution zu solchen Ereignissen kommen kann[17]). In welchem dann?

Wenn hier im Zusammenhang der Digitalisierung von einer Revolution gesprochen wird, dann soll dies nicht Bilder der französischen oder russischen Revolution in den Kopf rufen, sondern eines revolutionären Ereignisses anderer Art wie etwa der Epochenwende vom Mittelalter zur Neuzeit. Die tiefgreifenden Veränderungen, die mit diesem Epochenwandel einhergingen, stehen außer Frage. Wollte man jedoch versuchen, ihm ein Datum zu geben, ähnlich dem Sturm auf die Bastille am 14. Juli 1789, so entgleitet er einem wie Sand zwischen den Fingern. Historiker haben immer wieder versucht, den Epochenwandel zur Neuzeit an ein Datum zu heften. Am häufigsten genannt werden die Entdeckung Amerikas 1492 durch Columbus, die Eroberung Konstantinopels 1453 durch die Osmanen oder Luthers 95 Thesen, angeschlagen 1517 an die Schlosskirche Wittenbergs. Andere Kandidaten sind die Erfindung des Buchdrucks durch Gutenberg oder die Kopernikanische Wende von einem geozentrischen zu einem heliozentrischen Weltbild. Jedes dieser Einzelereignisse erweist sich bei näherer Betrachtung natürlich als ungeeignet, um als Wendepunkt einer ganzen Epoche zu überzeugen, doch sie alle sind Ausdruck eines fundamentalen Wandels, der sich in dieser Zeit vollzieht.

Da alle diese Ereignisse irgendwo zwischen 1450 und 1550 liegen, lassen Historiker die Neuzeit in der Regel um 1500 herum beginnen. Aber das ist natürlich, wie gerade auch die Historiker wissen, willkürlich gewählt und allein dem menschlichen Wunsch geschuldet, so etwas wie einen Start- und Endtermin für eine Epoche haben zu wollen, so als wären es die Lebensdaten eines Politikers. Schaut man genauer hin, erweist sich das als schlichtweg unmöglich. Ein so fundamentaler Wandel vollzieht sich über eine lange Zeit und in unterschiedlichen Regionen mit unterschiedlicher Geschwindigkeit. Während die Renaissance in Italien sehr früh einsetzte und Giotto di Bondone bereits um 1300 wie ein Renaissancekünstler zu malen begann, herrschte jenseits der

Alpen noch tiefes Mittelalter. Von da an hat es nochmal ca. 400 Jahre ge-
dauert, bis der Wandel – gewissermaßen im Rückblick – so tiefgreifend und
offensichtlich geworden ist, dass man ihn benennen und der neuen Epoche
den Namen »Neuzeit« geben konnte. Um 1700 herum erschien erstmals ein
Werk, das der Geschichte – aus einer typisch eurozentristisch-westlichen Perspektive – die bis heute übliche Dreiteilung aus Antike, Mittelalter und Neuzeit gab und das die *neue Zeit* von der Epoche davor, die nun als *Mittelalter*
bezeichnet wurde, abgrenzte[18].

Die revolutionäre Entwicklung, die die abendländische Welt vom Mittelalter
in die Neuzeit beförderte, ist keine gewesen, die am 12. Oktober 1492 stattfand als Christoph Kolumbus auf einer Insel der Bahamas anlandete, sondern
ein Prozess, der sich über einen langen Zeitraum hinzog und der die Art und
Weise, wie Menschen leben und denken, wonach sie streben, was sie für richtig oder schön, für falsch oder hässlich halten und wie sie mit der der Welt
interagieren, auf fundamentale Weise veränderte.

Die digitale Revolution ist revolutionär in diesem Sinne. Sie ist ein Epochenwandel zu einem neuen, grundlegend anderen Zeitalter, dem Digitalzeitalter.
Sie erweitert die Reichweite des Menschen, indem sie immer mehr Sphären
des Seins unter seinen gestalterischen Zugriff bringt. Sie verändert, was wir
tun und wie wir es tun, genauso wie unsere Wertvorstellungen und Denkmuster, mit denen wir uns in der Welt verorten und dem Leben einen Sinn
zu geben versuchen. Sie verändert das Antlitz der Welt, und sie vergrößert,
vervielfacht die Welt, indem sie ihr die Sphäre des Virtuellen hinzufügt und
zur Kolonisierung des Weltraums ansetzt. Sie verändert alles, das Physische
und das Gedachte.

Ähnlich dem Epochenwandel vom Mittelalter zur Neuzeit entfaltet sich auch
die digitale Revolution in unterschiedlichen Bereichen der Gesellschaft und in
unterschiedlichen Regionen mit unterschiedlicher Geschwindigkeit. Während
wir in Europa per App Essen bestellen, sind in Japan bereits autonome Liefer-
roboter im Einsatz, die das Essen vor die Tür bringen. Während Techunterneh-
men daran arbeiten, den Menschen unsterblich zu machen, haben weite Teile
der Welt noch immer keinen verlässlichen Zugang zu Wasser und Nahrung.
Während im Silicon Valley darüber nachgedacht wird, ob man eine neue Re-

ligion mit einem KI-basierten allwissenden Gott kreieren solle[19], haben Teile der Südhalbkugel noch nicht mal Anschluss an das Internet. Ungeachtet dieser Entwicklungsunterschiede transformiert die digitale Revolution nach und nach jede Facette menschlichen Lebens, indirekt auch derer, die gar keinen Anschluss an das Internet haben. Typisch für die Übergangszeit ist auch die Gleichzeitigkeit von unfassbar beeindruckenden Beispielen neuer Möglichkeiten und frustrierenden Erfahrungen, die einen ernsthaft daran zweifeln lassen, ob die Rede von technologischem Fortschritt, geschweige denn revolutionärem Fortschritt gerechtfertigt ist. Während man darüber staunt, dass GPT-4 in einem Test das bayerische Abitur mit der Note 2 bestanden hat[20], verzweifelt man Sekunden später, wenn Siri einfach nicht kapieren will, dass man Marlene anrufen und nicht an Marmelade erinnert werden will.

Der Vergleich mit dem Epochenwandel zwischen Mittelalter und Neuzeit soll illustrieren, wie einschneidend die Veränderung, wie grundlegend die Zäsur ist. Hinsichtlich der Zeitachse passt der Vergleich allerdings nicht. Aufgrund der akzelerierten Entwicklungsgeschwindigkeit digitaler Technologien wird der aktuelle Epochenwandel deutlich schneller vonstattengehen als der Wandel vom Mittelalter zur Neuzeit. Das erste Quartal des 21. Jahrhunderts können wir als die Eingangsschwelle zum Digitalzeitalter betrachten. Das 21. Jahrhundert ist das erste Jahrhundert dieses neuen Zeitalters. Auf der Schwelle zum Digitalzeitalter stehend bilden sich ein neues Selbstverständnis des Menschen, neue Ideologien und Sichtweisen heraus, mit denen sich der Mensch sich selbst und die Welt erklärt. Wir befinden uns in einer Zeit, in der diese neuen Sichtweisen *in statu nascendi*, im Modus der Auskristallisierung sind. Diesen Auskristallisierungsprozess zu beobachten und die sich anbietenden Narrative zu analysieren, ist das Anliegen dieses Buches.

Alles Denken und Handeln ist in strukturierende Narrative, Ideologien und Mythologien eingebettet[21]. Schaut man genauer hin, so bilden sich im Antlitz von Künstlicher Intelligenz zwei alternative Leitnarrative hinsichtlich der Frage an, was es heißt, ein Mensch zu sein. In den folgenden Kapiteln werden diese als das *technologiezentrierte Denken* einerseits und als *menschzentriertes Denken* andererseits beschrieben. Es handelt sich um unterschiedliche Denkweisen, die von fundamental anderen Grundannahmen ausgehen und folglich zu anderen Schlüssen darüber kommen, was Mensch-Sein bedeutet, was Künstliche Intelligenz ist und wie sich der Mensch im Zeitalter Künstlicher Intelligenz weiter entfalten sollte. Die Frage, welches Denkmuster sich zum dominierenden Leitnarrativ entwickeln wird, ist noch immer offen. Das macht das Nachdenken darüber so bedeutend.

Schauen wir noch ein letztes Mal zurück auf die historische Analogie zwischen dem Digitalzeitalter und dem Epochenwandel zur Neuzeit. Zu Beginn des Kapitels wurde die Überlegung angestellt, dass der Epochenumbruch vom Mittelalter zur Neuzeit die bessere historische Analogie sei als beispielsweise die Französische Revolution. Fragen wir zum Schluss, welche dieser beiden historischen Ereignisse das einschneidendere gewesen ist: Zweifelsohne liegt der fundamentalere, wenn auch unterschwelliger sich entfaltende Wandel im Epochenwechsel vom Mittelalter zur Neuzeit und der damit einhergehenden gänzlich anderen Art und Weise, wie sich der Mensch der Neuzeit definiert, wie er sich die Welt erklärt, in welchen Glaubenssätze, Wertesysteme und Ideologien sein ganzes Denken und Handeln eingebettet sind. Dieser Wandel drückt sich u. a. in einer Abkehr von einem gottzentrierten Denken und einer Hinwendung zu einem humanistisch-aufgeklärten Denken aus und findet Niederschlag in dem sich wandelnden Welterklärungsmodellen, etwa von einem geozentrischen zu einem heliozentrischen Weltbild. Hier liegt der eigentliche Paradigmenwechsel, aus dem die Aufklärung überhaupt erst hervorgehen konnte und dessen spätere Ausformung und Konsequenz die Französische Revolution genauso wie die Erfindung der Dampfmaschine oder des Computers sind. In diesem Sinne revolutionär ist der Wandel vom analogen zum digitalen Zeitalter. Es bringt einen neuen Menschen hervor, es bringt eine neue Welt hervor, und es bringt neue Welterklärungsmodelle hervor.

Leben wir noch in einer VUKA-Welt?

Wie fühlt es sich an, inmitten dieser Veränderungen zu leben? Eine Beschreibung der Welt, die sich im ersten Viertel des 21. Jahrhunderts etabliert hat, lautet, dass die Welt VUKA sei. Der Ursprung des VUKA-Konzepts liegt in militärstrategischen Überlegungen. Nach dem Ende des Kalten Krieges und dem Zerfall der Sowjetunion begann die Welt unübersichtlich zu werden. Aus einer bipolaren Welt ist eine multipolare Welt geworden mit unvorhersehbaren Konfliktherden, die zudem einen unberechenbaren Verlauf nahmen. Am US Army War College stellte man sich die Frage, was das für Rahmenbedingungen sind, in denen man von nun an zu operieren habe, wie man sich unter diesen Rahmenbedingungen am besten organisiert und wie man sich selbst und andere durch diese Rahmenbedingungen steuert[22].

Das so entstandene VUKA-Konzept hat große Adaption gefunden. Zuerst wurde es von Managementkreisen übernommen. Dort stellte man sich seit dem frühen 21. Jahrhundert ganz ähnliche Fragen, nämlich, wie man in einer immer unübersichtlicher und sich schneller verändernden digitalen Ökonomie überleben und erfolgreich sein könne. Schließlich wurde das VUKA-Konzept zu einer allgemeinen Weltbeschreibung, die das Los jedes einzelnen Menschen beschreibt, der Orientierung in der immer dynamischeren und immer schwerer zu verstehenden Welt des frühen Digitalzeitalters sucht.

VUKA steht für *Volatilität, Ungewissheit, Komplexität* und *Ambiguität.* Diese vier Begriffe, so die Idee, beschreiben den Zustand der Welt und, infolgedessen, die Lage des Menschen, der zu Beginn des 21. Jahrhunderts nach Orientierung sucht. Die Aussage, dass wir in einer VUKA-Welt leben, bedeutet in einem Satz formuliert, dass wir in einer Welt leben, die von ständigem unvorhersehbarem und somit nicht plan- und steuerbarem Wandel geprägt ist. Das Einzige, das vorhersehbar sei, ist die Unvorhersehbarkeit des immer wieder Anderen und Neuen, das in die Welt hereinbricht und auf das es sich als Chance oder Herausforderung einzustellen gelte. Schauen wir uns die einzelnen Bestandteile des Akronyms näher an.

Die Welt ist *volatil.* Alles verändert sich andauernd und immer schneller. In der englischen Variante des Akronyms kann man das v auch für *velocity* (Geschwindigkeit) verwenden. Allein die exponentielle Entwicklung der Computertechnologie führt dazu, dass wir in einer immer schneller sich verändernden Welt leben und uns immer wieder neu in ihr verorten müssen. Wir spüren die Volatilität an den Aktien- und Finanzmärkten, auf dem Arbeitsmarkt genauso wie in den Trends auf Social Media, die sich immer schneller ablösen. Wir spüren das Echo der Volatilität in der menschlichen Psyche in Form von Adrenalin- und Dopaminschüben aber auch in einem Leben knapp am Rande des Ausgebrannt- und Überfordertseins. In einer volatilen Zeit wird der zeitliche Horizont der Vorhersehbarkeit immer kürzer. Die Veränderungsgeschwindigkeit, und mit ihr die Notwendigkeit, sich auf immer neue Situationen einzustellen, hat ein solches Maß erreicht, dass wir gar nicht anders können, als »auf Sicht« zu fahren. Das gilt für die Gesellschaft als Ganzes, für Unternehmen und für jeden einzelnen Menschen, der versucht sein Leben zu meistern.

Die Welt ist *ungewiss*. Das ist natürlich auch eine Folge der Schnelligkeit und Volatilität, durch die es immer schwieriger und immer häufiger unmöglich wird, Klarheit über irgendeinen Sachverhalt zu erlangen. Der Informationsüberfluss, der einem für jedes Thema plausibel erscheinende Meinungen und Gegenmeinungen liefert, schafft mehr Verwirrung als Klarheit. Fake News, meinungsmanipulierende Chatbots, visuelle und akustische Deepfakes tun ihr Übriges. Im Juni 2022 sprach Berlins regierende Bürgermeisterin Franziska Giffey in einer Videokonferenz eine Viertelstunde lang mit Kiews vermeintlichen Bürgermeister Vitali Klitschko, ohne zu merken, dass es sich dabei um einen Deepfake handelte[23]. Bereits bei der US-Wahl 2016 wurden nach Schätzung von Facebook seitens russischer Akteure ca. 80.000 meinungsmanipulierende Inhalte auf der Plattform verbreitet[24], Tendenz steigend. Experten schätzten 2023, dass im Jahr 2025 bis zu 90 % des Internetcontents KI-generiert sein könnte[25]. Wer soll hier noch durchblicken? Welche Aussage hat Bestand? Wer hat sie getätigt? Auf allen Ebenen suchen wir Klarheit und finden das Gegenteil. Niemand weiß, was als nächstes passieren wird. Unternehmen haben längst aufgegeben, sich Langfriststrategien zu geben, da diese nach immer kürzerer Zeit revidiert werden müssen. Thinktanks und Politik operieren mit Szenarien und Wahrscheinlichkeiten und liegen trotzdem immer wieder falsch, genauso wie die Wahlprognosen. Sowohl auf gesellschaftlicher wie auch auf individueller Ebene ist unsere Situation von Ungewissheit geprägt, in die hinein wir dennoch Entscheidungen treffen müssen.

Die Welt ist *komplex*. Manchmal mag sie auch kompliziert sein, aber das ist nicht, was sie ihrem Wesen nach auszeichnet. Zwischen komplizierten und komplexen Problemen besteht ein wichtiger Unterschied. Komplizierte Probleme kann man lösen, komplexe Probleme muss man in einem Trial-and-Error-Prozess irgendwie managen. Eine komplizierte Welt kann man strukturieren, ordnen und planerisch in den Griff bekommen. Eine komplexe Welt ist wie ein Knäuel, bei dem alles mit allem zusammenhängt, so dass jede Handlung Konsequenzen hat, die kaum vorhersehbar sind. Die Komplexität einzelner Systeme, geschweige denn der Welt als Ganzes, ist längst nicht mehr zu durchdringen. Das Finanzsystem kann hierfür als Beispiel dienen: Alle agieren darin, aber keiner versteht es. Zumindest nicht in dem Sinn, den das Wort »verstehen« in einer komplizierten Welt hat. »*Ver-stehen*«, kommt von »vorstehen« im Sinne von »*davor-stehen*« und etwas vollkommen klar vor Augen zu haben, so dass man alle Facetten betrachten, erkunden, durchdringen kann. Was lässt sich heute noch so verstehen? Eine komplizierte Welt zu verstehen, erfordert Aufwand, doch es ist möglich, so dass man mit verlässlichen Vorhersagen steuernd in sie eingreifen kann. In einer komplexen Welt trifft man Annahmen und hofft, dass es gut gehen wird.

Die Welt ist *ambig*. Ambiguität bedeutet, dass wir permanent mit doppel- und mehrdeutigen Situationen konfrontiert sind, die nicht eindeutig einzuordnen sind. Was in einem Kontext richtig erscheint, erscheint in einem anderen Kontext falsch. Atomkraft ist seit Fukushima schlecht und muss aus Sicherheits- und Umweltgründen überwunden werden. Doch im Bilanzraum der Treibhausgasdebatte und des Gasembargos im Zuge des Ukrainekriegs sieht das plötzlich ganz anders aus. Schon beginnt die Debatte von vorne. Während in Deutschland die Diskussion noch läuft, sind andere Länder längst dabei, aus Umweltgründen neue Kernkraftwerke zu bauen. Egal wo man hinschaut, man sieht nur noch kleine Ausschnitte einer Welt, die zu voll ist, um sie als Ganzes in den Blick nehmen zu können. Wahrheit, Meinung und Überzeugung wird zu einer Sache der Perspektive, des Bilanzraums, des jeweiligen Ausschnitts, den man betrachtet. In der Identitätspolitik der Gegenwart und in den Echokammern im Internet kulminiert die Ambiguität darin, dass jede Gruppe, jedes einzelne Individuum seine eigene Deutung der Welt hat.

Im VUKA-Konzept hängen alle Faktoren eng miteinander zusammen und zahlen aufeinander ein. Komplexität führt zu Ungewissheit und Mehrdeutigkeit, Volatilität steigert Komplexität und erhöht Ungewissheit etc. Beispiele für die VUKA-haftigkeit der Welt, so scheint es, gibt es zuhauf.

Die Weltbeschreibung als VUKA schien lange Zeit ein hilfreiches Konzept zu sein, um die sich immer schneller verändernde Welt begrifflich zu fassen.

Doch seit einigen Jahren scheint sie selbst von den Veränderungen, die sie beschreibt, überholt zu werden. Dass die Welt VUKA ist, war zu Beginn des 21. Jahrhunderts noch mehr Verheißung als Herausforderung. Es war ein Aufruf zu lebenslangem Lernen und lebenslanger Veränderung, Entwicklung und Wachstum. Heute weicht dieser Blick zunehmend dem Gefühl, in einer Welt zu leben, die in permanentem Krisenmodus ist. Nicht die Veränderung, sondern die Krise ist zum Dauerzustand geworden. VUKA beschreibt in gutklingenden Adjektiven die Auswirkungen davon, ohne den ursächlichen Krisenmodus zu benennen. Anstatt die Welt als VUKA zu sehen, könnte man sie also auch als eine Verschachtelung ungelöster, ineinandergreifender und sich auftürmender Dauerkrisen sehen: Finanzkrisen, ökologische Krisen, BREXIT-Krise, Flüchtlingskrisen, Pandemie-Krisen, Krise der Demokratie etc. Der Ökonom Nouriel Roubini spricht von »Megathreats«, mit denen »die Epoche der Stabilität endet und eine Zeit der akuten Instabilität, des Konflikts und des Chaos heranbricht«[26]. Zwischen diesen Krisen und der VUKA-haftigkeit der Welt gibt es einen inneren Zusammenhang, der jedoch im VUKA-Konzept unsichtbar bleibt.

Mit anderen Worten: Ist die Welt überhaupt noch VUKA?

Von VUKA zu BANI

In jüngster Zeit hat sich ein neues Weltdeutungsmuster angeboten, das sich als Weiterentwicklung von VUKA versteht: BANI. BANI ist gewissermaßen VUKA+, die Steigerung von VUKA. Es steht im Englischen für *Brittle, Anxious, Non-Linear, Incomprehensible (Brüchig, Ängstlich, Nicht-Linear, Unbegreiflich)*. Entwickelt wurde das Konzept in Kreisen des amerikanischen Zukunftsinstituts IFTF. Die Beobachtung dahinter ist, dass die Begriffe aus dem VUKA-Konzept ungenügend geworden seien, um die Dramatik der Veränderung zu beschreiben. Die Welt bewege sich auf Kipppunkte zu, an denen sie nicht mehr volatil, sondern unvorhersehbar, nicht mehr komplex, sondern chaotisch, nicht mehrdeutig, sondern schlichtweg unverständlich werde.

Als Steigerungsform von VUKA liefert das BANI-Konzept keine grundsätzlich neuen Erkenntnisse, weist jedoch auf graduelle Unterschiede hin. Es zeigt, dass das Tempo der Veränderung weiter steigt, und es macht die Krisenhaftigkeit hinter den Veränderungen sichtbar. Das Konzept beschreibt Ängstlichkeit als die nächste Stufe nach der Ungewissheit, Nicht-Linearität als die nächste Stufe nach der Komplexität und Unverständlichkeit als die Steigerung der Ambiguität: »Unverständlichkeit ist der Endzustand des Information-Overload« heißt es im BANI-Manifest, *Facing the Age of Chaos*, das 2020 auf der offenen Web-Plattform Medium erschien[27]. Tatsächlich führt generative Künstliche Intelligenz aktuell dazu, dass die Flut der Information immer weiter steigt und sich der Information-Overflow zu einer »Infokalypse« zu entwickeln droht[28]. Wenn die schiere Menge der Information zu einer Aushöhlung ihres Wertgehalts führt und durch Voice-Cloning, Deepfakes oder KI-Bots synthetisch generierte Medieninhalte zu einer Abnabelung der Information von der Realität, dann wird die Glaubwürdigkeit des Informationsökosystems in Gänze fragwürdig[29].

In allen diesen Punkten weist das BANI-Konzept lediglich auf eine Steigerungsspirale hin. Neu an dem Konzept ist, dass es die Möglichkeit zum Bruch, zum irreversiblen Kippen sichtbar macht. *Brittle* läst sich im Deutschen mit Brüchigkeit oder Sprödigkeit übersetzen. »Wenn etwas brüchig oder spröde ist, ist es anfällig für plötzliches und katastrophales Versagen. Dinge, die spröde sind, sehen stark aus, sind vielleicht sogar stark, bis sie einen Kipppunkt erreichen, dann fällt alles auseinander. Spröde Systeme sind solide, bis sie es nicht mehr sind. *Sprödigkeit ist illusorische Stärke.*« Ein brüchiges System in einer BANI-Welt kann die ganze Zeit über signalisieren, »dass es gut ist, dass es stabil ist, dass es fortbestehen wird, selbst wenn es kurz vor dem Zusammenbruch steht«[30].

In diesem Sinn werden immer größere Bereiche der Welt brüchig: In Bezug auf das Klima sind Kipppunkte solche, an denen es, in den Worten des Leiters des Potsdam-Instituts für Klimafolgenforschung, Johan Rockström, zu Kettenreaktionen kommt, die dazu führen, dass »die Erde von einem selbstkühlenden System – das sie noch ist – in ein selbsterhitzendes kippt«. Das sei zugleich der Moment, an dem »wir die Kontrolle verlieren«[31]. Wenn beispielsweise klimabedingt der sibirische Permafrost auftaut, werden dadurch Milliarden von Tonnen CO_2 freigesetzt, die zu einer weiteren Beschleunigung des Klimawandels führen. Wenn Gletscher schmelzen, verschwindet damit zugleich die sonnenstrahlenreflektierende Eigenschaft des weißen Schnees. Die darunter hervorkommenden dunklen Gesteine absorbieren das Sonnenlicht und führen somit zu einer weiteren Aufheizung des Bodens etc. Kipppunkte sind *points of no return.* In ihnen bricht eine Veränderung irreversibel durch, so dass das Danach ganz anders ist als das Davor. Wo sie im Einzelnen liegen, ist aufgrund der Komplexität und Verschachtelung der Dynamiken kaum vorherzusehen, und so sieht alles so lange gut, stabil und verlässlich aus, bis es plötzlich in sich zusammenbricht.

Spröde und brüchig in diesem Sinn sind die weltweiten Lieferketten, Energienetze, die Wasserversorgung, die weltweite Ernährung, das globale Finanzsystem. Sie alle sind so eng miteinander vernetzt und abhängig von kritischen Bestandteilen, dass der Ausfall einzelner Komponenten zu einer Kaskade von Ausfällen führen kann. Auch die Demokratie erweist sich immer mehr als ein brüchiges System, das längst nicht so stabil ist, wie es lange den Anschein hatte. Schließlich kennt auch die weitere Entwicklung von Künstlicher Intelligenz, wie wir noch sehen werden, solche Kipppunkte, die zu tiefgreifenden Zäsuren führen könnten.

Das ist neu, und das ist nicht mehr VUKA. Zur gleichen Zeit, in der das VUKA-Konzept entstand, schrieb Francis Fukuyama ein vielbeachtetes Buch mit dem Titel »Das Ende der Geschichte«[32]. Das Buch war von der These getragen, dass sich nach dem Zusammenbruch der Sowjetunion und der in ihrem Einflussbereich stehenden Ostblockstaaten der westlich-demokratische Liberalismus als globales Ordnungsmodell durchsetzen würde und die Geschichte von nun an ohne größere Umbrüche verlaufen werde. Über diese Einschätzung eines »steady-state«, einer in stabilen Bahnen weiter dahinplätschernden Welt, kann man auf der Schwelle zum Digitalzeitalter stehend nur staunen.

Was das VUKA- und BANI-Konzept miteinander vereint, ist die Antwort auf die Frage, wie sich der Mensch in einer solchen Welt zu verhalten, wie er zu sein habe, um in ihr zu reüssieren. Die Antwort auf diese Frage führt zu einem Schlüsselbegriff unsere Zeit, der Resilienz.

Wenn BANI die Herausforderung ist, ist Resilienz dann die Antwort?

Zur Deutung der Welt als einer VUKA- oder BANI-Welt gehört das Narrativ, das Individuen, wie auch Unternehmen und Organisationen eine ganz bestimmte Haltung dieser Welt gegenüber einnehmen müssen, um in dieser Welt, positiv formuliert, erfolgreich sein zu können, bzw., negativ formuliert, in ihr nicht unterzugehen. Die Haltung, die es einzunehmen gelte, wird als Resilienz bezeichnet. Wenn die Welt BANI ist, dann müsse der Mensch, der sein Leben in dieser Welt entfaltet, resilient sein. Synonyme für Resilienz sind: flexibel, adaptiv, agil oder responsiv. VUKA bzw. BANI und Resilienz ist ein Begriffspaar, das zusammengehört und aufeinander verweist. Das eine Wort beschreibt den Zustand der Welt, das andere die geforderte Eigenschaft des Menschen, um in diese Welt hineinzupassen und mit ihr mitschwingen zu können.

Es hilft, sich klarzumachen, wo der Begriff Resilienz herkommt. Lateinisch *resilire* bedeutet so viel wie zurückspringen oder abprallen. Ursprünglich wurde der Begriff verwendet, um die Eigenschaft bestimmter Materialien zu beschreiben, die nach Einwirkung von außen wieder in ihren ursprünglichen Zustand zurückkehren. Ein Schaumstoff etwa ist resilient, wenn er, nachdem er von außen eingedrückt wurde, wieder in seine ursprüngliche Form zurückkehrt, so als wäre nichts geschehen. Der Begriff Resilienz wurde in der Folge aufgegriffen, um die Fähigkeit bestimmter Systeme zu erklären, sich nach einschneidenden Interventionen schnell wieder regenerieren zu können. Im Digitalzeitalter wird genau diese Eigenschaften vom Menschen gefordert. Soziologen bezeichnen Resilienz als einen »Schlüsselbegriff des 21. Jahrhunderts«[33]. Der Mensch solle resilient gegenüber allen äußeren Einwirkungen und Veränderungen sein, und nicht nur der Mensch: Ökosysteme, Finanzmärkte, Energiesysteme, Lieferketten, Unternehmen, Familien etc., alle sollen sie resilient werden, um unter den Bedingungen der BANI-Welt bestehen zu können. Denn wo die schusssichere Weste innerer Resilienz fehlt, führen die Treffer aus der BANI-Welt zu Erschöpfung, Burn-out, Depression oder zum Kollaps. Ganz gleich, ob es sich um einen einzelnen Menschen, ein Unternehmen oder das Ökosystem handelt.

Das macht Resilienz nicht etwa zu einem Nice-to-have-Attribut besonders performanter Individuen, sondern zu einer überlebensnotwendigen Voraussetzung, um bei der sich immer weiter akzelerierenden Veränderungsgeschwindigkeit nicht als Ausschuss zu enden. Der massive Anstieg von erschöpfungsbedingten Leiden und psychischen Erkrankungen[34] wird in diesem Kontext als eine Unangepasstheit des Menschen an die Bedingungen einer immer dynamischer sich verändernden Welt interpretiert. Die Lösung, die allenthalben hierfür propagiert wird, lautet Resilienz. Daher entstehen allenthalben Resilienz-Trainingsprogramme, Anti-Stress-Programme, Burn-out-Präventionsprogramme etc. Die Vorreiter sind auch hier die Digitalkonzerne: Google bietet »resilience trainings« an, die den Mitarbeitern helfen sollen, »negative Gedanken zu bekämpfen« und ihre »mentale Gesundheit« zu stärken[35]. SAP hat einen »Chief Mindfulness Officer« etabliert, mit dem Ziel, den Angestellten dabei zu helfen, wie ein Surfer »die Welle der Überforderung zu reiten« und nebenbei auch noch einen positiven Beitrag für das Business zu generieren[36]. Resilient sein bedeutet flexibel sein, anpassungsfähig sein, agil und widerstandsfähig. Es bedeutet, Altes loslassen und Neues aufnehmen zu können. Nichts ist beständiger als der Wandel, also wandelt sich auch der resiliente Mensch permanent und findet dadurch immer einen passenden Platz in einer veränderten Welt.

Solche Sätze sind allenthalben vernehmbar, und das alles klingt auch durchaus vernünftig und nachvollziehbar. Man möchte gerne resilient sein. Man möchte gerne die Welle der Überforderung wie ein Surfer reiten, obenauf und nicht von ihr begraben. Man möchte gerne die sich immer schneller ablösenden und ineinander türmenden Krisen mit resilienter Gelassenheit meistern. Doch wenn man genauer hinschaut, stellt man fest, dass Resilienz nicht die Lösung für diese Krisen ist, sondern vielmehr *das Bekenntnis, keine Lösung zu haben*. Resilienz ist eine Strategie, um im Modus der Dauerüberforderung nicht unterzugehen. Das Ziel der Resilienz besteht darin, sich vom Stress nicht stressen zu lassen. Das Ziel der Resilienz besteht *nicht* darin, die Ursachen des Stresses, der Überforderung, der Krise zu analysieren, geschweige denn zu beseitigen. Insofern ist das Begriffspaar aus BANI und Resilienz affirmativ gegenüber dem Zustand der Welt. Es ist ein Modell, das die Bedingungen der Welt als gegeben annimmt und nur noch der Frage nachgeht, wie sich der Mensch in diese Welt einordnen und in ihr bestehen kann. Das mag sinnvoll sein, hat jedoch einen Preis: Resilienz macht blind für die Frage, ob die Welt nicht auch ganz anders sein könnte und vielleicht sein sollte?

Eine immer wieder von der psychologischen Ratgeberliteratur zitierte Metapher für den resilienten Menschen ist das Stehaufmännchen. Der resiliente Mensch soll sein wie diese Figur. Ganz gleich was passiert, er steht immer wieder fröhlich, unbekümmert auf und geht sein Werk mit frischer Kraft von Neuem an. Doch auf diese Metapher kann man aus zwei unterschiedlichen Perspektiven schauen: Fokussiert man den Moment des Wiederaufstehens, so zeigt sich in der Tat ein erstrebenswertes Leitbild für den Menschen, das von Widerstandskraft und Positivität erzählt – von der Kraft der Resilienz. Es erfordert jedoch nur eine minimale Verschiebung des Blicks und dem Betrachter zeigt sich eine Figur, die immer wieder aufs Neue durch äußere Ereignisse niedergestoßen und niedergedrückt wird. Fokussiert man diesen Moment, sieht das Bild plötzlich ganz anders aus. Ohne Zweifel ist es erstrebenswert, sich nach einem Niederschlag, nach einer Krise, nach einer einschneidenden Veränderung mit neuer Kraft wieder erheben zu können. Aber wäre es nicht auch erstrebenswert, nicht andauern niedergedrückt zu werden, nicht permanent von einer Krise in die nächste zu taumeln? Hierauf gibt das konzeptionelle Begriffspaar aus BANI und Resilienz keine Antwort.

Im Gegenteil. Das Leitbild der Resilienz ist ein Mittel, gar nicht erst nach den Gründen des Niedergestoßen-Werdens zu fragen. Das Leitbild der Resilienz erfüllt eine Doppelfunktion. Einerseits dient es als hilfreiches Instrument, um von einer immer schneller sich verändernden Welt nicht überfordert zu werden, anderseits ist es eine Beruhigungspille. Es hält den Menschen ruhig und geschmeidig und nimmt ihm den Antrieb, den Zustand der Welt zu hinterfragen. Resilienz und das ganze Arsenal resilienzfördernder Methoden von Mindfullness, Achtsamkeit, Yoga bis zur Psychotherapie, erfüllen eine wichtige Funktion. Sie erzeugen ein Leitbild, wie der Mensch mit dem Modus der Dauerkrise so umgehen kann, dass er weiterhin im System funktioniert, ohne dagegen aufzubegehren. Der resiliente Mitarbeiter ist ein Mitarbeiter, der trotz permanenter Transformation seiner Arbeitsumgebung nicht verzagt, immer mitzieht, nicht krank wird. Ein Mitarbeiter, der performant bleibt, ganz gleich, wie die äußeren Bedingungen sind. Der resiliente Bürger ist ein Bürger, der trotz permanenter Veränderung, trotz absurder administrativer

Prozesse, trotz hoher Verunsicherung nicht aufmuckt, brav seine Steuern weiterzahlt und Formulare ausfüllt. Der resiliente Patient ist einer, der sich eigenverantwortlich achtsam an der Grenze zum Burn-out einrichtet und die Krankenkassen nicht belastet. Die resiliente Frau hält als Mutter, Hausfrau und Arbeitnehmerin den Laden am Laufen, obwohl ihr eigentlich alles viel zu viel ist.

Keine Frage, Resilienz *ist* eine erstrebenswerte Eigenschaft. Zugleich ist es attraktiv für die Systeme, in denen die an der Grenze zur Überforderung lebenden Individuen agieren. Es stabilisiert die Systeme. Der resiliente Mensch findet immer die Kraft weiterzumachen, weiterzuarbeiten und weiter zu konsumieren, egal, was von außen auf ihn einbricht. In diesem Sinne ist Resilienz eine sehr konservative Strategie, die auf Weitermachen innerhalb der gegebenen Dynamik ausgerichtet ist, nicht aber auf Veränderung der Dynamik.

Die Veränderungsdynamiken unserer Zeit sind zwar nicht ausschließlich, jedoch wesentlich von den Prozessen der digitalen Revolution getrieben. An ihrer Wurzel finden sich neue Technologien, die nach und nach alle Facetten des Lebens umschließen und in den Sog ihrer eigenen exponentiellen Weiterentwicklungsgeschwindigkeit stellen. Was bedeutet es nun, dieser Entwicklung resilient zu begegnen? Auch hier finden wir wieder die Doppelfunktion der Resilienz vor. Sie hilft mit der Überforderung umzugehen, responsiv auf Änderungen am digital transformatierten Arbeitsplatz zu reagieren, die niemals endende Informationsflut auf Social Media zu verarbeiten oder sich auf die neuen Möglichkeiten durch KI einzulassen. Es bedeutet aber auch, die Digitalisierung und Beschleunigung der Welt als etwas unhinterfragt Gegebenes hinzunehmen und sich einzufügen. Im Modus der Resilienz stellt sich nicht mehr die Frage, ob die Zustände wünschenswert sind, sondern nur noch die, wie man mit ihnen umgeht.

So belegen zum Beispiel zahlreiche wissenschaftliche Studien, dass die Wirkung von Social Media auf Heranwachsende äußerst problematisch ist. Die eingesetzten Engagement-based-Ranking-Algorithmen verursachen im Gehirn die gleichen neurochemischen Reaktionen wie Kokain[37], können Suchtverhalten auslösen, steigern depressive Symptomatik[38], führen bei jedem dritten Mädchen zu einer gesteigerten Körperunzufriedenheit[39], fördern Suizidgedanken[40] und führen – was nicht ohne Ironie für ein *soziales* Netzwerk ist – zu gesteigerter sozialer Isolation[41]. Anstatt sich darüber zu empören und einen ernsthaften Diskurs darüber zu führen, ob man soziale Medien bei Heranwachsenden dann nicht auch regulatorisch ähnlich behandeln müsste wie ein gesundheitsschädliches Suchtmittel, dominiert die Haltung, sie als etwas Gegebenes hinzunehmen und Wege zu finden, damit umzugehen. Auch das ist Resilienz: Eine Beruhigungspille, die das Streben, die Zustände der Welt zu hinterfragen, einnebelt. Resilienz ist das Valium des frühen Digitalzeitalters.

Die Steigerung der Veränderungsdynamik von VUKA zu BANI drängt die Frage auf, in was für eine Zukunft sich diese Veränderungsdynamik entladen wird. Das herrschende Narrativ unserer Zeit lautet, dass die Veränderung selbst das einzige Beständige sei, dass sie alternativlos, aber auch umfänglich zu begrüßen sei, da der technische Fortschritt die Krisen in den Griff bekommen und die Welt besser machen werde. Dieser Fortschrittsglaube steht im Zentrum des technologiezentrierten Denkens und erfährt im KI-Zeitalter neue Strahlkraft. Treten wir jedoch einen Schritt zurück und betrachten die Welt mit anderen Augen, so drängt sich die Frage auf, ob das Narrativ der Alternativlosigkeit der aktuellen Dynamik vielleicht nur Ausdruck einer großen systemischen Fantasielosigkeit ist? Vielleicht ist die Welt gar nicht BANI, vielleicht ist die Welt *hypernormal*?

Hypernormalization

Es gab mal eine sehr amüsante Fernsehkomödie. Die Hauptfigur dieser Komödie betrinkt sich in der Silvesternacht hemmungslos mit ihren Freunden. Völlig betrunken und ohne sich recht darüber klar zu sein, landet der Mann in einem Flugzeug und fliegt in eine andere Stadt. Dort ausgestiegen und immer noch im Glauben, er sei in seiner Heimatstadt, besteigt er ein Taxi und lässt sich in seine Straße fahren. Das funktioniert problemlos, da es dort eine Straße mit dem gleichen Namen gibt. Auf dem Weg dorthin fährt er an dem immer gleichen Kanon der immer gleichen Restaurant- und Einzelhandelsketten vorbei, die jede Stadt besiedeln. Auch die Gegend, in der er aussteigt, sieht aus wie jede andere Neubausiedlung mit austauschbaren Häuserfassaden und Autos davor. Irgendwie findet er den Weg in die Wohnung. Immer noch betrunken sieht auch hier alles aus wie gewohnt und wie in jedem anderen Haus seiner sozialen Schicht. Die gleiche Art von Möbel, die gleichen Bücher im Regal etc. Zufrieden legt er sich schlafen, um das neue Jahr frisch zu beginnen. Was nach dem Erwachen folgt, ist eine amüsante Komödie voller Verstrickungen und Romanzen.

Natürlich ist das Fiktion, aber man kann es nachvollziehen. Wie Marshall McLuhan in den frühen 1960er-Jahren prophezeit hat, ist die Welt ein »globales Dorf« geworden. Überall ist alles mehr oder weniger gleich. Jede Innenstadt ist von der gleichen austauschbaren Abfolge an Zara- oder H&M-Läden, von Douglas-Parfümerien und DM- und Rossmann-Filialen besiedelt. An den Ausfallstraßen kommt man an den immer gleichen Ikea-, Lidl-, Aldi-Märkten vorbei, sieht die Bauhaus-, Hornbach- und Autohausschilder in die Luft ragen. Und in allen diesen Läden kaufen alle Menschen die mehr oder weniger gleich aussehenden Produkte. Folglich sehen die Menschen, trotz aller Markenauswahl, alle ähnlich aus, tragen ähnliche Sneaker, ähnliche Hosen, ähnliche Jacken, fahren ähnliche Autos. Alle haben Zugriff auf die gleichen Medien, egal ob Print, online oder Fernsehen. Folglich sind zu einem beliebigen Zeitpunkt an einem beliebigen Ort überall gerade die gleichen Themen am trenden. Es wird über dieselben Dinge diskutiert, und es werden dieselben Standpunkte zwischen denselben präfigurierten Lagern ausgetauscht, egal, ob man gerade in der Schmidtstraße in Heidelberg oder in der Schmidtstraße in Hamburg unterwegs ist. Natürlich gibt es unterschiedliche Milieus und Peergroups, die sich erkennbar voneinander unterscheiden. Aber eben genau diese Milieus und Peergroups mit all ihren Erkennungszeichen, Modeaccessoires, Einrichtungsstilen und Sprachjargons gibt es in jeder Stadt. Alles ist anders und doch irgendwie gleich[42].

Deshalb kann die Geschichte aus dem Film funktionieren. Wir können uns in sie hineinversetzen, und sie erscheint trotz der Übertreibungen nachvollziehbar. Wir finden uns darin wieder. Das Ganze hat nur einen Haken: Der Film ist nicht aus unserer Zeit, sondern aus den 1970er-Jahren, und der Film spielt nicht in Deutschland oder einem anderen westlichen Land, sondern in der Sowjetunion. Wie kann das sein? Wie kann das Lebensgefühl in der digitalen und liberal-kapitalistischen Welt des 21. Jahrhunderts eine so tiefe Parallele zu dem Lebensgefühl in einem untergegangenen kommunistischen Staat aufzeigen?

Der Anthropologe Alexei Yurchak nimmt diesen Film in seinem Buch mit dem schönen Titel »Everything was forever until it was no more« als Beispiel für das, was er *Hypernormalization* nennt[43]. Yurchak beschreibt die Lebenswelt der späten Jahre der Sowjetunion vor ihrem plötzlichen Zerfall. Seine Analyse der Zustände lässt sich überraschend gut auf die gegenwärtige Zeit übertragen.

Die Welt, die Yurchak beschreibt, ist eine, in der jeder eigentlich wusste, dass das System nicht mehr funktioniert, sich aber dennoch nicht vorstellen konnte, dass es jemals anders sein würde. Weil sich niemand eine Alternative zum vorherrschenden Modus Operandi vorstellen konnte, gingen alle davon aus, dass es immer so sein würde, wie es ist. Weil alle im Gefühl lebten, die bestehenden Entwicklungslinien seien unumgänglich und auch für die Zukunft alternativlos, haben sich alle mit den gegebenen Verhältnissen arrangiert. Dadurch trug jeder Einzelne dazu bei, den Schein einer funktionierenden Gesellschaft aufrechtzuerhalten, auch wenn eigentlich für alle spürbar war, dass das System brüchig ist.

Die von Yurchak identifizierte Haltung kann man vergleichen mit der eines Architekten, der in dem von ihm gebauten Haus einen Riss in einer tragenden Wand sieht und sich selbst einredet, dass es bestimmt nur ein Kratzer am Putz und alles in bester Ordnung ist. Aus der normalen Welt wurde so eine hypernormale Welt, in der alle den Schein des Realen als real akzeptierten und genau dadurch dazu beitrugen, dass das längst innerlich ausgehöhlte System noch über Jahre hinweg fortbestehen konnte, bevor es plötzlich von heute auf morgen kollabierte.

Was hat das mit dem Digitalzeitalter und den Verhältnissen im liberal-demokratischen Westen zu Beginn des 21. Jahrhunderts zu tun? Was wir mit diesem Lebensgefühl gemeinsam haben, ist die Erwartung, dass alles immer so weitergehen werde, wie es jetzt ist, dass der technische Fortschritt die Gesellschaft immer weiter nach vorne trägt, dass die Entwicklung zwar schnell und dynamisch ist, aber nur eine Richtung kennt, wie ein Projektil, das einmal abgeschossen auf ewig nur eine einzigmögliche Flugbahn kennt. Vielleicht sind wir bald nicht mehr auf Instagram, sondern im Metaverse unterwegs, vielleicht ist das Smartphone bald nur noch ein Knopf im Ohr, vielleicht macht eine Künstliche Intelligenz demnächst meine Friseurtermine aus. All das sind Veränderungsdynamiken, die aber doch alle auf der gleichen Flugbahn liegen und die gegebenen Strukturen nicht in Frage stellen. Es ist Ausdruck der Tatsache, dass es auch uns Heutigen inmitten aller Krisen und Brüchigkeit der Welt kaum möglich ist, uns vorzustellen, dass es jemals grundlegend anders sein könnte, – dass die Zukunft etwas anderes sein könnte als eine extrapolierte Gegenwart. Die Welt, so wie sie sich jetzt entwickelt, ist alternativlos.

Es scheint ferner, dass wir mit dem von Yurchak beschriebenen Lebensgefühl eine zweite Gemeinsamkeit haben: Ein sich unter dem Jargon der Alternativlosigkeit breit machendes Unbehagen an den Zuständen der Welt. Ein dumpfes Gefühl, dass irgendetwas nicht stimmt, dass die Dinge nicht im Lot sind und die Verhältnisse nicht so klar, wie die darüber gelegte Rede der Alternativlosigkeit suggeriert. Davon zu sprechen, die Welt sei VUKA oder BANI, klingt so, als hätte man die Welt mit all ihren Veränderungen konzeptionell in den Griff bekommen. Doch wenn man tiefer in diese Weltbeschreibungen hineinschaut, besagen sie nichts anderes, als dass der Lauf der Welt unplanbar, unsteuerbar, unverstehbar geworden ist. Die Volatilität zeigt sich immer häufiger in einem Hin- und Hertaumeln zwischen unvorhergesehenen krisenartigen Ereignissen. Die Ungewissheit ist auch eine Ungewissheit darüber, wie lange das alles noch gut geht, bis eine Finanz-, Flüchtlings- oder Klimakrise irreversibel durchschlägt. Komplexität und Nicht-Linearität sind andere Worte dafür, keine wirkliche Ahnung zu haben, wie dem allen zu begegnen ist, Ambiguität ist ein schönes Wort dafür, die Welt nicht mehr deuten zu können, und Brüchigkeit weist darauf hin, dass alles plötzlich implodieren kann. VUKA und BANI sind Begriffe, die helfen sollen, die Welt besser zu verstehen. Doch wenn man genauer hinschaut, stellt man fest, dass das, was die Begriffe verständlich machen, eigentlich nur das immer Unverständlicher-Werden der Welt ist.

Es ist richtig, dass die Welt zu komplex geworden ist, um sie mit traditionellen Mitteln zu steuern. Doch die agilen und adaptiven Methoden, mit denen wir uns durch die BANI-Welt navigieren sollen, sind bei genauerer Betrachtung keine Steuerungsmechanismen, sondern Reaktionsmechanismen. Das ist ein großer Unterschied.

Schauen wir uns ein paar Beispiele an. Die Corona-Krise war ein Musterbeispiel einer in der Tat hoch komplexen Situation, in die hinein trotz hoher Ungewissheit Entscheidungen getroffen werden mussten. Das Ergebnis war ein erratisches Suchen nach Lösungen, ein hilfloses und bisweilen aktionistisches Reagieren auf immer wieder neue Inzidenzzahlen. Im Grunde hatte niemand einen Plan, was richtigerweise zu tun wäre, da die Situation zu komplex war, um zu wissen, was richtig ist. Das Wort »richtig« macht keinen Sinn in diesem Zusammenhang. Man kann in einer solchen Gemengelage nicht mathematisch ausrechnen, was richtig ist. Stattdessen fährt man auf Sicht. Die politisch Verantwortlichen haben nicht agiert – latainisch agere bedeutet »antreiben«, »vor sich hertreiben« – sondern »re-agiert« und von Woche zu Woche neue Maßnahmen verabschiedet, die mal mehr, mal weniger Zustimmung erfahren haben. Alle so getroffenen Entscheidungen wurden mit einer Sprache der »Alternativlosigkeit« vorgetragen. Nach der Krise verkündeten dann die gleichen Personen, dass man heute viele Entscheidungen so nicht treffen würde und dass Schulschließungen und andere Maßnahmen Fehlentscheidungen waren.

Dieses Muster wiederholt sich immer häufiger. Zu Beginn des russischen Überfalls auf die Ukraine ringt sich die deutsche Regierung zu einem Beitrag von 5.000 Helmen durch, mit der Begründung, dass mehr kontraproduktiv sei. Ein Jahr später werden Panzer geliefert und sind Kampfjets im Gespräch. Die Finanzkrisen zeigen ein ähnliches Bild, das von Reagieren, nicht von Agieren geprägt ist. In immer kürzeren Abständen stellt sich irgendwo auf der Welt ein Regierungsmitglied vor die Kamera und sagt, dass die Geldeinlagen sicher seien und bittet darum, dass niemand sein Geld abheben solle. Es ist keinesfalls so, dass dann nichts passiert. Viele Menschen in vielen Institutionen sind lange beschäftigt, Maßnahmen werden beschlossen, Banken werden gerettet, Zinsen gesenkt und wieder erhöht, Regularien überarbeitet. Doch der Sinn dieser Maßnahmen ist zu verhindern, dass die Krise durchschlägt und zu einem Kollaps des Systems führt. Das hat bislang funktioniert, und das ist eine große Leistung. Der Sinn der Maßnahmen ist jedoch nicht, das System grundlegend so zu verändern, dass es zu keinen Krisen kommt. Sollte das der

Sinn sein, so kann man konstatieren, dass es nicht gelingt, was leicht daran zu erkennen ist, dass einige Jahre später wieder ein Politiker vor einer Kamera steht und versichert, dass die Geldeinlagen sicher seien.

Diese natürlich sehr verkürzte Darstellung einiger der jüngeren Krisen sind hier nicht als Kritik an den verantwortlichen Personen gemeint. Sie sollen vielmehr zeigen, dass sich die handelnden Personen, und mit ihnen die ganze Gesellschaft, in einem Kontext bewegen, der sich einem planerisch steuernden Zugriff immer mehr entzieht. Die Grundlage eines steuernden Zugriffs müsste ein klares Verständnis der Zusammenhänge der Welt sein, doch die Hoffnung darauf verschwindet hinter einem immer dichter werdenden Nebel der Komplexität und Unverständlichkeit. Und so reagieren wir immer häufiger, wo wir eigentlich agieren sollten, machen permanente und immer aufwendigere Symptombehandlungen, anstatt die Ursachen der Symptome zu bearbeiten, während sich im Untergrund unserer Erwartung, dass alles immer so weitergehen werde, das Unbehagen breitmacht, wie lange das alles noch gut gehen wird.

Was wir Heutigen folglich mit den Menschen der späten Sowjetunion gemeinsam haben könnten, ist, dass wir genau dieses Unbehagen an den Zuständen der Welt überspielen, weil wir uns keinen anderen Modus Operandi vorstellen können. Ist es so, dann tragen auch wir Heutigen zur Hypernormalisierung der Welt bei und – indem wir, entgegen besseren Wissens, Symptombehandlung als Problemlösung deklarieren – zu ihrer Scheinstabilität, unter der die Wahrscheinlichkeit des Kollapses wächst.

Die hier gezogene Analogie zwischen der späten Sowjetunion und den gegenwärtigen Verhältnissen beschränkt sich allein auf den Modus der Hypernormalisierung, für den bereits von Anderen Anzeichen in der Gegenwart gefunden worden sind[44]. Welchen Wert hat diese Zeitdiagnose hinsichtlich der sich neu ausformenden Leitnarrative des frühen Digitalzeitalters? Mir scheint, dass der Blick auf unsere Zeit durch das Konzept der Hypernormalisierung eine ergänzende Perspektive zum VUKA- oder BANI-Konzept auf die Verfasstheit der Welt eröffnet: VUKA und BANI beschreiben nicht nur die Veränderungsdynamik, sie schreiben sie auch als etwas Unabänderliches für die Zukunft fort und fordern dazu auf, freudig-resilient über die Wellen der

Veränderung hinwegzusurfen. Hypernormalisierung macht eine andere Welt sichtbar: Eine Welt, in der kaum mehr agiert, sondern nur noch reagiert wird. Wir sehen eine Welt, in der das Steuern nur noch simuliert wird, in der wir uns Geschichten von großen Institutionen und Organisationen erzählen, die am Steuer säßen, während uns die Fahrt einfach mitreißt. Indem wir diese Perspektive in unserem Blick inkludieren, können wir zum anderen besser verstehen, warum der technische Fortschrittsglaube im KI-Zeitalter so attraktiv erscheint und eine Strahlkraft entwickelt wie nie zuvor.

Um dies verständlich zu machen, müssen wir tiefer in die Analogie blicken und nach Spuren der Hypernormalisierung in der gegenwärtigen Welt Ausschau halten.

Wir wissen, dass sie wissen, dass wir wissen – das hypernormale Theater

In einer hypernormalen Welt sind die Dinge so miteinander verknotet, dass sie nicht mehr entwirrt werden können. Es gibt keine Vision, wo es hingehen soll, keine glaubwürdigen Strategien für die Zukunft und deshalb geht alles immer so weiter wie bisher. Alexei Yurchak analysierte in seinem Buch, wie sich die Sprache immer weiter normalisierte, bis sie zu dem wurde, was er als hypernormale Sprache bezeichnet. Was er damit meint, ist, dass Sprache immer fassadenhafter wurde. Der öffentliche Diskurs, der im Kontext der späten Sowjetunion von den Organen der kommunistischen Partei diktiert wurde, wurde immer mehr von vordefinierten (»normalisierten«) Positionen, Aussagen, Argumenten und Meinungsbekundungen dominiert, bis schließlich diese immer wieder gehörten und wiederholten Aussagen, Meinungen und Argumente zu einem Selbstzweck wurden. Selbstzweck bedeutet, dass der Zweck dieser fortwährend wiederholten Äußerungen *in der Wiederholung selbst* und nicht in einem tatsächlichen Bezug zu der realen Welt lag (»hypernormalisiert«)[45].

In diesem hypernormalisierten Zustand wird der Akt des Sprechens zu einer Art Theater, zu etwas Fassadenhaftem, bei dem man sich gegenseitig die

Meinungen, Sätze und Aussagen vorträgt, die man sich in einem bestimmten Kontext vorzutragen hat, da sie in dem Kontext eben das sind, was man sagt. Yurchak konzentriert sich zwar auf die Analyse der Sprache, betont aber, dass dieser Zustand der Hypernormalisierung auf allen Ebenen gesellschaftlichen Lebens, bis hinein ins Privatleben der Menschen, stattfand. Die so konstruierte Fassade hielt den Anschein aufrecht, dass alles sinn- und planvoll verlaufe und verbarg zugleich das sich dahinter breit machende Unbehagen, dass es vielleicht gar kein tragfähiges Konzept für die Zukunft gibt.

In einer hypernormalen Welt entfaltet sich eine eigentümliche Dialektik: Alle Akteure der Gesellschaft schließen einen unausgesprochenen und weitgehend unbewussten Pakt miteinander, so zu tun, als gäbe es einen Plan, eine Strategie, eine Struktur, eine sinnvolle und nachhaltige Ausrichtung der gesellschaftlichen Prozesse, obwohl deren Dysfunktionalität immer offensichtlicher zutage tritt. Jeder hält sich an diesen Pakt und spielt mit, da jeder Einzelne selbst auch keine Idee hat, wie man die Dinge anders ausrichten könnte. Die Vernetzung und Verknotung der Welt werden als zu groß empfunden, als dass man sie entwirren und anders wieder zusammensetzen könnte. Das Theater ist allumfassend und umschließt alle Akteure.

Versuchen wir für einen Moment, unsere Zeit als ein solches hypernormales Theater zu betrachten, dann folgt das Schauspiel einer Dialektik in fünf Schritten[46]:

1. Der einzelne Mensch, die Mitarbeiterin eines Unternehmens, der »einfache Bürger«, das individuelle Rädchen im System, das wir alle (auch) sind: Wir wissen nicht, was zu tun ist. Wir wissen nicht, wie man die großen Probleme der Welt in den Griff bekommen kann. Doch wir betrachten uns auch nicht als zuständig, und das mit gewissem Recht. Es gibt Politiker, es gibt die Regierung, es gibt die multinationalen Konzerne und ihre CEO, es gibt die großen Institutionen wie die WHO, EZB, Weltbank, UNO oder das World Economic Forum. Es gibt Menschen an den Schalthebeln der Macht, und deren Aufgabe ist es, einen Plan, eine Vision zu haben und den gesellschaftlichen Prozessen eine Richtung zu geben.
2. Doch diejenigen, die an den Schalthebeln der Macht sitzen, wissen auch nicht, was zu tun ist. Sie wissen auch nicht, wie man die strukturellen Pro-

bleme unserer Zeit wirklich beheben kann, anstatt nur ihre Symptome zu lindern. Es ist offenkundig, man kann es sehen in der ewigen Wiederkehr der immer gleichen Krisen, Flüchtlingskrisen, Umweltkrisen, Finanzkrisen, Nahostkrise etc.

3. »Wir«, die einzelnen Bürger, die Individuen der Gesellschaft, wir wissen, dass sie nicht wissen, was zu tun ist. In unserem tiefsten Inneren wissen wir, dass die Menschen und Institutionen an den Schalthebeln der Macht, ungeachtet der gigantischen administrativen Apparate, Thinktanks und Organisationen, auch nicht wissen, wie man den globalen Dynamiken eine andere Richtung geben könnte.

4. Doch damit nicht genug. »Sie«, die Menschen und Institutionen an den Schalthebeln der Macht wissen wiederum das: Sie wissen, dass wir wissen, dass sie nicht wissen, was zu tun ist.

5. Und schließlich wissen auch »wir« wiederum das: Wir wissen, dass sie wissen, dass wir wissen, dass sie nicht wissen, was zu tun ist. Und alle verschließen vor diesem Wissen die Augen und tun so, als wäre alles unter Kontrolle.

Damit schließt sich der Kreis, der Pakt ist geschlossen und das hypernormale Theater nimmt seinen Lauf. Alle wissen, dass es so, wie es ist, nicht weitergehen kann. Weil jedoch niemand eine Vorstellung davon hat, wie es anders sein könnte, läuft alles einfach weiter. Das ist die hypernormale Welt. Alle spielen Theater und tun so, als glaubten sie, alles sei so, wie es ist, in bester Ordnung. Dieser allumfassende Pakt macht alle Akteure zu Verbündeten darin, die immer offensichtlicher zutage tretenden Probleme einfach nicht zu sehen und so zu tun, als sei alles auf einem guten Weg. Es ist ein bisschen so, wie wenn jemand auf einem vornehmen Gala-Empfang einen krachenden Pups absetzt. Alle haben es gehört, alle riechen die Fäulnis und tun doch so, als wäre nichts geschehen und alles in bester Ordnung.

In einer hypernormalen Welt erzählt man sich gegenseitig Geschichten, die einen darin bestärken, dass alles unter Kontrolle ist, als könne es nur so und nicht anders sein. Wollten wir unsere Zeit einmal aus dieser Perspektive betrachten, wir könnten genügend Beispiele dafür finden. Auch wir führen Handlungen aus, an die wir nicht glauben. Man geht wählen, ohne daran zu glauben, dass eine neue Regierung einen Unterschied macht. Die Wahlforschung belegt deutlich, dass der Prozess des Wählens heute nicht mehr dem Prinzip der Überzeugung folgt, sondern dem Auswahlprinzip des geringsten Übels. Man demonstriert gegen die Politik, ist aber zugleich heilfroh, nicht selbst die Politik machen zu müssen, da man selbst auch nicht wüsste, wie man es anders machen sollte. Wir fahren jetzt Elektroautos und machen uns damit glauben, wir leisteten einen Beitrag für die Umwelt, obwohl wir wissen, dass wir der ökologischen Krise nicht durch einen Wechsel von Benziner auf E-Auto, sondern durch den Verzicht auf ein Auto begegnen müssten. Wir posten auf Social Media Posts darüber, wie schlecht Social Media ist. Wir sagen, dass wir es schlimm fänden, dass die Digitalkonzerne alle Daten absaugen und zu manipulativen Zwecken nutzen, während wir online shoppen und Selfies unserer Freunde liken. Edward Snowden zeigt uns, dass die NSA alles mithört, was jeder Einzelne von uns online tut, von der Kanzlerin bis zum Hausmeister, wir zucken mit den Schultern und machen einfach weiter. Was soll man tun? Wir können den Skandal dahinter nicht mehr spüren. Es ist normal.

Die hypernormale Welt ist eine, in der der Fake zu Hause ist. Nicht nur die News, sondern ein Stück weit alles wird zum Fake, zur Maskerade, zur Fassade und alle wissen es und tragen dazu bei. Jeder spielt seine Rolle im hypernormalen Theater. Wir legen Filter über unsere Gesichter auf Snapchat. Wir dokumentieren unser Leben so, dass es für Instagram passend ist. Wir liken Dinge im Netz, nicht um eine Überzeugung zu bekunden, sondern um ein Image von uns zu erzeugen. Man redet, ohne etwas zu sagen. Man schaut Menschen im Fernsehen dabei zu, wie sie reden, ohne etwas zu sagen. Dann redet man darüber. Man redet nach, was richtig erscheint. Man sagt, dass man für oder gegen Gendern ist, ohne recht zu wissen, was genau damit gemeint ist[47]. Das Theater erfüllt eine wichtige Funktion. Es hilft, den Blick von den immer größer werdenden Rissen abzuwenden. Wir streiten bis aufs Blut über veganes Essen, während das Ökosystem zugrunde geht und Menschen im Mittelmeer ertrinken. Das Theater der Hypernormalität bündelt die Energie auf Belanglosigkeiten. Es stabilisiert den Glauben daran, dass im Großen und Ganzen alles in Ordnung ist, dass es nicht anders sein kann, dass der Kaiser schöne neue Kleider trägt, obwohl er eigentlich nackt ist.

Doch warum sollte man dieses Theater spielen wollen? Es geht doch gegen die eigenen Interessen. Man tut es, weil die Welt ist, wie sie ist: zu komplex, doppel-, mehr-, vieldeutig, volatil, nichtlinear, unverständlich, undeutbar. Und man tut es, weil man sich keine Alternative vorstellen kann, weil die Fantasie fehlt, eine andere Veränderungsdynamik und eine grundsätzlich andere Welt zu imaginieren. Allein der Umstand, dass jedes größere Problem heute ein globales Problem ist, das nur global gelöst werden kann, lässt es praktisch unlösbar erscheinen. Das haben im 21. Jahrhundert alle größeren Krisen gemein, ganz gleich, ob es sich um Kriege, Finanz- oder Klimakrisen handelt. Aber es gibt doch die großen Institutionen wie die UNO, Weltbank, WHO etc., in denen solche Probleme angegangen werden? In einer hypernormalen Welt werden gerade solche Institutionen zu den überzeugendsten Schauspielern im hypernormalen Theater.

Schauen wir uns die UNO an: Alle Länder sind Mitglied in der UNO, doch kein Land glaubt mehr daran, dass die UNO irgendein Problem lösen könnte. Vielmehr als ein Problemlösungsorgan ist der Weltsicherheitsrat ein institutionalisierter Blockadeapparat. Die UNO weiß das. Alle Länder wissen das, und wir wissen das. Und doch halten alle daran fest, weil die Institution der UNO den Schein aufrechterhält, die Weltgemeinschaft hätte einen Plan, ein Gremium, in dem Probleme angegangen werden. Ähnlich verhält es sich mit den Weltklimakonferenzen, die die ökologische Krise lösen sollen und stattdessen zu einer immer größer werdenden Bühne hypernormalen Theaters mutieren, auf der Menschen in hypernormaler Sprache fassadenhafte Abschlusstexte produzieren, an die keiner glaubt. Der Mangel an echten Ergebnissen wird kompensiert durch eine immer größere Inszenierung der Aktivität. An der Weltklimakonferenz COP28 in Dubai, nahmen sagenhafte 70.000 Delegierte teil, deren Aufgabe in Essenz darin bestand, einen hypernormalisierten Fassadentext zu verfassen, der den Anschein von Kontrolle, Aktivität und Steuerung erzeugen soll, während alle wissen, dass das Ziel, die Erderwärmung auf 1,5 Grad gegenüber der vorindustriellen Zeit zu begrenzen, nicht erreicht wird.

In der hypernormalen Welt ist das die eigentliche Funktion solcher Institutionen: Zu suggerieren, es würde gehandelt, es würde agiert, wo eigentlich nur noch verwaltet und reagiert wird. Es sind Orte, an die man die strukturellen Probleme unserer Zeit beruhigt weggelegiert, obwohl man eigentlich weiß, dass sie dort nicht gelöst werden. Es sind Orte, an denen das Theater der Hypernormalität besonders glaubwürdig wirkt und uns gut und zufrieden schlafen lässt.

Technologie als Erlösung

Hypernormalität ist kein Faktum, sondern eine Konzeption. Berechtigung erfahren solche Konzepte allein dadurch, dass sie helfen, gewisse Aspekte der Verfasstheit der Welt in die Sichtbarkeit zu rücken und sie besser zu verstehen. Das tun sie immer auf Kosten anderer Facetten und Zusammenhänge, die durch sie in die Unsichtbarkeit verschoben werden. Die Lesart der Welt als hypernormal ist sicher keine vollständige Beschreibung, doch sie ist, wie mir scheint, möglich. Das Konzept der Hypernormalität gleitet nicht an der Realität ab, sondern findet im Gegenteil erstaunlich viele Anknüpfungspunkte, die es wert sind, tiefer zu analysieren.

Im Kontext dieses Buches scheint mir der horizonterweiternde Blick in zweierlei Dingen zu liegen: Zum einen öffnet das Konzept das Bewusstsein dafür, dass unser Blick in die Zukunft eine recht fantasielose Fortschreibung der Gegenwart ist. Eine Fortschreibung, die davon ausgeht, dass die Zukunft eine Art Vergangenheit+ ist. Die Fantasielosigkeit dieses Blicks ist eine Folge der tief empfundenen Alternativlosigkeit der gegenwärtigen Verhältnisse, die wiederum aus der Komplexität, Vernetztheit, Ambiguität und Ungewissheit der Weltzusammenhänge resultiert. Das ist die Parallele zur Hypernormalisierung, die Yurchak in seinem Buch beschrieben hat. Das Beispiel der späten Sowjetunion öffnet den Blick dafür, dass die Zukunft nicht zwangsläufig eine Vergangenheit+ sein muss und dass es gerade ein blindes Voranschreiten auf den als alternativlos empfundenen Pfaden ist, das die Wahrscheinlichkeit des Kollapses von Systemen steigen lässt.

Die zweite Erkenntnis, die wir aus der Übertragung des Konzepts in das frühe Digitalzeitalter gewinnen können, liegt darin, dass es eine Erklärung dafür bietet, warum wir so passiv der technologiegetriebenen Veränderungswelle gegenüberstehen, die uns wie eine »Naturgewalt« erscheint, wie etwas, an dem man ohnehin nichts ändern kann[48]. Alternativlos.

Im frühen Digitalzeitalter entfalten sich ein neues Denken und eine neue Ideologie, die eine Lösung für die Herausforderungen unserer Zeit versprechen. Ich bezeichne dieses Denken als das technologiezentrierte Denken. In unserer Zeit des Umbruchs, der Transformation und der Krisen positioniert sich dieses Denken als einzig möglicher Weg nach vorne, als die einzige Vision, die die Kraft hat, die gesellschaftlichen Prozesse in Richtung einer besseren Zukunft zu steuern. Das technologiezentrierte Denken bietet nicht weniger als ein Leitnarrativ für das Digitalzeitalter. In einer hypernormalen Welt, in der die Überforderung und Steuerungslosigkeit immer offener zutage tritt, erscheint dieses Denken besonders attraktiv und überzeugend.

Technologiezentriertes Denken ist solutionistisches Denken[49]. Es geht davon aus, dass jedes Problem im Kern ein technisches Problem ist, dass durch Technik gelöst werden kann. Folglich liegt in der Technik der einzig mögliche Weg nach vorne. Technik ist die Lösung für alle Probleme und Künstliche Intelligenz steht im Zentrum dieser Technik. Das macht Künstliche Intelligenz zum sehnlich gesuchten Erlöser. Beispielhaft für diese Position kann die Silicon-Valley-Ikone Marc Andreesen genannt werden, der in seinem Essay »Why AI Will Save the World« argumentiert, dass es unsere »moralische Pflicht« sei, KI-Unternehmen die Möglichkeit zu geben, »Künstliche Intelligenz so schnell und aggressiv wie möglich zu entwickeln und verbreiten«[50].

Wie die Lösungen, die das technologiezentrierte Denken visioniert, im Einzelnen aussehen, was davon zu halten ist und welche Alternativen sich hierzu formen könnten, ist Gegenstand dieses Buches. An dieser Stelle sei zunächst nur festgehalten, dass es eine Vision *ist*, die Zukunft durch Technologie zu gestalten. Es ist eine Vision, der Komplexität der Welt Herr werden zu wollen, indem man sie unter die Planung und Steuerung einer Künstlichen Intelligenz stellt. Es ist eine Vision, dem Klimawandel durch Geo-Engineering zu begegnen oder den Mars zu besiedeln, wenn der Planet Erde ressourcenseitig abgewirtschaftet ist. Es ist eine Vision, den Menschen durch Fusionierung mit Technologie zu optimieren und unsterblich zu machen, und es ist eine Vision, virtuelle Parallelwelten aufzubauen, in denen man das Leben führen kann, das einem die reale Welt verwehrt. Zu diesen technikgetriebenen Visionen mag man stehen, wie man will, doch dass es sich dabei um Leitbilder handelt, die einen Pfad in die Zukunft zeigen, lässt sich nicht bestreiten. Und weil es zu diesen Leitbildern nirgendwo eine erkennbare Alternative gibt, erscheinen sie so unvermeidlich, alternativlos, wie eine »Naturgewalt«. Als Gesellschaft, so scheint es, bleibt uns gar nichts anderes übrig, als diesem vorbestimmten Pfad zu folgen. Vor diesem Hintergrund lässt sich erst verstehen, warum das technologienzentrierte Denken eine solche Strahlkraft entfaltet, dass es bisweilen, wie noch zu zeigen sein wird, ins Religiöse kippt.

Gleichzeitig sind die Visionen, die das technologiezentrierte Denken bietet, näher betrachtet nur alter Wein in neuen Schläuchen. Ungeachtet der Zukunfts- und Innovationsrhetorik, mit der es einhergeht, führt es den Entwicklungspfad der Moderne fort und überführt ihn in die Digitalmoderne. Schon am Beginn der Moderne steht das Versprechen, die Welt durch Naturwissenschaft und Technik zu einem besseren Ort zu machen, die Natur zu beherrschen und in den Dienst des Menschen zu stellen, um Wohlstand und Glück für alle zu realisieren. Dieselbe Argumentation bringt heute das technologiezentrierte Denken hervor, ist dabei jedoch auffallend blind dafür, dass viele Probleme unserer Zeit erst genau durch diesen Glauben – jedes Problem mit Technik lösen zu können – erzeugt worden sind, allen voran die ökologische Krise. Doch das Digitalzeitalter hat ein Ass im Ärmel. Seine neuen Technologien, allen voran Künstliche Intelligenz, seien ein Gamechanger. Deshalb geht das technologienzentrierte Denken davon aus, dass diesmal alles anders wird. Die wesentliche Botschaft der Digitalmoderne lautet: Diesmal klappt es! Jetzt, mit den neuen Mitteln der digitalen Technologien werde alles möglich sein, was in vordigitaler Zeit gescheitert ist. Die Natur- und Weltzusammenhänge werden sich entschlüsseln, technisch gestalten und zum Wohl des Menschen optimieren lassen. Der Mensch selbst werde sich bio- und digitaltechnologisch weiterentwickeln und eine bessere Version aus sich formen können. Die Gesellschaft werde so umgestaltet werden, dass sie Wohlstand und ein gutes Leben für alle biete. Das sind die gleichen Visionen einer besseren Zukunft dank Wissenschaft und Technologie, wie sie bereits in der frühen Neuzeit, etwa in Francis Bacons »Neu Atlantis«, formuliert wurden[51]. In diesem Sinne kann das Digitalzeitalter als die *Fortführung der Moderne mit anderen Mitteln* bezeichnet werden. Die Vision ist gleichgeblieben, lediglich der Hoffnungsträger Technik hat sich von analogen hin zu digitalen Technologien verschoben.

Das ist eine interessante Erkenntnis. Sie zeigt, dass unter dem Gewand des Neuen ein alter Grundgedanke steckt, der nur fortgeschrieben und mit neuer Energie versehen wird. Mit anderen Worten: Die Zukunftsvisionen des technologiezentrierten Denkens sind, mangels Alternative, nichts anderes als Vergangenheit+. Technik ist das Vehikel, das in diese Zukunft führen soll.

Die Weltbeschreibungen als VUKA, BANI oder hypernormal spannen einen Rahmen auf, in den hinein sich die Digitalisierung der Welt entfaltet. Im Folgenden soll die digitale Revolution in diese Rahmenbedingungen hinein verortet werden. In welchem Zusammenhang steht sie zu den dynamischen Veränderungsprozessen, in denen sich die Welt befindet? Sie ist nicht ihr einziger, aber ihr wesentlicher Treiber.

Tauziehen gegen Maschinen

Digitale Technologien, insbesondere Künstliche Intelligenz, sind tatsächlich ein Gamechanger. Sie verändern den Lauf der Geschichte. Ob die Welt dadurch den Visionen des technologiezentrierten Denkens näher kommt, ist damit nicht gesagt, dass sie jedoch eine treibende Kraft der Transformationsbewegungen des 21. Jahrhunderts sind, lässt sich nicht bestreiten. Um das Digitalzeitalter zu verstehen, müssen wir die Dynamik verstehen, aus dem es entspringt. Ein Blick zurück kann dabei helfen.

Zu Beginn der Industriellen Revolution, im späten 18. Jahrhundert, fanden merkwürdige Ereignisse statt. Die Dampfmaschine hielt Einzug und verdrängte den Menschen aus vielen Berufen. Das machte die Dampfmaschine zu etwas Bedrohlichem. Manche dieser so bedrohten Menschen wollten beweisen, dass die Maschinen ihnen zu Unrecht ihre Arbeit wegnehmen. Da die Arbeit im Wesentlichen Körperkraft erforderte, wollten sie zeigen, dass der Mensch stärker und leistungsfähiger ist als die Maschine. Deshalb organisierten sie Tauziehen zwischen Menschen und Dampfmaschinen.

Es ist gut möglich, dass Menschen in den frühen Tagen ein solches Tauziehen gewannen, doch von dem Moment an, an dem die Dampfmaschine ausgereift genug war, hatte der Mensch nicht mehr den Hauch einer Chance. Die Überlegenheit der Maschinen vergrößerte sich mit jedem Jahr, und heute erscheint es uns vollkommen absurd, überhaupt nur auf die Idee zu kommen, seine Kraft mit einem Auto, einem ICE oder einem Kran zu messen. Der Mensch hat seine Unterlegenheit gegenüber der Maschine in puncto Körperkraft längst akzeptiert und sich in Fitnessstudios zurückgezogen, um dort seine körperlichen Fähigkeiten auszutesten. Dieses Tauziehen zwischen Mensch und Maschine kann man als milde Vorstufe der späteren Maschinenstürmer verstehen, die zu Beginn des 19. Jahrhunderts nicht mehr im Wettkampf gegen Maschinen antraten, sondern aus der dann schon klargewordenen Position der Unterlegenheit Maschinen angriffen und zerstörten. Auch das freilich, ohne den weiteren Verlauf aufzuhalten.

Wenn wir heute von diesem Tauziehen hören, schauen wir verwundert und kopfschüttelnd darauf zurück. Die Geschichte hat etwas Rührendes aber auch etwas Naiv-Absurdes an sich. Etwas, dass aus heutiger Sicht völlig undenkbar erscheint – und doch hat sie sehr viel mit unserer gegenwärtigen Situation zu tun. Denn auch heute, zu Beginn der digitalen Revolution, ist der Mensch wieder dabei, Tauziehen mit Maschinen zu veranstalten – und die Geschichte wiederholt sich. Die Maschinen gewinnen, und erst nach und nach wird absehbar, was das für den Menschen bedeutet. Das Tauziehen zwischen Mensch und Maschine zu Beginn der digitalen Revolution finden nicht auf körperlicher, sondern auf kognitiver Ebene statt, auf der Ebene des Denkens. Die erste Niederlage erfolgte am 11. Mai 1997, als der amtierende Schachweltmeister Garri Kasparow in nur 19 Zügen gegen den IBM-Computer Deep Blue verlor. Schach galt vielen als Königsdisziplin des Denkens. Nur wenige Jahre zuvor waren Computer chancenlos. Doch von diesem Tag an war es der Mensch.

Spulen wir einige Jahre nach vorne in das Jahr 2016. In diesem Jahr fand ein weiteres denkwürdiges Tauziehen statt: Das von der Firma DeepMind (inzwischen zu Google gehörig) entwickelte Programm AlphaGo trat gegen Lee Sedol in dem chinesischen Brettspiel Go an. Lee Sedol galt zu diesem Zeitpunkt als weltweit bester Go-Spieler. Go ist um ein Vielfaches komplexer als Schach, da das Feld und die Anzahl der möglichen Züge deutlich größer sind. Selbst

KI-Experten gingen davon aus, dass es noch mindestens 10 Jahre dauern würde, bis ein Computer auf Weltklasse-Niveau Go spielen könne. Doch Lee Sedol verlor das über fünf Spiele angesetzte Match deutlich mit 4:1.

Dar. 1: Garri Kasparow gegen IBM Deep Blue, 11.5.1997 (oben) und Lee Sedol gegen Alpha-Go DeepMind, 15.3.2016 (unten)

Es ließen sich noch zahlreiche weitere Beispiele für das Tauziehen zwischen Mensch und Computer anführen, die um die Jahrtausendwende aufgeführt werden und die alle mit dem gleichen Ergebnis enden: Die fähigsten Menschen ihrer Zunft, die gegen Computer Dame, Scrabble oder Jeopardy! spielen und allesamt mit wehenden Fahnen verlieren.

Diese Beispiele für das Tauziehen sind Stellvertreterkämpfe, in denen der Mensch seine Überlegenheit oder zumindest Ebenbürtigkeit im Denken zu beweisen versucht. Doch seit der Jahrtausendwende steckt der Mensch nur noch Niederlagen ein. Unter KI-Experten ist es keine Frage mehr ob, sondern nur noch, wann dieses Tauziehen zwischen menschlicher Intelligenz und Computer-Intelligenz auf breiter Front für den Menschen verloren geht.

Zu Beginn der ersten Industriellen Revolution folgte der Erkenntnis der menschlichen Unterlegenheit die nächste Stufe des Aufbegehrens in Form der Maschinenstürmer. Es bedarf nur wenig Fantasie, um das Analogon der Computerstürmer für die erste Hälfte des 21. Jahrhunderts vorherzusagen. Letztendlich sind Streiks, wie der der amerikanischen Drehbuchautoren im Mai 2023, die durch ihren Protest die Filmproduzenten dazu zwingen wollten, auf den Einsatz von Künstlicher Intelligenz zu verzichten, im Kern bereits nichts anderes[52].

Was treibt die digitale Revolution?

Was vermitteln uns diese Geschichten über die Entwicklung computergestützter Technologien? Diese Frage führt zu der Frage nach dem wesentlichen Treiber der digitalen Revolution. Diesen zu verstehen ist die Voraussetzung dafür, das Ausmaß der anstehenden Veränderungen zu begreifen. Die digitale Revolution wird getrieben durch die Steigerung der Leistungsfähigkeit von Computern. Das Entscheidende dabei ist, dass diese Entwicklung exponentiell vonstattengeht. Die Leistungsentwicklung von Mikroprozessoren folgt dem Mooreschen Gesetz. Es gibt den Takt der digitalen Revolution vor, und es ist so etwas wie ihr Leitprinzip. Alle Visionen des technologiezentrierten Denkens basieren wesentlich auf diesem Gesetz.

Das Mooresche Gesetz gibt es in vielen Varianten. Eine dieser Varianten besagt, dass sich die Anzahl der Transistoren auf einem Mikrochip – und dadurch die Leistungsfähigkeit des Chips – etwa alle zwei Jahre verdoppelt. Das ist reine Empirie. Das Mooresche Gesetz ist kein Naturgesetz, das einer unausweichlichen Logik folgt, sondern es beschreibt die Entwicklung, die der technische Fortschritt seit der Erfindung des Computers genommen hat und extrapoliert diese in die Zukunft. Es ist also eher eine Beobachtung, die Gordon Moore, Mitgründer von Intel, in den frühen Jahren des Mikrochips machte, als ein »Gesetz«. Tatsächlich ist nicht klar, warum das Mooresche Gesetz nun schon seit so langer Zeit Bestand hat. Die plausibelste Erklärung liegt darin, dass es zu einer sich selbst erfüllenden Prophezeiung geworden ist, indem es die Roadmaps der Technologieentwicklung strukturiert und ihnen einen gemeinsamen Takt vorgibt. Dieser Takt sieht vor, dass ein Intel-Chip bis zum Jahr 2030 über eine Billion Transistoren verfügt[53].

Das Mooresche Gesetz ist zwar weithin bekannt, seine Implikationen zu verstehen ist jedoch herausfordernd. Das liegt daran, dass es für die menschliche Vorstellungskraft ungemein schwer ist, sich ein greifbares Bild davon zu machen, was es bedeutet, wenn sich Computerleistungsfähigkeit alle zwei Jahre verdoppelt. Ich möchte es daher anhand einer Anekdote erläutern, der Geschichte von der Erfindung des Schachbretts[54].

Der Legende nach brachte der Erfinder des Schachspiels, Sissa ibn Dahir, das Spiel dem indischen Herrscher Shihram als Geschenk dar. Diesem gefiel das Spiel so gut, dass er den Erfinder fragte, was dieser sich als Belohnung wünsche. Sissa ibn Dahir erwiderte, er wünsche sich ein Reiskorn, das auf das erste Feld des Schachbretts gelegt und mit jedem weiteren Feld verdoppelt werden solle. Dies ist eine sehr gut passende Analogie zur Leistungssteigerung von Computern, die sich mit der Anzahl der Transistoren auf einem Mikrochip, beginnend mit einem Transistor, alle zwei Jahre verdoppelt.

Exponentielle Entwicklungen haben es an sich, dass sie anfangs sehr langsam vonstattengehen. Zwar verdoppelt sich die Anzahl der Reiskörner mit jedem Feld – von eins auf zwei, von zwei auf vier, von vier auf acht etc. – doch das sind Verdoppelungen auf winzigstem Niveau, die kaum ins Gewicht fallen. Irgendwann jedoch, wenn in vielen kleinen Schritten eine signifikante Zahl zusammengekommen ist, kippt die Entwicklung und erreicht in kürzester Zeit Dimensionen jenseits menschlicher Vorstellungskraft. Am Ende der ersten

Reihe des Schachbretts, nach acht Feldern, haben sich 255 Reiskörner akkumuliert. Das ist, zumal für den Herrscher von Indien, eine Größe unterhalb der Wahrnehmungsschwelle. Mit jeder weiteren Verdoppelung beschleunigt sich die Entwicklung, bis sich nach vier Reihen, zum Ende der ersten Hälfte des Schachbretts, über vier Milliarden Reiskörner angehäuft haben. Das ist der Moment, an dem die Entwicklung explosionsartig kippt. Wenn nun mit jedem weiteren Feld diese vier Milliarden Reiskörner verdoppelt werden, erreicht man in kürzester Zeit Zahlen, die das menschliche Vorstellungsvermögen übersteigen. Am Ende der zweiten Hälfte des Schachbretts, nach nur vier weiteren Reihen, haben sich über 18.000.000.000.000.000.000 (18 Trillionen) Reiskörner angesammelt.

Anzahl der Reiskörner je Feld   Summe der Reiskörner bis zum Ende der jeweiligen Reihe

Dar. 2:   Exponentielle Entwicklung (Quelle: Ziad Mahayni)

Die Zahl ist ohne Zweifel beeindruckend, bleibt jedoch merkwürdig aussagelos. Das Problem ist, dass sie schlichtweg zu groß ist. Man kann sich 18 Trillionen Reiskörner nicht vorstellen, und so bleibt es eine Zahl ohne Wirkung, nicht greifbar für die menschliche Vorstellung. Eine weitere Analogie kann hier aushelfen und einen Bezug zu menschlichen Dimensionen herstellen: Setzt man 18 Trillionen Reiskörner nebeneinander, könnte man damit die gesamte Erdoberfläche inklusive aller Weltmeere mit Reis bedecken. Wollte ein Mensch die Reiskörner zählen, bräuchte er ca. 585 Milliarden Jahre dazu. Aus einem Reiskorn ist nach 64 Feldern durch exponentielle Entwicklung etwas geworden, das sich menschlicher Vorstellungskraft vollständig entzieht. Die

Legende endet wahlweise damit, dass der Herrscher von Indien den Erfinder des Schachspiels alle Reiskörner zählen bzw. ihn enthaupten ließ[55].

Was vermittelt diese Analogie über das Verhältnis des Menschen zur exponentiellen Entwicklung von Computertechnologie? In dieser Analogie ist der Mensch nicht der Erfinder des Schachbretts. Er ist der Herrscher von Indien: Rein rational verstehen wir was passiert, wir wissen um das Mooresche Gesetz und die Leistungssprünge, doch wir können der Entwicklung keine Bedeutung geben, da sie unserer Vorstellungskraft entgleitet. Dieser Mangel an Vorstellung wird dadurch verstärkt, dass wir uns bis in die Anfänge des 21. Jahrhunderts hinein – in der Analogie gesprochen – auf der ersten Hälfte des Schachbretts aufgehalten haben, in der die exponentielle Entwicklung noch relativ langsam ablief. Zwar haben wir erlebt, wie Computer immer kleiner und leistungsfähiger wurden, bis sie als Smartphones in der Tasche landeten, wie neue Geräte, Tools und digitale Medien entstanden sind, doch alle diese Veränderungen liefen in einer Geschwindigkeit ab, die der Mensch mitgehen konnte. Man konnte dabei zusehen und Schritt halten. Doch mit Beginn des 21. Jahrhunderts betritt die Entwicklung von Computerleistungsfähigkeit die zweite Hälfte des Schachbretts, auf der jede weitere Verdoppelung zu dramatischen Leistungssteigerungen führt, die das Antlitz der Welt immer schneller verändern werden[56].

Aus Fiction wird Science

Die exponentielle Entwicklung führt dazu, dass wir mit Siebenmeilenstiefeln in eine Welt hineinlaufen, die wir noch vor kurzem für surreale Science-Fiction gehalten haben. Schauen wir uns ein paar Beispiele an: Ein klassischer Topos nahezu aller Science-Fiction-Filme des 20. Jahrhunderts sind fliegende Autos. Heute sind fliegende Autos längst Realität geworden. Wir nennen sie nicht »fliegende Autos«, sondern Taxidrohnen, doch das ist im Kern das gleiche. Sie sind in zahlreichen Metropolen im Testbetrieb und werden noch in diesem Jahrzehnt in den Regelbetrieb übergehen. Gehen wir die Science-Fiction-Leiter weiter nach oben, begegnen uns zum Beispiel gedankengesteuerte Körpererweiterungen. In »Star Wars – Die Rückkehr der Jedi-Ritter« findet ein Laserschwert-Kampf zwischen Luke Skywalker und Darth Vader statt, in dem Luke Skywalker einen Arm abgeschlagen bekommt. Im Science-Fiction-Genre gibt es hierfür eine einfache Lösung. In einer Art Zukunftskrankenhaus bekommt er einen prothetischen Unterarm an seinen Armstumpf angeschlossen. Dieser wird mit den Nervenenden so verdrahtet, dass er seinen prothetischen Arm genauso gut Kraft seiner Gedanken bewegen kann wie seinen natürlichen Arm. Wechseln wir aus der Fiktion in die Gegenwart. Im Jahr 2012 verliert der Musiker Jason Barnes aufgrund eines Stromunfalls seine rechte Hand, doch seinen Traum von einer Musikerkarriere beendete das nicht. Am Georgia Tech Center für Musiktechnologie wurde ihm eine Prothese gebaut und so mit seinem Armstumpf verbunden, dass er damit Klavier und Schlagzeug auf höchstem Niveau spielen kann. Die Prothese erkennt die Muskelaktivitäten und übersetzt sie in Anschläge am Klavier oder in Trommelschläge. Und die Prothese kann mehr als das: Mit ihrer Hilfe kann Barnes mehrere Trommelstöcke in seiner gedankengesteuerten robotischen Hand halten und damit Rhythmen spielen, die für jeden anderen Schlagzeuger unerreichbar sind[57].

Klettern wir die Science-Fiction-Leiter weiter nach oben und schauen nach ausgefalleneren Beispielen: 1993 kommt der Film »Jurrasic Park« in die Kinos. Die Filmidee ist die folgende: Wissenschaftler erwecken Dinosaurier wieder zum Leben. Diese werden dann auf einer Insel freigesetzt, auf der Menschen sie wie in einem Zoo bestaunen können. Es kommt, wie es in einem Hollywood-Film kommen muss, die Dinosaurier brechen aus und der Film nimmt einen dramatischen Verlauf. Was 1993 noch Fantasy war, ist in den 20er-Jahren des 21. Jahrhunderts in Arbeit. Das mit über 60 Millionen US$ Startkapital ausgestattete Start-up *Colossol* plant bis zum Jahr 2027 mit gentechnischen Methoden das Mammut wieder zum Leben zu erwecken und in die Natur einzugliedern. Das Ganze soll nur der Anfang einer ganzen »De-Extinktionswelle« sein, durch die zahlreiche ausgestorbene Tiere wieder zum Leben erweckt werden sollen[58].

Suchen wir nach weitergehenden Science-Fiction-Visionen, finden wir Ideen wie die des Gedankenlesens. Auch diese Fiktion ist im Begriff Realität zu werden. Am 23. Dezember 2021 hat der querschnittsgelähmte Phillip O'Keefe mittels einer Gehirn-Computer-Schnittstelle den Tweet »no need for keystrokes or voices. I created this tweet just by thinking it.« abgesetzt und mit dem Hashtag #helloworldbci (bci steht für Brain Computer Interface) versehen[59]. Künstliche Intelligenz gibt auch dieser Entwicklung den entscheidenden Schub. Neuroinformatiker der University of Texas haben gezeigt, dass eine KI die Gedanken von Menschen, deren Hirnströme in einem MRT-Scan aufgezeichnet werden, decodieren kann. Die Künstliche Intelligenz kann mit hoher Genauigkeit den Inhalt von Geschichten wiedergeben, die sich eine Person im Scanner vorstellt oder die Handlung eines Kurzfilms wiedergeben, den Probanden im Scanner schauen[60]. Zahlreiche Unternehmen, darunter die üblichen Silicon-Valley-Größen wie der Meta-Konzern oder Alphabet, arbeiten daran, Gedankenlesetechnologien auf ein handlicheres Maß zu bringen, das ohne MRT-Scanner auskommt. In den kommenden Jahren ist hier eine ähnliche Entwicklung wie bei Mixed- und Virtual-Reality-Brillen zu erwarten, die sich von einstmals klobigen und unpraktikablen Geräten über die aktuellen, mit gewöhnlichen Sonnenbrillen vergleichbaren Geräte hin zu Geräten in der Größe von Kontaktlinsen entwickeln werden.

Kryonik, humanoide Roboter, KI-generierte Avatare verstorbener Menschen etc., es ließen sich noch zahlreiche weitere Beispiele Realität gewordener Science-Fiction anführen. Natürlich sind in all den genannten Beispielen die Entwicklungen noch nicht an ihr Ende gekommen. Das ändert aber nichts an der Tatsache, dass es heute Wissenschaftler, Techniker und Programmierer sind, die sich mit den Themen beschäftigen, und nicht mehr Schriftsteller, Filmemacher oder Fantasten. Wie die Science-Fiction-Expertin Isabella Hermann schreibt, holt »der reale technische Fortschritt im breiten Feld der Künstlichen Intelligenz die Science-Fiction ein«[61]. Im KI-Zeitalter wird aus Fiction Science.

Exponentialität ohne Ende?

Das Mooresche Gesetz ist der Taktgeber der exponentiellen Entwicklung von KI- und Digitaltechnologien. Doch die Bedeutung geht darüber hinaus. Da Künstliche Intelligenz zum steuernden Teil von immer mehr Technologien wird, beschleunigt sich auch deren Entwicklung ähnlich rasant. Dies lässt sich gut mit Blick auf die Biotechnologie erläutern.

Die Entschlüsselung des ersten menschlichen Genoms war eine wissenschaftliche Mammutaufgabe. Sie erfolgte erstmals durch das Human Genome Project (HGP), das 1990 startete und das Ziel hatte, die Abfolge aller ca. 3 Milliarden Basenpaare der menschlichen DNA vollständig zu sequenzieren. In 2003 waren 92 % des Genoms entschlüsselt und das HGP offiziell beendet. Seit Mai 2021 gilt es schließlich als vollständig entschlüsselt. Diese erste Sequenzierung eines menschlichen Genoms nahm also je nach Vollständigkeitsgrad zwischen 13 und 31 Jahren in Anspruch und kostete je nach Betrachtung zwischen 300 Millionen und 1 Milliarde US$. Heute kostet eine Genomsequenzierung ca. 1.000 US$ und dauert wenige Tage[62]. Tendenz weiter fallend. Dieser exponentielle Preisverfall bei gleichzeitig exponentiell steigender Geschwindigkeit der Sequenzierung spielt sich zwar im Bereich der Biotechnologie ab, verdankt sich aber ganz wesentlich der dabei zum Einsatz kommenden Digitaltechnologien. Diese ermöglichen, das Unternehmen wie *23andMe* heute individuelle DNA-Analysen für jedermann anbieten können.

Es ließen sich leicht weitere Beispiele anführen, in denen die rasante Entwicklung von KI zu ebenso rasanten Entwicklungen, etwa in der Robotik oder der Proteinforschung, führen[63]. Das führt zu der Frage nach den Grenzen dieser Entwicklung. Nichts kann sich ewig exponentiell weiterentwickeln. Heute befinden sich auf einem modernen Mikrochip, wie dem M1 Ultra von *Apple* (der zwei Chips zu einem kombiniert) 114 Milliarden Transistoren[64]. 18 Trillionen werden es nie werden. Wie lange also kann diese Entwicklung noch fortgeschrieben werden?

Tatsächlich wird es in der Entwicklung von Mikrochips schon seit einiger Zeit immer schwieriger, die Verdoppelungsschritte zu gehen. In den letzten Jahrzehnten kam es dadurch zu einer Verlangsamung der Verdoppelungsgeschwindigkeit von ca. 1,5 Jahre auf ca. 2 Jahre. Diese Verlangsamung ist Vorbote einer harten physikalischen Grenze, die die Entwicklung des Mikrochips irgendwann erreichen wird. Schon heute gibt es nur noch drei Firmen weltweit, die in der Lage sind, Mikrochips der neuesten Generation herzustellen[65], was, nebenbei bemerkt, einige Entwicklungen der letzten Jahre, darunter die Chipkrise und das gesteigerte Interesse der Weltmächte an Taiwan (wo mit TSMC das bedeutendste dieser drei Unternehmen seinen Sitz hat) verständlicher werden lässt. Wann genau diese physikalische Grenze erreicht wird, ist

Gegenstand einer hitzigen Debatte unter Experten. Was sich jedoch sagen lässt ist, dass diese Grenze allmählich in Sichtweite rückt. Dies bedeutet jedoch nicht, dass damit auch die exponentielle Entwicklung von KI- und Computertechnologien zu einem Ende kommt, da eine Reihe von Ablösetechnologien, darunter 3D- und Chiplet-Designs, bereits in den Startlöchern stehen. Ein weiteres Argument besteht darin, dass die Hardware für die Weiterentwicklung Künstlicher Intelligenz nicht der limitierende Faktor ist. Wichtiger für die Entwicklung immer leistungsfähigerer Künstlicher Intelligenzen sind Entwicklungen im Bereich der Software, der Parameterzahl, Algorithmenoptimierung oder der Trainingsdaten, so dass auch in einer »Post-Moore-Ära«, in der die Hardwareentwicklung an Grenzen stößt, weiterhin Raum für exponentielle Entwicklungssprünge ist[66].

Schließlich spricht aktuell alles dafür, dass in den kommenden Jahren Quantencomputer zur Marktreife gebracht werden können. Quantencomputer sind der Sprung zu einer gänzlich anderen Computertechnologie, die das Potenzial zu weitaus größeren Entwicklungssprüngen hat, als es das Mooresche Gesetz für halbleiterbasierte Computer kannte. Vereinfacht gesagt liegt der Unterschied darin, dass die Transistoren in einem klassischen Computer nur die Zustände ›Strom fließt‹ oder ›Strom fließt nicht‹ kennen, was in der Welt der Bits dem Zustand 1 oder 0 entspricht. Die Quantenbits oder Qubits eines Quantencomputers können die Zustände 0 und 1 sowie 0 und 1 gleichzeitig sowie alle möglichen Zustände dazwischen einnehmen (»Superposition«). Diese Zustände können zudem miteinander verkoppelt werden (»Verschränkung«), so dass ein Quantencomputer eine sehr große Anzahl an Rechnungen simultan durchführen kann, während herkömmliche Computer diese immer nur sequenziell, d. h. eine Rechnung nach der anderen, durchführen können. Im Ergebnis bedeutet es, dass Quantencomputer hochkomplexe Rechnungen in Sekundenschnelle durchführen könnten, für die die schnellsten Supercomputer unserer Zeit hunderte oder tausende von Jahren benötigen würden.

Der Moment, in dem ein Quantencomputer erstmals eine Rechnung lösen kann, für die ein herkömmlicher Computer eine unpraktikable Zeit benötigen würde, wird »Quantum Supremacy« (Quantenüberlegenheit) genannt. Es gibt eine Expertendebatte darüber, ob dieser Moment im Jahr 2019 bereits erreicht worden ist. Google postulierte mit dem Quantencomputer *Sycamore*

Quantum Supremacy erreicht zu haben, weil es gelungen sei, eine Berechnung durchzuführen, für die die aktuell leistungsfähigsten Supercomputer 10.000 Jahre benötigen würden[67]. Hieran wurden jedoch Zweifel angemeldet. Experten von IBM erwiderten, dass ihr Supercomputer die Aufgabe in 2,5 Tagen lösen könne. Doch selbst wenn sich Google um knapp 10.000 Jahre verschätzt haben sollte, bleibt das Datum ein Meilenstein, dem im Dezember 2024 ein weiterer folgte: Mit dem ebenfalls von Google entwickelten Quantum-Chip *Willow* wurden wichtige Hürden für den kommerziellen Einsatz genommen, Fehlerraten reduziert und die Leistungsfähigkeit weiter gesteigert[68]. Es scheint, dass auch Quantencomputer im Begriff sind, in absehbarer Zeit aus der Fiktion in die Realität hinüberzuwechseln.

Sollte dies gelingen, wäre das Mooresche Gesetz veraltet, jedoch nicht, weil die Entwicklung der Leistungsfähigkeit von Computern dramatisch abflacht, sondern weil sie sich für zahlreiche Anwendungsfälle dramatisch über das Mooresche Gesetz hinaus beschleunigen würde. Dies lässt Technologieenthusiasten wie den Physiker und Zukunftsforscher Michio Kaku spekulieren, dass die de facto grenzenlose Rechenleistung von Quantencomputern alle Probleme der Welt, von der Heilung von Krebs oder Alzheimer, der Verfügbarmachung grenzenloser Energie durch Kernfusion über die Lösung der Klimakrise bis hin zur Unsterblichkeit lösen werde[69].

Wie genau sich die Dinge weiter entfalten werden bleibt offen. Doch aktuell scheint es vernünftig, davon auszugehen, dass die exponentielle Entwicklung bis auf Weiteres Bestand haben und dass auch der Sprung zum Quantencomputer gelingen wird. Anders als auf der ersten Hälfte ist auf der zweiten Hälfte des Schachbretts jeder einzelne weitere Entwicklungsschritt von weltverändernder Bedeutung. Zwar wird sich die exponentielle Entwicklung nicht endlos fortsetzen, doch sie muss sich nicht endlos fortsetzen, um den Menschen mit Veränderungen und ethischen Fragen zu konfrontieren, die alles übersteigen, womit er sich in der Vergangenheit auseinandersetzen musste. Die tradierten Denk- und Interpretationsmuster aus der analogen Zeit sind nicht geeignet, um diese Herausforderung in den Blick zu bekommen.

Paradigmenwechsel

Bereits die industrielle Moderne war getragen vom Streben, das »Gegebene in ein Gemachtes zu verwandeln«[70]. In der Digitalmoderne kommt es zu einem Paradigmenwechsel in den Möglichkeiten, immer mehr von dem, was einstmals als gott- oder naturgegeben verstanden wurde, in etwas technisch Machbares zu verwandeln. Dieser Paradigmenwechsel auf Seiten der Technologie muss sich auch in der Art und Weise, wie wir über Technologie nachdenken, widerspiegeln. Es braucht neue gedankliche Paradigmen, um das Verhältnis zwischen Mensch und Technik im KI-Zeitalter verstehen und gestalten zu können.

Ein Paradigma ist ein vorherrschendes Denk- und Interpretationsmuster. Im weiteren Sinn kann man sagen, ein Paradigma ist ein Weltbild, mit dessen Hilfe Sachzusammenhänge erklärt werden. Wie Thomas Kuhn gezeigt hat, kommt es in der Wissenschaftsgeschichte immer wieder zu Entwicklungen, die einen Wechsel in ein neues Paradigma erforderlich machen, um die Modelle zur Welterklärung an neue Erkenntnisse anpassen zu können[71]. Mir scheint, dass der Wechsel in das KI-Zeitalter in diesem Sinn neue Denkmuster erfordert. Konkret möchte ich zwei Paradigmen vorschlagen, um die erweiterten technischen Möglichkeiten in die Deutung der Welt zu integrieren:

1. Das KI-Zeitalter ist das Zeitalter, in dem wir davon ausgehen sollten, dass alles technisch möglich ist.
2. Das KI-Zeitalter ist das Zeitalter, in dem die Technologieentwicklungsgeschwindigkeit größer wird als die Technologieadaptionsgeschwindigkeit des Menschen.

Beides sind Zäsuren ohne Vorbild. Sie erfordern eine nähere Erläuterung.

Alles wird technisch möglich

Im vordigitalen Zeitalter konnte man sich darauf verlassen, dass gewisse Dinge einfach nicht möglich sind und nach allem, was sich sinnvoll sagen ließ, auch niemals möglich sein werden. Das war eine frustrierende Einsicht, aber auch eine befreiende. Frustrierend, weil sie den Menschen vor Augen führte, dass es Grenzen gibt, die er nicht überschreiten kann. Befreiend, weil sie dem Menschen die Freiheit gab, nicht darüber nachdenken zu müssen, ob die Überschreitung dieser Grenzen wünschenswert ist und wie menschliches Leben jenseits dieser Grenzen gestaltet werden muss.

Zu den Dingen, die vollkommen klar jenseits dieser Grenze lagen, gehörte zum Beispiel die Gegebenheit des menschlichen Körpers. Natürlich begehrte der Mensch schon immer dagegen auf und versuchte mittels Kosmetik, Medizin, Doping und, seit einiger Zeit, geschlechtsumwandelnder bzw. Schönheitschirurgie darauf Einfluss zu nehmen. Doch all das fand in gewissen Grenzen statt, die als unhintergehbar betrachtet wurden. Niemand hat sich ernsthaft damit beschäftigt, ob es nicht viel besser wäre, vier statt zwei Arme zu haben. Niemand kam auf die Idee, seine Gefühle auf einer Festplatte zu speichern und sie per E-Mail an Freunde zu senden. Niemand kam auf die Idee, dass man die Komponenten seines Körpers nach Belieben zusammenstellen oder dass man sein Geschlecht je nach Gefühlslage wechseln könne. Niemand kam auf die Idee, dass man die Gedanken anderer lesen oder in einem robotischen Körper beheimatet sein könnte etc. Gewisse Dinge waren einfach gegeben. Die ultimative Gegebenheit war die unumstößliche Tatsache, dass man als Mensch sterben wird. Ähnliche Grenzen gab es auch in Bezug auf die Umwelt des Menschen. Ob es am nächsten Tag regnen oder die Sonne scheinen wird, war etwas, das ein Mensch hinnehmen musste. Zu glauben, der Mensch könne das bestimmen, war ähnlich absurd wie zu glauben, man könne sich per Knopfdruck in die Wüste Gobi oder auf den Mond verfrachten.

Wenn ich schreibe, dass niemand auf diese Ideen gekommen sei, so ist das nicht ganz richtig. All diese Ideen zirkulierten auch im vordigitalen Zeitalter. Doch dort waren sie eine Sache von Schriftstellern, Schamanen, Alchemisten, Filmemachern, Fantasten und nicht von Wissenschaftlern oder Ingenieuren. Sie waren *Fiction* nicht *Science*. Wie bereits beschrieben wird im Digitalzeitalter immer mehr Gegebenes in Gemachtes, Fiktionales in Reales überführt, und es ist unklar, wo dabei die Grenzen liegen. Daher ist es sinnvoll, *davon auszugehen*, dass im KI- und Digitalzeitalter alles technisch möglich wird. Selbst wenn etwas heute noch nicht möglich ist, ist es vernünftig anzunehmen, dass es aufgrund der exponentiellen Entwicklung von Technologie »auf dem nächsten Feld des Schachbretts« in die Machbarkeit rücken kann. Zudem verfügt das Digitalzeitalter in Form virtueller Realitäten über einen Plan B für alle Dinge, die sich in der realen Welt als unmöglich erweisen. Durch das Aufziehen eines Headsets kann ich dort problemlos per Knopfdruck auf dem Mond spazieren gehen oder mich mit dem lebensechten Avatar meines verstorbenen Großvaters unterhalten[72]. Hier kann man alles sein, was man will, jede Gestalt und jedes Aussehen annehmen, an jedem realen oder irrealen Ort sein und tun und lassen, was man möchte.

Natürlich wird sich auch im Digitalzeitalter nicht jede Fantasie technisch realisieren lassen! Es gibt harte Grenzen der Physik, wie die Lichtgeschwindigkeit, die beispielsweise einen Besuch der 13,5 Milliarden Lichtjahre entfernten Galaxie HD1 unmöglich machen. Bei dem Paradigma handelt es sich um ein Denkmuster, das helfen soll, die Veränderungen des KI-Zeitalters begrifflich und konzeptionell in den Blick zu bekommen. Das Paradigma besagt, dass es vernünftig ist, *davon auszugehen*, dass alles technisch möglich ist, nicht, dass realiter alles technisch möglich wird. Ob beispielsweise der Tod wirklich überwunden werden kann, Körper und Empfindungen des Menschen designt oder siliziumbasierte Lebensformen möglich sein werden, wissen wir heute noch nicht. Doch anders als im vordigitalen Zeitalter, können wir im KI-Zeitalter nicht mehr davon ausgehen, dass all das *nicht* möglich sein wird. Es sind keine Science-Fiction-Autoren oder Schamanen mehr, sondern Ingenieure, Programmierer, Wissenschaftler und Manager, die sich heute mit diesen Fragen beschäftigen. Folglich ist das Digitalzeitalter dadurch gekennzeichnet, dass wir uns mit der möglichen Realität aller dieser Dinge auseinandersetzen müssen. Wir betreten eine Zeit, in der es vernünftig erscheint, die gedankliche Grundhaltung einzunehmen, dass alles, was gedacht werden kann, auch gemacht werden kann. Nicht, weil es ein Fakt ist, sondern um auf die möglichen Konsequenzen der Machbarkeit eingestellt zu sein.

Dieses Paradigma kann man als eine Variation der »Heuristik der Furcht« verstehen, die Hans Jonas in seinem Buch »Das Prinzip Verantwortung« vorgeschlagen hat. In Anbetracht der ökologischen Krise, die sich durch die ungefilterte Anwendung der Technologien des Industriezeitalters immer weiter ausbreitete, schlug Jonas vor, bei der Beurteilung neuer Technologien das jeweilige Worst-Case-Szenario zum Maßstab zu nehmen[73]. Diese »Heuristik der Furcht« spielte eine große Rolle für das zu gleicher Zeit entstehende For-schungsgebiet der Technikfolgenabschätzung, die einen wichtigen Beitrag für die moralische Beurteilung der Frage, ob und wie eine neue Technologie zum Einsatz kommen soll, liefert.

In diesem Sinne kann man das Paradigma, davon auszugehen, dass im KI-Zeitalter alles technisch möglich ist, als eine »Heuristik der Machbarkeit« be-zeichnen. Sie bringt zu Bewusstsein, dass es, anders als in vordigitaler Zeit, heute keine sinnvolle Haltung mehr ist, sich zurückzulehnen und darauf zu verlassen, dass bestimmte Dinge nicht möglich sein werden. Stattdessen lenkt sie im Angesicht der steigenden technischen Möglichkeiten den Blick auf die Notwendigkeit der vorausschauenden Verantwortungsübernahme durch den Menschen.

Die Technologieentwicklungsgeschwindigkeit wird größer als die Technologieadaptionsgeschwindigkeit des Menschen

Wenn die technischen Möglichkeiten mit exponentieller Geschwindigkeit steigen, dann steigt damit die Notwendigkeit, verantwortungsvoll mit diesen Technologien umzugehen. Das wiederum setzt einen gesellschaftlichen Dis-kurs voraus, in dem Vor- und Nachteile abgewogen, Wertvorstellungen und technische Möglichkeiten gegenübergestellt, Gesetze formuliert und verab-schiedet werden. Ein solcher Diskurs würde idealerweise auf einem Diskurs der Experten aufsetzen, in dem Nutzen und Risiken, Technikfolgen, ethische, ökonomische und soziale Implikationen, berücksichtigt werden. Auf der zwei-ten Hälfte des Schachbretts steht die Zeit für solche Diskurse nicht zur Verfü-gung. Die Technologieentwicklungsgeschwindigkeit übersteigt immer weiter die Technologieadaptionsgeschwindigkeit des Menschen.

Zum Vergleich: Die erste Industrielle Revolution ist technologisch durch die Erfindung der Dampfmaschine geprägt. Die ersten Dampfmaschinen, die zu industriellen Zwecken genutzt wurden, hielten um 1712 Einzug in den Koh-lebergbau. Ihr Wirkungsgrad war jedoch gering. Es dauert weitere knapp 60 Jahre, bis der Wirkungsgrad durch die Entdeckungen von James Watt entscheidend verbessert wurde, was einen weitergehenden Einsatz mög-lich machte. Anfang des 19. Jahrhunderts schließlich beginnt allmählich der flächendeckende Einzug der Dampfmaschine in zahlreichen Bereichen der Industrie. Insgesamt haben wir es also mit einem Zeitraum von annähernd 100 Jahren zu tun, in dem die Technologie entwickelt und eingeführt wurde.

Die digitale Revolution läuft auf einer vollkommen anderen Zeitskala ab: Das Unternehmen OpenAI wurde im Jahr 2015 gegründet. Im Juni 2018 wurde die Künstliche Intelligenz GPT-1 eingeführt, die von vielen Experten noch belächelt wurde. Im November 2020 wird GPT-3 veröffentlicht und kostenlos zugänglich gemacht. Nach fünf Tagen hat GPT-3 bereits 1 Millionen Nutzer. Im März 2024 wird GPT-4 veröffentlicht. Dieses Tool ist bereits so mächtig, dass eine Großzahl namhafter KI-Experten in einem offenen Brief fordern, die Weiterentwicklung leistungsfähiger KI-Modelle jenseits GPT-4 aufgrund der nicht vorhersehbaren Konsequenzen für mindestens sechs Monate auszusetzen[74]. Die Menschheit, so die Argumentation, müsse eine Auszeit der Technologieentwicklung erzwingen, um über die Konsequenzen nachdenken und präventive Gegenmaßnahmen ergreifen zu können. Dazu kam es freilich nicht. Stattdessen wird erwartet, dass GPT-5 in absehbarer Zeit veröffentlicht wird. Es soll nach Ansicht von OpenAI einen signifikanten Schritt in Richtung einer Artificial General Intelligence (AGI) darstellen[75]. Diese Entwicklung vollzog sich innerhalb von fünf Jahren.

Die Zeit, die dem Menschen zur Adaption zur Verfügung steht, wird immer kleiner, weil sich Technologien immer schneller weiterentwickeln. Der Mensch das KI-Zeitalters ist, wie es Günther Anders schon in den 1950er-Jahren kommen sah, strukturell »antiquiert«, da die Diskrepanz zwischen den wachsenden Möglichkeiten der Technik und dem Unvermögen des Menschen, sich die Folgen der Technik vorzustellen immer weiter steigt[76]. Der Mensch im Jahr 2024 gleicht einem Autofahrer, der mit Vollgas auf der linken Spur fährt und plötzlich von rechts durch die von ihm selbst entwickelten Technologien überholt wird. Auf der zweiten Hälfte des Schachbretts entwickeln sich Technologien schneller weiter, als Menschen und menschliche Organisationen sie verstehen, sich daran anpassen und Verantwortung dafür übernehmen können.

Welche Konsequenzen ergeben sich daraus?

Gehen wir der Frage am Beispiel der Wirtschaft nach. Was bedeutet es hier, wenn die Technologieentwicklungsgeschwindigkeit größer wird als die Technologieadaptionsgeschwindigkeit? Es bedeutet, dass nicht mehr die Technik, sondern der Mensch das Bottleneck für den Fortschritt von Effizienz und Produktivität ist. Wo früher in einem Unternehmen galt, dass Produktivitätssteigerungen möglich wären, sofern gewisse Automatisierungs- oder Digitalisierungstechnologien schneller zur Verfügung stünden, so gilt heute, dass Produktivitätssteigerungen möglich wären, wenn nur der Mensch die neuen Technologien schneller annehmen, lernen und nutzen würde. Aus dieser Einsicht heraus verbreitet die Ökonomie schon seit Jahren die immer lauter werdende Devise vom »lebenslangen Lernen«, vom »beständigen Wandel« und von der Notwendigkeit einer »Reskilling Revolution«[77]. Doch die Fähigkeit des Menschen dazu stößt bei weiter fortschreitender Technologieentwicklungsgeschwindigkeit an eine Grenze, jenseits der der Mensch schlichtweg nicht mithalten kann. Die massiv steigenden Zahlen psychisch bedingter Krankheitstage in Unternehmen und die Tatsache, dass sich in Deutschland 61 % der Arbeitnehmer als Burn-out-gefährdet ansehen[78], sind deutliche Indizien dafür, dass diese Grenze erreicht ist.

Unternehmen stehen in Zukunft immer häufiger vor der Frage, ob sie entweder potenzielle Optimierungen, die Dank voranschreitender Technologien zur Verfügung stehen, ungenutzt lassen, indem sie deren Einführung auf die Adaptionsgeschwindigkeit des Menschen hin anpassen, oder ob sie den Weg der maximalen Ausnutzung technologiebedingter Potenziale gehen. Letzteres bedeutet, dass man den zum Bremsklotz des technischen Fortschritts gewordenen Menschen immer weiter aus dem System nimmt.

Zwar haben in einem kapitalistischen Wirtschaftssystem Effizienz- und Produktivitätssteigerungen prinzipiell Vorfahrt, doch das Pendel schlägt dennoch nicht überall zugunsten der Technik und zu Ungunsten des Menschen aus. Tatsächlich ist der Umstand, dass die Technologieentwicklungsgeschwindigkeit größer wird als die Technologieadaptionsgeschwindigkeit, auch die Erklärung dafür, warum die Transformation in vielen Bereichen so langsam vonstattengeht. Kennt man zum Beispiel die Möglichkeiten von KI-basierten Simultanübersetzern, mag man sich fragen, wie es sein kann, dass die Europäische Union noch immer 4.000 Dolmetscher beschäftigt[79]. Anders als in früheren Zeiten, in denen es schlichtweg keine andere Lösung für das Übersetzungsproblem gab, liegt der Hauptgrund heute darin, dass die Organisation EU schlichtweg die Geschwindigkeit der technischen Entwicklung nicht mitgehen kann, u. a., weil menschengeschaffene Rahmenbedingungen wie der Beamtenstatus zahlreicher Dolmetscher, verlangsamend wirken. Das kann man gut oder schlecht finden. Entscheidend ist, dass auch die Fälle, in denen Menschen ungeachtet der technischen Möglichkeiten im System bleiben, das neue Paradigma bestätigen: Der Bottleneck ist der Mensch, nicht die Technik.

Der Paradigmenwechsel und das Verantwortungsdilemma

Die formulierten Paradigmen helfen, einen anderen Blickwinkel auf das KI-Zeitalter einzunehmen und die ihm innewohnenden Herausforderungen besser zu erkennen. Im Folgenden möchte ich einige Konsequenzen beleuchten, die aus dem Paradigmenwechsel resultieren.

In der vordigitalen Moderne war die Entwicklung des technischen Fortschritts das Resultat eines beständigen Kampfes gegen die Zwänge der Natur. Es galt, gegen die in die Realität eingeschriebenen Grenzen und Limitierungen herauszufinden, *was machbar ist*. Folglich ist der moderne Fortschrittsglaube – anknüpfend an die von Galileo Galilei für die Wissenschaft formuliert Maxime, alles, was messbar ist, zu messen – technologieseitig getrieben von der Maxime, alles, was machbar ist, zu machen. Weil unendlich viel *nicht* möglich war, galt jede Erweiterung der Möglichkeiten per se für gut. Erst die Atombomben von Hiroshima und Nagasaki haben hinter diese Idee ein erstes Fragezeichen gesetzt.

In der Digitalmoderne, in der wir von der gedanklichen Prämisse ausgehen sollten, dass alles möglich ist, ergibt diese Denkstruktur keinen Sinn mehr. Wenn im Prinzip alles machbar ist, gilt es vielmehr herauszufinden, *was sinnvoll ist*. Galt es in vordigitaler Zeit, aus einem Meer des Nicht-Machbaren, die machbaren Dinge zu identifizieren und umzusetzen, müsste es in der Digitalmoderne darum gehen, aus einem Meer des Machbaren diejenigen Dinge zu identifizieren und umzusetzen, die sinnvoll sind. Unsere Zeit scheint jedoch in einem Modus begriffen zu sein, in dem die gewaltigen Möglichkeiten des Digitalzeitalters mit vordigitalem Denken vorangetrieben werden. Alles, was technisch möglich ist, solle so schnell wie möglich in die Welt gebracht werden. Auch das lässt sich gut an der Einführung von ChatGPT studieren. Satya Nadella, CEO von Microsoft, bezeichnet die Geschwindigkeit, mit der Künstliche Intelligenz in alle Produkte integriert und in die Welt getragen wird, als »wahnsinnig« (frantic)[80].

Der Sinn dieser Hektik ist unklar. Er ergibt sich erst aus der Kombination der vordigitalen Denkstruktur, verbunden mit den Mechanismen einer liberal-kapitalistischen Ökonomie, die ganz auf *Beschleunigung und Effizienz* ausgerichtet ist. Aus der Perspektive des neuen Paradigmas müssten hingegen *Entschleunigung und Effektivität* als neue Werte in den Vordergrund rücken. Effizienz ist, vereinfacht gesagt, die Fähigkeit, die Dinge richtig, d. h. mit möglichst geringem Zeit- und Ressourcenaufwand zu tun. Effektivität hingegen ist die Fähigkeit, die richtigen Dinge zu tun, also das zu tun, was für Mensch und Gesellschaft tatsächlich sinnvoll ist. Was das ist, wäre demzufolge die erste und wichtigste Frage. Entgegen den seit Anbeginn der Moderne verinnerlichten Denk- und Wertstrukturen gälte es im Digitalzeitalter, Entschleunigungskompetenz und die Fähigkeit zu *intelligenter Ineffizienz* zu entwickeln. Ich möchte intelligente Ineffizienz verstehen als die Fähigkeit, digitalisierte und KI-gesteuerte Prozesse dort zu entschleunigen, wo menschliche Aufsicht zum Beispiel aus ethischen oder Sicherheitserwägungen heraus geboten erscheint[81]. Dies muss keinesfalls überall der Fall sein. Vielmehr sind Fälle denkbar, in denen technologische Effizienz sinnvoll sein kann, da sie zum Beispiel lebensrettend oder anderweitig wertstiftend wirkt. Diese Fälle zu differenzieren und Maßnahmen zu ergreifen, damit Technologie primär nutzbringend wirkt, ist eine Aufgabe, die sich aus den neuen Denkmustern unmittelbar aufdrängt. Anders formuliert: Wenn die Technologieentwicklungsgeschwindigkeit größer wird als die Technologieadaptionsgeschwindigkeit, dann sollte der Mensch die Weiche stellen, in welchen Fällen der Technologie und in welchen Fällen dem Menschen Vorfahrt gewährt werden soll.

Dies ist eine Aufgabe der Regulierung. War die vordigitale Moderne noch ganz darauf ausgerichtet, neue Technologien zu entwickeln, so muss es in der Digitalmoderne verstärkt darum gehen, Technologien zu kontrollieren. Einer verstärkten Regulierung kommt dabei eine wichtige Bedeutung zu. Auch die Bewertung von Regulierung selbst rückt durch die beiden Paradigmen in ein neues Licht. In technologieaffinen Kreisen gilt sie als Fessel des Fortschritts und Hemmnis für Wirtschaftswachstum. Regulierung ist das, was es abzubauen und zu verhindern gilt. Was diese Haltung jedoch verkennt, ist, dass es in vordigitaler Zeit eine unsichtbare Regulierung gegeben hat, die der Technologieentwicklung selbst eingeschrieben war, indem zahlreiche Dinge schlichtweg nicht realisierbar waren. Regulierung war zu einem gewissen Maß der Technik intrinsisch. Ihr Fortschritt entfaltete sich, nach allem, was sich vernünftigerweise sagen ließ, innerhalb enger Grenzen, und es war, wie bereits beschrieben, klar, dass zahlreiche Dinge eine Sache der Fantasterei bleiben würden. Im KI-Zeitalter wird die der Technik intrinsische Regulierung immer weiter abgebaut, so dass nun der Mensch immer stärker die Rolle des Regulators übernehmen muss. Das bedeutet auch, dass Regulierung anders und neu gedacht werden muss. Nicht mehr als ein Hemmnis einer besseren Zukunft, sondern als Mittel zu dessen Gestaltung.

Während jedoch die steigende Leistungsfähigkeit der Technik (1. Paradigma) dazu führt, dass der Mensch mehr Kontrolle und Verantwortung übernehmen müsste, wird die Fähigkeit des Menschen, dies zu tun, durch die rasant steigende Geschwindigkeit der Technologieentwicklung (2. Paradigma) unterwandert. Wenn die Technologieadaptionsgeschwindigkeit des Menschen gegenüber der Technologieentwicklungsgeschwindigkeit zurückbleibt, kommt Regulierung strukturell zu spät. Dies ist das Verantwortungsdilemma, in dem sich der Mensch durch die tektonischen Verschiebungen wiederfindet: Wir können mehr herstellen als wir uns vorstellen und als wir verantworten können[82]. Aus ethischer Sicht liegt hierin die bedeutendste Konsequenz des Paradigmenwechsels.

Technologien entwickeln sich auf einer Zeitskala von Wochen, regulatorische Gesetzgebung auf einer Zeitskala von Jahren. Social-Media-Plattformen gibt es seit 2004. Deren erste ernsthafte Regulierung durch den Digital Service Act der EU tritt im Jahr 2024 in Kraft. Ähnlich sieht es im Bereich der Künstlichen Intelligenz aus. Die Europäische Union hat im Jahr 2024 den EU AI Act, die erste staatenübergreifende Regulierungsmaßnahme für Künstliche Intelligenz, verabschiedet. Von der ersten Diskussion der Notwendigkeit zur Regulierung

im European Economic and Social Committee 2016 bis zum vollen Inkrafttre-
ten des EU AI Acts 2026 vergehen zehn Jahre[83]. Auf der »zweiten Hälfte des
Schachbretts« sind zehn Jahre ein absurd langer Zeitraum. Im Digitalzeitalter
werden neue Technologien viel schneller zu einem Fakt in der Welt als sie re-
flektiert, verstanden, geschweige denn gesetzlich eingefasst werden können.
Das ist eine äußerst ernüchternde Einsicht.

Technologiezentriertes und menschzentriertes Denken

Der Paradigmenwechsel eröffnet eine Kampfzone über den Umgang mit den
Herausforderungen der Zukunft. In dieser Auseinandersetzung begegnen uns
die beiden Grundhaltungen eines technologie- bzw. menschzentrierten Denkens, die zu oftmals diametral unterschiedlichen Einschätzungen kommen.

Das technologiezentrierte Denken sucht die Lösung in der Technologie und
plädiert dafür, der Technik den Vorrang einzuräumen. Ihre freie und unge-
hemmte Entfaltung erscheint diesem Denken als die beste Aussicht für die
Lösung aller Probleme der Gegenwart und für eine bessere Zukunft. Auch
das Verantwortungsdilemma könne aus Sicht dieses Denkens nur durch noch
mehr Technik gelöst werden: Wenn die Fähigkeit des Menschen, verantwortungsvoll mit den rasant wachsenden technischen Möglichkeiten umzugehen,
nicht ausreicht, dann müsse der Mensch seine moralischen Fähigkeiten mithilfe von Technik optimieren, um auf Augenhöhe zu bleiben. Konkret bedeutet das, wie beispielsweise Persson und Savulescu argumentieren, der
Mensch solle mithilfe von biotechnologischen, hormonellen und neurochemischen Eingriffen sein Empathievermögen, sein Verantwortungsbewusstsein
und seinen Gerechtigkeitssinn erweitern, um seine moralischen Fähigkeiten
auf das gebotene Niveau zu heben[84]. In dieser Strategie wird die steigende
Geschwindigkeit der technischen Entwicklung als gegeben angesehen. Mehr
noch, sie ist gewünscht und sollte mit allen Mitteln im Sinne des Fortschritts
weiter gesteigert werden. Folglich ist es der Mensch, der technisch »nach-
ziehen« müsse, um diese Geschwindigkeit mitgehen zu können. Menschzentriertes Denken hingegen folgt der umgekehrten Logik. Es grenzt sich von
Technologie ab und nimmt den Menschen als Orientierungspunkt. In Bezug

auf das Verantwortungsdilemma führt diese Sichtweise etwa zu Forderungen nach strengerer Regulierung, nach »human oversight« von KI-Systemen und, zumindest an neuralgischen Stellen, nach Abbremsung der Entwicklungsgeschwindigkeit.

Diese Spannung zwischen technologie- und menschzentriertem Denken, schlägt sich in nahezu allen zukunftsgerichteten Debatten nieder, in denen oftmals nur konträre und unversöhnliche Positionen nebeneinandergestellt werden. Will man verstehen, wie die jeweiligen Lager zu ihren unterschiedlichen Positionen kommen und was davon zu halten ist, muss man tiefer in das zugrundeliegende Denken eintauchen und dessen jeweiligen ideologischen Boden verstehen. Dazu muss man zum menschlichen Selbstverständnis, zur Frage, was es heißt, ein Mensch zu sein, vordringen. Denn die Art und Weise, wie wir uns selbst denken, hat Einfluss darauf, wie wir alles andere denken. An dieser Frage beginnt die Spaltung zwischen Technologie- und Menschzentrismus. Technologiezentriertes Denken schaut auch in der Frage, was Mensch-Sein bedeutet, auf die Technologie und sieht in ihr das Spiegelbild – mehr noch das Vorbild – für den Menschen. Menschzentriertes Denken hingegen schaut, durch die Wunder Künstlicher Intelligenz herausgefordert, von der Technologie auf den Menschen zurück und findet in der Differenz zur Technik die Antwort auf die Frage, was es heißt, ein Mensch zu sein.

Unser Selbstverständnis als Mensch wird durch Künstliche Intelligenz grundlegend in Frage gestellt und ist heute so offen wie vielleicht nie zuvor. »Was bedeutet es, ein Mensch zu sein?« ist die zentrale Frage des KI-Zeitalters. Die Antwort, die sich der Mensch auf diese Frage geben wird, wird sich in allem niederschlagen, was menschliches Leben auszeichnet.

2
Was bedeutet es, ein Mensch zu sein?

>> Ich habe nicht vor zu sterben.«[85]
Sergey Brin

Jedes Zeitalter hat sein Menschenbild. Das Mittelalter hatte eine vollkommen andere Antwort auf die Frage, was es bedeutet, ein Mensch zu sein, als die Antike oder die Renaissance. Die Antwort, die sich der Mensch auf diese Frage gibt, hat Einfluss darauf, wie wir die Welt sehen, was für eine Gesellschaftsform wir als gerecht empfinden, was wir als moralisch richtig oder falsch ansehen, was wir im Leben anstreben, welche Ziele wir uns setzen und was wir als gutes Leben bezeichnen. Unser Menschenbild steckt in allem drin, was wir denken und tun, folglich spiegelt sich auch sein Wandel in allem, was wir denken und tun.

Nehmen wir als Beispiel die Art und Weise, wie der Mensch in der Kunst dargestellt wird. Der Historiker John Hirst hat in einer einfachen wie einprägsamen Gegenüberstellung deutlich gemacht, wie sich das menschliche Selbstverständnis im Verlauf der Epochen gewandelt hat:

Hermes, von Praxiteles (links); Gott stellt Adam und Eva zur Rede, Bronzetür des Hildesheimer Doms (Mitte); David, von Michelangelo (rechts).

Dar. 3: Selbstdarstellungen des Menschen (Quelle: John Hirst, Die kürzeste Geschichte Europas, S. 41)

Diese Gegenüberstellung zeigt unmittelbar, dass das Menschenbild der Renaissance trotz der größeren zeitlichen Distanz eine viel größere Nähe zur Antike hat als zum Mittelalter. Doch sie zeigt noch mehr. Sie vermittelt einen Eindruck davon, *wie* sich das Selbstbild verschoben hat. In der Antike und in der Renaissance wird der Mensch als Akt dargestellt. Der Mensch erscheint in idealisierter Gestalt. Seine Körperlichkeit ist wesentlicher Teil seiner selbst und wird als schön und kraftvoll dargestellt. Die mittelalterliche Darstellung ist kein Akt, sondern eine Darstellung von Nacktheit. Anders als ein den Körper feiernder Akt ist ein nackter Mensch ein entblößter Mensch, der sich seiner Körperlichkeit schämt und sie zu verdecken versucht. Hier scheint ein gänzlich anderes Selbstverständnis auf, in dem der Körper mit seinen Begierden und Trieben zum Ort der Sünde geworden ist.

So wie in der Kunst findet sich unser Menschenbild in allem, was wir denken und tun, wieder. Der Philosoph Immanuel Kant postulierte, es gäbe drei Grundfragen allen Nachdenkens über die Welt: 1.) Was kann ich wissen? 2.) Was soll ich tun? 3.) Was darf ich hoffen? Während die erste Frage die Möglichkeit und Reichweite menschlicher Erkenntnis hinterfragt, führt die zweite Frage in das Feld der Ethik und zu dem Streben nach gutem menschlichen Handeln. Die dritte Frage berührt die »letzten Dinge« und führt in das Feld der Metaphysik. Etwas später fügte Kant noch eine vierte Frage hinzu. Diese, so Kant, gehe allen anderen Fragen voraus. Sie lautet: »Was ist der Mensch?«[86].

Was Kant damit meint, ist, dass jedes Nachdenken über die Welt immer auf einem bestimmten Menschenbild aufbaut, und dass dieses Menschenbild die Möglichkeiten des Denkens vorstrukturiert. So kann man beispielsweise nicht darüber nachdenken, was gutes menschliches Handeln ist, ohne eine Vorstellung davon zu haben, was »menschlich« sein bedeutet. In der Regel ist das Menschenbild eine implizite und nicht bewusst ausformulierte Voraussetzung des Denkens. Bisweilen wird sie, wie etwa im Bild des Homo oeconomicus in den Wirtschaftswissenschaften, auch expliziert. Implizit oder explizit: Unser Selbstbild ist unserem Denken immanent.

Dass wir dabei sind, ein neues Zeitalter zu betreten, können wir auch daran erkennen, dass wir im Begriff sind, ein neues Verständnis unserer selbst, zu entwickeln. Um besser zu verstehen, welche Verschiebungen hierbei im Gange sind, lohnt es sich, einen konkreten Menschen anzuschauen.

Schauen wir uns den Menschen Neil Harbisson an.

Wo hört der Mensch auf?

Während ich diese Zeilen hier schreibe, ist Neil Harbisson 40 Jahre alt. Er wurde mit einer seltenen Form der Farbblindheit, der Achromatopsie, geboren, bei der man nur Abstufungen von grau sehen kann. Das war für Neil ein unbefriedigender Zustand, und da es keine Behandlung für diese Krankheit gibt, hat er sich selbst an die Arbeit gemacht und einen Sensor gebaut, der Farben erkennen und in Töne, bzw. Schallwellen, übersetzen kann. Das ist erstmal nicht weiter bemerkenswert. Farbe ist physikalisch betrachtet Licht, d. h. elektromagnetische Strahlung einer bestimmten Wellenlänge. Einen Sensor zu bauen, der elektromagnetische Strahlung detektiert und in Schallwellen überführt, ist, technisch betrachtet, trivial. Das Bemerkenswerte ist, dass dieser Sensor über Neils Stirn hängt und über eine Konstruktion zusammen mit einem Mikrochip fest in seinen Hinterkopf implantiert ist. Der Sensor detektiert also die Farben in Neils Umgebung und erzeugt unterschiedlich abgestuft Töne, so dass Neil, wie er es selbst formuliert, »Farben hören« kann[87].

Neil ist britischer Staatsbürger und zu den Pflichten eines Staatsbürgers gehört es, einen Pass zu besitzen. Als sein Pass 2004 auslief, geschah etwas von historischer Bedeutung: Er reichte seine Unterlagen zusammen mit einem neuen Passfoto ein. Die Behörden prüften die Dokumente und meldeten zurück, dass einer Passverlängerung nichts im Wege stünde. Er müsse lediglich ein neues Foto einreichen, auf dem er ohne die vor seinem Gesicht herumbaumelnde Sonde zu sehen sei, da auf einem Passfoto nur der originäre Mensch abgebildet sein dürfe. Mit anderen Worten: Die Passbehörde war der Ansicht, dass die in Neil Harbissons Schädel implantierte Antenne kein Bestandteil des Menschen Neil Harbisson sei. Neil war anderer Meinung. Was folgte war ein längerer Prozess, in dem er Stellungnahmen von Ärzten und Wissenschaftlern einholte, um zu belegen, dass die Antenne ein genauso integraler Bestandteil seiner selbst sei wie seine Augen, Nase oder Ohren. Letzten Endes akzeptierten die britischen Behörden diese Argumentation und machten ihn dadurch zum »ersten offiziell von einer Regierung anerkannten Cyborg«[88]. Mit diesem Label wird er zumindest immer wieder versehen, und es entspricht seinem Selbstverständnis, das er in Interviews und auf Zukunftskonferenzen diskutiert. Wenn darin auch eine medienwirksame Positionierung zu erkennen ist, so muss man doch anerkennen, dass er sich mit gewissem Recht als solcher bezeichnet. Nicht weil er der erste »cyborgisierte« Mensch ist, sondern weil er der erste ist, in dem die Technik zum anerkannten Teil der Identität als Staatsbürger geworden ist.

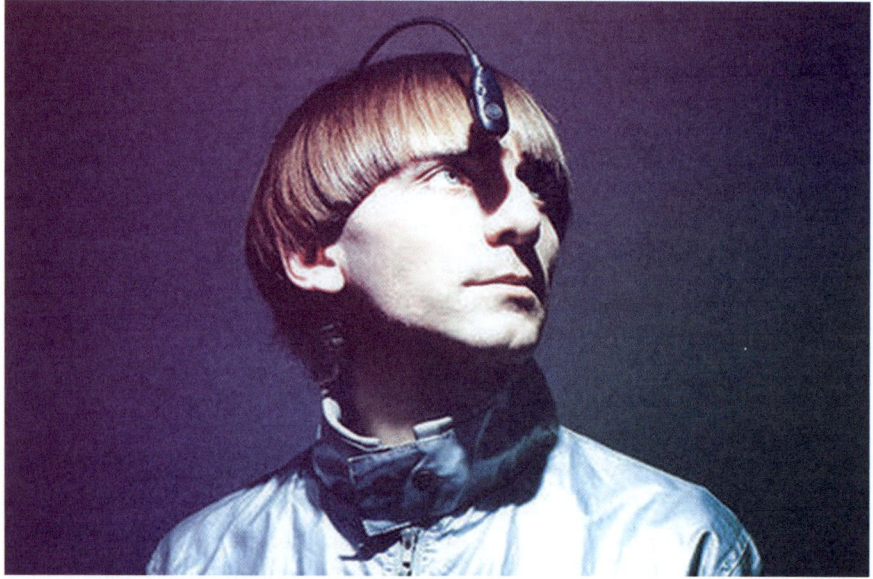

Dar. 4: Neil Harbisson (Quelle: Wikipedia)

Was ist ein Cyborg? Der Begriff steht für »cybernetic organism« (kybernetischer Organismus) und bezeichnet ein Mischwesen aus lebendigem Organismus und Maschine. Doch das ist noch recht vage und ungeeignet, um ein tieferes Verständnis zu entwickeln, wie sich Mensch-Sein im 21. Jahrhundert verändert. Philosophen und Anthropologen haben sich die Formen des Zusammenwachsens von Mensch und Maschine genauer angeschaut, um zu einem besseren Verständnis zu kommen. Was sich zeigt, ist ein Stufenmodell der immer weitergehenden Verschmelzung[89]. Die unterste Stufe besteht darin, dass sich der Mensch mit Technologie umgibt, sie nutzt und so sehr in seinem alltäglichen Leben darin verwoben ist, dass er ohne sie kaum mehr handlungsfähig ist. In diesem sehr weitgesteckten Verständnis ist der Mensch schon lange ein Cyborg: Wir tragen Brillen, bewegen uns mit Auto, Zug oder Flugzeug von A nach B, wir organisieren unseren Alltag mit dem Handy und unsere Arbeit mit dem Computer, und wir sind völlig hilflos, wenn die Technik einmal versagt. Als sein Computer einen halben Tag lang ausfiel, formulierte einmal ein Arbeitskollege sehr treffend: Er fühle sich ohne Rechner wie »ohne Arme«, vollkommen handlungsunfähig. Dieses Gefühl beschreibt gut die erste Stufe der Cyborgisierung, doch es ist nicht das, worauf die Geschichte von Neil Harbisson hindeutet.

Auf der nächsten Stufe der Cyborgisierung geht die Technik »unter die Haut« und nistet sich im Körper des Menschen ein. Zwar lässt sich dies auch über Neil Harbisson sagen, doch es ist noch immer nicht das, was den Fall so relevant macht. Würde man das Kriterium des Unter-die-Haut-Gehens von Technik ansetzen, wäre Neils Fall nur ein besonders aufsehenerregendes Beispiel für etwas, das längst Realität ist. Jeder Mensch, der einen Herzschrittmacher trägt, Menschen mit einer Arm- oder Beinprothese oder hörbehinderte Menschen mit einem Cochlea-Implantat sind in diesem Sinne genauso Cyborgs wie jemand, der mit einer implantierten Antenne seine Farbblindheit kompensiert.

In Neils Fall passiert noch etwas Anderes, was ihn zu einem exemplarischen Menschen für die dritte Stufe der Cyborgisierung macht, die nun betreten wird: Das Digitalzeitalter ist dadurch charakterisiert, dass *Menschen mit Technologie fusionieren, um die Fähigkeiten normalen Mensch-Seins zu transzendieren.*

Was »normal« bedeutet, ist natürlich alles andere als klar. Nehmen wir als Beispiel die Körperkraft. Das Weltrekordniveau im Gewichtheben liegt jenseits von 200 Kilogramm. Das ist ein astronomisches Gewicht für den Durchschnittsmenschen und manch einer hat mit 20 Kilogramm schon Probleme. Was bedeutet hier also »normal«? Dasselbe ließe sich in Bezug auf Intelligenzquotient, Körpergewicht, Größe etc. sagen. In allem gibt es eine große

Bandbreite, die sich um ein statistisches Mittel herum ausbreitet. Aus dieser Perspektive gesehen ist die Rede von einem »normalen« Menschen äußerst fragwürdig und kaum zu definieren. Eine Definition muss hier aber gar nicht erbracht werden, da das, worauf der Mensch im Digitalzeitalter zuläuft, so weit jenseits allem liegt, was bisher im Bereich des Menschenmöglichen lag und sich folglich in keine Definition, die man von einem »normalen« Menschen haben könnte, einfügen ließe. Für die Argumentation können wir daher »normal« einfach mit »vollkommen gesund« übersetzen[90]. Dann ist ein Cyborg auf der dritten Stufe ein Mensch, der durch Fusionierung mit Technik die Fähigkeiten eines in allen Belangen vollkommen gesunden und leistungsfähigen Menschen überschreitet. Das ist etwas grundlegend Neues.

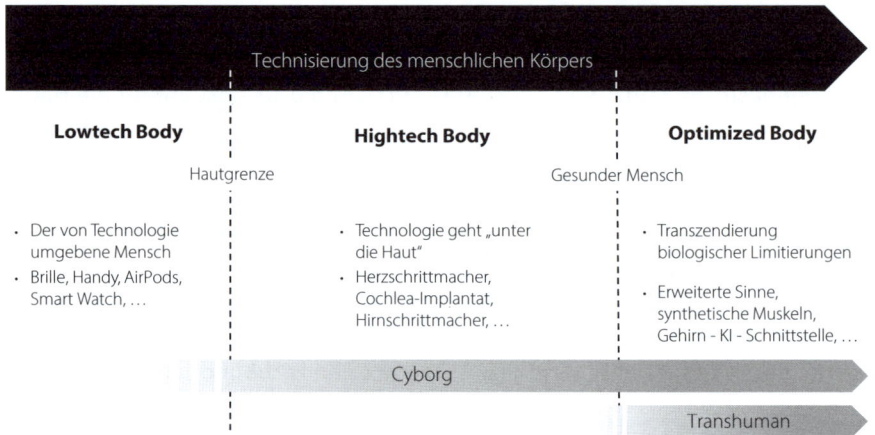

Dar. 5: Stufenmodell der Cyborgisierung (Quelle: Ziad Mahayni)

Das, was Neil Harbisson zu einem exemplarischen Menschen des Digitalzeitalters macht, ist, dass er hierfür beispielhaft ist und auch dafür, wie diese Entwicklung ablaufen wird, die den Menschen immer weiter in diese Richtung trägt. Es beginnt immer mit der Frage, wie man ein Defizit, ein Manko, eine Krankheit – im Fall von Neil die Farbblindheit – heilen kann. Doch einen Sekundenbruchteil nachdem eine Technologie zur Behebung eines Defizits in der Welt ist, drängt sich sofort die Frage auf, warum man die gleiche Technologie nicht auch dafür einsetzen sollte, um einem gesunden Menschen neue, transhumane Fähigkeiten zukommen zu lassen. Nachdem Neil mit seinem

Sensor Farben, d. h. den sichtbaren Teil des Lichts, in Töne übersetzen und dadurch »hören« konnte, hat er sich sofort die naheliegende Frage gestellt, warum er an dieser Stelle stehenbleiben sollte. Das elektromagnetische Spektrum geht weit über den sichtbaren Teil hinaus. Es gibt UV A, B, C-Strahlung, Infrarot-Strahlung, Mikrowellen etc. Alle diese elektromagnetischen Wellen sind für den Menschen nicht wahrnehmbar, für eine Sonde jedoch genauso leicht zu detektieren wie Farben. Heute ist Neil Harbisson nicht nur der erste staatlich anerkannte Cyborg der Menschheit, sondern auch der erste Mensch, der seine sinnliche Wahrnehmung technologisch so erweitert hat, dass er auch die nicht sichtbaren Bestandteile des Lichts wahrnehmen kann. Und warum sollte man hier stehenbleiben? In der Zwischenzeit lässt sich seine Antenne auch dazu verwenden, Signale und Daten von Satelliten zu empfangen oder Telefonanrufe entgegenzunehmen[91].

Denkt man das weiter, ergeben sich Fragen, die noch vor kurzer Zeit vollkommen abwegig geklungen hätten. Zum Beispiel: Warum sollte ein Mensch nur zwei Arme haben? Mittels einer Gehirn-Computer-Schnittstelle hat der Ingenieur Kevin Warwick, an der Columbia University in New York sitzend, einen robotischen Arm gesteuert und einen Tisch ergriffen, der im Labor der University Reading in England stand. Dieser dritte Arm wurde nicht per Joystick, sondern durch das Denken von Kevin Warwick bewegt, und er konnte haptisch die Berührung des Tisches spüren[92]. Ist dieser mehrere 1.000 Kilometer entfernte Arm Teil des Menschen Kevin Warwick?

Cyborgs in Space

In diesem, das Humane transzendierenden Sinn wird der Mensch des Digitalzeitalters zum Cyborg. Der Mensch ist im Begriff, sich so mit Technologie zu verbinden, dass er die seit Anbeginn der Geschichte wahlweise als gott- oder naturgegeben betrachteten Limitierungen seiner Biologie überschreitet und aus sich selbst ein neues Wesen formt.

Dieses Streben ist bereits in der Entstehungsgeschichte des Begriffs Cyborg enthalten, der erstmals in den 1960er-Jahren im Zusammenhang mit der Weltraumforschung auftaucht. Im Kontext des ersten »Space Race« wurden viele Fragen diskutiert, die heute, im Zusammenhang mit dem »New Space Race« wieder diskutiert werden, darunter auch die Frage, wie man dafür sorgen könne, dass der Mensch unter den Bedingungen des Weltraums überleben kann. Im Weltraum gibt es keinen Sauerstoff, und es gibt keine Gravitation, was bei längeren Aufenthalten zu massiven Degenerierungen im menschlichen Körper führt. Dafür gibt es energiereiche elektromagnetische Strahlung, die dem menschlichen Körper schadet. Solche Probleme müssen gelöst werden, wenn der Mensch in den Weltraum reisen und ihn perspektivisch kolonisieren möchte.

Die gängige Lösung für diese Probleme besteht darin, dass man die Bedingungen der Erde im Weltraum nachbaut: Man nimmt Sauerstoff in großen Tanks mit, man stattet Astronauten mit Raumanzügen aus, die die elektromagnetische Strahlung abhalten, man lässt Raumstationen rotieren, so dass sich eine ähnliche Gravitation wie auf der Erde einstellt etc. Es gibt aber auch eine andere denkbare Lösung für das Problem. Anstatt Technik dazu zu nutzen, um im All die Bedingungen der Erde nachzubauen, könnte man Technik dazu nutzen, um den Menschen umzubauen, damit er unter den Bedingungen des Weltraums lebensfähig ist. Das, so argumentieren die Autoren Clynes und Kline in ihrem Aufsatz »Cyborgs and Space«, in dem der Begriff Cyborg zum ersten Mal auftaucht, sei letztendlich der viel logischere und effizientere Weg[93]. Was in den 60er-Jahren des 20. Jahrhunderts als ferne Vision gemeint war, ist im 21. Jahrhundert im Begriff Realität zu werden. So arbeiten Wissenschaftler an der Cornell University daran, den Menschen durch Genom-Editing so modifizieren zu können, dass er unempfindlich gegenüber der Strahlung im Weltraum ist. Gen-Schalter sollen bestimmte Eigenschaften ein- und ausschalten, je nachdem, ob man sich unter den Bedingungen des Weltraums oder unter denen einer planetarischen Atmosphäre aufhält. Perspektivisch sollen synthetisch neu geschaffene Organe die Eigenschaften des Menschen immer weiter ausbauen und fit für die Bedingungen des Weltraums oder anderer Planeten machen[94].

Das, woran hier gearbeitet wird, sind keine medizinischen Eingriffe am Menschen, sondern die Schaffung eines Wesens, das mehr als nur Mensch ist. Die enthusiastischsten Befürworter dieser Entwickelung sind Transhumanisten und Posthumanisten. Sie möchten den Menschen transzendieren (lat. trans – über etwas hinausgehen) oder ganz hinter sich lassen (lat. post – nach). Die Technologien des Digitalzeitalters, insbesondere Künstliche Intelligenz, Robotik und Biotechnologie, sollen die Möglichkeiten dazu an die Hand geben. Sie ermöglichen eine massive Erweiterung im Streben, Gegebenes in Gemachtes zu verwandeln. Die Technologien der Industriellen Revolution gaben dem Menschen Werkzeuge an die Hand, um seine Umwelt zu transformieren und zu gestalten. Die Produkte des Industriezeitalters waren Dampfmaschinen, Züge, Fabrikhallen, Autobahnen und Wasserkraftwerke. Die digitale Revolution führt diese Entwicklung fort und gibt dem Menschen darüber hinaus Werkzeuge an die Hand, um sich selbst zu transformieren und zu gestalten. Zu den Produkten des Digitalzeitalters sollen neben Internet, virtuellen Welten und Künstlichen Intelligenzen auch die »Körper und Gehirne«[95] eines neuen Menschen gehören. Die Frage, »Was ist der Mensch?« war noch nie so relevant wie heute und der Optionenraum zu ihrer Beantwortung noch nie so offen.

Affen waren gestern – wovon grenzt sich Mensch-Sein ab?

Die Art und Weise, wie diese Frage im Kontext von Digitalisierung und Künstlicher Intelligenz auftaucht, ist bemerkenswert. Zumindest im westlich-abendländischen Kontext ist die Frage für lange Zeit aus dem Fokus gerückt, nachdem sich im 18. Jahrhundert im Zuge der Aufklärung eine dominante und weitgehend als überzeugend empfundene Antwort herausgeschält hat. Auch in der Aufklärung tauchte die Frage »Was ist der Mensch?« im Kontext eines Epochenwechsels auf, hier in Abgrenzung zu einem mittelalterlich-religiös geprägten Menschenbild. Auf andere Weise formuliert lautete die Frage: Wenn es nicht Gott ist, der den Menschen gegenüber allen anderen Lebewesen auszeichnet, was dann? Im Versuch, diese Frage zu beantworten, schaute der Mensch der Aufklärung auf das Tier. Eine weitere Möglichkeit, die Frage »Was ist der Mensch?« zu stellen, lautete: Was unterscheidet den Menschen zum Beispiel von einem Affen? Die Antwort, die die Aufklärung auf diese Frage gegeben hat, lautet in Essenz: sein Denkvermögen.

Immanuel Kant fasste gegen Ende des 18. Jahrhunderts das Menschenbild der Aufklärung zusammen, indem er den Menschen als ein *animal rationabile* bezeichnete, d. h., als ein zur Vernunft begabtes Tier, das sich erst dadurch über die Sphäre des Animalischen erhebt und zum Menschen, zum *animal rationale* wird, indem es sich seines rationalen Denkvermögens bedient. Während sich der Mensch des Mittelalters durch Gottes Auszeichnung als »Krone der Schöpfung« empfinden konnte, sieht sich der Mensch der Aufklärung als ebenso privilegiert gegenüber den Tieren, doch es ist sein Intellekt, seine Fähigkeit zu rationalem Denken, der ihm die Krone aufsetzt[96].

Im Kern hatte diese Definition des Mensch-Seins bis weit in das 20. Jahrhundert hinein Bestand. Zwar gab es im Rücken der Aufklärung, von der Romantik bis zur Lebensreform, immer wieder Gegenbewegungen, die jedoch nicht die Kraft hatten, das dominierende Narrativ nachhaltig in Frage zu stellen. Erst durch Nietzsche und Freud breitete sich im 20. Jahrhundert allmählich ein neuer Reflexionstyp aus, der die Grundprämissen der Aufklärung grundsätzlich in Frage stellte. Von der Romantik bis zu Freud handelt es sich um Gegenpositionen zur Aufklärung, die das Selbstverständnis des Menschen als animal rationale grundlegend in Frage stellen. Das Aufkommen Künstlicher Intelligenz stellt das aufgeklärte Menschenbild heute erneut, jedoch von anderer Seite kommend, in Frage. Es fordert das Selbstverständnis des Menschen heraus, ohne dabei die Vorherrschaft des rationalen Denkens anzuzweifeln. Künstliche Intelligenz macht das Menschenbild der Aufklärung gewissermaßen auf ihrem eigenen Terrain streitig.

Mit Künstlicher Intelligenz betritt ein neuer Akteur die Bühne, der den Menschen in der Sphäre des Denkvermögens – d. h., in genau der Sphäre, über die er sich seit der Aufklärung definiert – mit exponentiell akzelerierender Geschwindigkeit zu überholen und in Regionen zu entschwinden scheint, die für den Menschen unerreichbar sind. Wenn jedoch der Mensch genau in der für ihn wesensbestimmenden Domäne durch Künstliche Intelligenz überrundet wird und, wie beispielsweise Nick Bostrom argumentiert, schon bald darauf ähnlich rückständig sein werde wie heute eine Maus gegenüber einem Menschen[97], dann stellt sich ganz grundsätzlich die Frage, was Mensch-Sein eigentlich ausmacht und worin seine besondere Rolle, geschweige denn die Rolle als »Krone der Schöpfung« begründet sein könnte. Doch im Digitalzeitalter wird diese Frage nicht mehr in Abgrenzung zum Tier, sondern in Abgrenzung zur Maschine gestellt. Die Frage lautet nicht mehr: Was unterscheidet den Mensch vom Affen, sondern was unterscheidet den Mensch von Künstlicher Intelligenz? Und noch schärfer formuliert: Wenn der Mensch in seinem Wesen wirklich nur rationales Denkvermögen ist, müsste dann das Auftreten von Künstlicher Intelligenz nicht bedeuten, dass der Mensch den Staffelstab als »Krone der Schöpfung« an den Computer weitergeben und vielleicht ganz abtreten müsste?

Die vierte Demütigung der Menschheit? – der Mensch im Wettlauf mit der Maschine

Sigmund Freud hat einmal gesagt, dass die Wissenschaft zu drei großen Demütigungen der Menschheit geführt habe: Zuerst habe Nikolaus Kopernikus dafür gesorgt, dass der Mensch die Erde und damit sich selbst nicht mehr als den Mittelpunkt des Universums verstehen konnte. Der Mensch habe einsehen müssen, dass er lediglich irgendeinen Planeten bewohnt, der irgendeine Sonne irgendwo im Universum umkreist. Keine kosmische Sonderstellung weit und breit. Das sei die erste große Demütigung gewesen. Dann habe die von Charles Darwin begründete Evolutionstheorie dazu geführt, dass der Mensch einsehen musste, dass er kein von Gott geschaffenes Wesen, sondern nichts anderes als ein weiterentwickelter Affe sei. Das sei die zweite Demütigung gewesen. Zuletzt schließlich habe Freud selbst und seine Theorie des Unbewussten dazu geführt, dass der Mensch einsehen musste, dass er noch nicht einmal »Herr in seinem eigenen Haus« sei, womit Freud meinte, dass menschliches Denken von Prozesse gelenkt werde, die uns selbst unbewusst sind. Das sei die dritte große Demütigung gewesen[98].

Wenn wir diesen Gedankengang aufnehmen und mit der Entwicklung von Künstlicher Intelligenz verbinden, so scheint dem Menschen im 21. Jahrhundert eine vierte große Demütigung bevorzustehen, nämlich, dass das Denken, auf das der Mensch der Aufklärung so stolz ist, nichts anderes ist, als Rechnen, das von Computern um ein Vielfaches besser geleistet werden kann, dass also der Mensch nichts anderes als ein dümmerer Computer sei[99]. Das ist zumindest die Schlussfolgerung, die sich aus dem technologiezentrierten Denken ergibt. Es ist die Schlussfolgerung, die sich aus einer möglichen Antwort auf die Frage ergibt, was Mensch-Sein im Zeitalter Künstlicher Intelligenz bedeutet. Wie noch zu zeigen sein wird, ist es jedoch nicht die einzig mögliche. Das menschzentrierte Denken verortet Mensch-Sein im KI-Zeitalter anders und kommt zu anderen Schlussfolgerungen.

Kaum bestreitbar ist jedoch, dass sich der Mensch im 21. Jahrhundert in einem Wettlauf mit Maschinen um den Platz an der »Krone der Schöpfung« sieht. Dieses Gefühl der Konkurrenz durchzieht wie ein Subtext zahlreiche aktuelle Debatten wie der über die Zukunft der Arbeit in Zeiten von Künstlicher Intelligenz und Robotik. Dieser Wettlauf wird, anders als die Auseinandersetzungen zu Beginn der Industriellen Revolution, nicht im Bereich der Körperkraft, sondern im Bereich der Denkkraft ausgetragen. Wie wir im ersten Kapitel gesehen haben, hat der Mensch die ersten ikonischen Schaukämpfe in Schach und Go bereits verloren. Die nächste Stufe findet nicht auf der spezifischen Ebene einzelner Aufgaben und Spiele statt, sondern auf einer allgemeinen, das ganze Spektrum menschlicher Tätigkeiten umfassenden Ebene.

In der Auseinandersetzung mit immer leistungsfähigeren Maschinen begegnen uns die zwei grundsätzlich unterschiedlichen Denkmuster des technologiezentrierten und des menschzentrierten Denkens, die zu völlig unterschiedlichen Menschenbildern und zu unterschiedlichen erwarteten und für gut befundenen Konsequenzen des Wettlaufs zwischen Mensch und Maschine führen.

Lasst uns bessere Maschinen werden – der Transhumanismus

Eine technologiezentrierte Denkweise sieht den technischen Fortschritt als alles determinierende Konstante an. Sie betrachtet ihn als unaufhaltsam und per se erstrebenswert, so dass ein Aufhalten, Bremsen oder Lenken nicht nur unmöglich, sondern auch unmoralisch sei, da es die Entwicklung hin zu immer besseren Zuständen aufhalte. Technik wird in diesem Denken absolut und zum zentralen Bezugspunkt für die Beantwortung aller Fragen, auch der, was es heißt, ein Mensch zu sein. Die beiden wichtigsten Haltungen, die hieraus resultieren, sind der Transhumanismus und der Posthumanismus. Diese buchstabieren das technologiezentrierte Denken in besonders konsequenter Weise aus und werden daher im Folgenden näher betrachtet.

In einer technologiezentrierten Denkweise gibt es nur eine Möglichkeit, wie der Mensch auf die durch Künstliche Intelligenz an ihn gerichtete Herausforderung reagieren könne. Wenn Digitaltechnologien den Menschen in der ihm bislang allein vorbehaltenen und für ihn wesensbestimmenden Sphäre des Denkvermögens überrunden, dann müsse sich der Mensch mit diesen Technologien fusionieren. Die Notwendigkeit ergibt sich einerseits dadurch, dass dies der einzige Weg sei, um Augenhöhe mit der den Menschen andernfalls überflügelnden Künstlichen Intelligenz zu bewahren und anderseits aus seiner Wesensbestimmung als animal rationale. Wenn der Mensch erst dadurch Mensch wird, dass er sein rationales Denkvermögen zur Entfaltung bringt, dann erscheint die Fusionierung mit Künstlicher Intelligenz als logischer nächster Schritt auf dem Weg vom animal rationabile zum animal rationale.

Diese Logik führt zur immer weitergehenden Cyborgisierung des Menschen. Was als Endpunkt des technologiezentrierten Denkens als ferne Vision am Horizont sichtbar wird, ist die vollständige Auflösung und Überwindung des Natürlichen am Menschen durch seine Überführung in eine »siliziumbasierte Lebensform«, die per »Mind-Uploading« als digitalisiertes Bewusstsein auf einem robotischen Körper oder in virtuellen Welten ewig fortleben könne[100]. Weil Technologie im Digitalzeitalter nicht nur in puncto Denkvermögen, sondern in scheinbar allen Belangen leistungsfähiger ist (Kraft, Ausdauer, Seh- und Hörvermögen etc.), wird diese Logik auch auf alle anderen Bereiche des Mensch-Seins übertragen. Der Transhumanismus strebt somit eine immer tiefere Maschinenwerdung des Menschen an. Da diese den Menschen intelligenter, leistungsfähiger und langlebiger mache, mache diese Entwicklung den Menschen besser, bzw. in den Worten des Transhumanisten Stefan Lorenz Sorgner, zu einem »schönen neuen Menschen«[101].

An diesem Streben können Transhumanisten nichts merkwürdig finden, da sie ohnehin ein mechanistisches Menschenbild haben, nach dem der Mensch nichts anderes als ein »mit Sprache gesteuerter kybernetischer Organismus«[102]

sei. Der Mensch sei nichts anderes als eine Maschine, allerdings eine von der Natur und der Evolution nach dem Zufallsprinzip konstruierte und somit mangelbehaftete Maschine. Alles Natürliche am Menschen wird in diesem Denken zu einem Problem, das durch Technologie gelöst werden muss. »Unsere Biologie setzt uns enge Grenzen«, schreibt der Transhumanist Zoltan Istvan und fährt fort:

>> Als Spezies sind wir noch lange nicht fertig und daher höchst inakzeptabel. Der Transhumanismus ist der Ansicht, dass wir sofort daran arbeiten sollten, uns selbst zu verbessern, indem wir den menschlichen Körper optimieren und seine Schwachstellen beseitigen. Das bedeutet, dass wir uns von Fleisch und Knochen befreien und uns mit neuen kybernetischen Geweben, Legierungen und anderen synthetischen Materialien ausstatten sollten, einschließlich solcher, die uns kybernetisch und roboterhaft machen. Es bedeutet auch, das menschliche Gehirn weiter mit dem Mikrochip und der bevorstehenden digitalen Welt zu verschmelzen. Biologie ist etwas für Bestien, nicht für zukünftige Transhumanisten.«[103]

Die neuen Technologien der Biogenetik und Künstlichen Intelligenz sollen dem Menschen nun die Möglichkeit geben, seine zukünftige Entwicklung selbst in die Hand zu nehmen und seine materielle Basis »upzugraden«[104]. Upgrade bedeutet, die mangelhaft von der Natur konstruierte Maschine Mensch immer mehr in eine durch den Menschen selbst technologisch optimierte »mit Bewusstsein ausgestattete Supermaschine«[105] zu überführen.

Das Verständnis des Menschen als ein rein materielles, maschinenhaftes Wesen ist alt. Es hat Vorläufer in der Antike, etwa bei Demokrit, und in der frühen Neuzeit beispielsweise beim französischen Philosophen Julien Offray de La Mettrie. Im beginnenden KI-Zeitalter keimt es wieder auf und erhält Rückenwind aus der modernen Hirnforschung, in der diese Sichtweise weit verbreitet ist. In den technologieaffinen Kreisen ist es vorherrschend. Wo immer der Mensch als Maschine gedacht wird, mündet der Blick in die Zukunft des Menschen zwangsläufig im Transhumanismus oder Posthumanismus, auch bei solchen, die die rasante Entwicklung Künstlicher Intelligenz eigentlich kritisch sehen.

Es gibt Transhumanisten, die trotz aller Technologieaffinität und Fortschrittsgläubigkeit Sorge haben, dass die Überflügelung des Menschen durch Künstliche Intelligenz negative Folgen haben könnte. Vereinfacht gesagt ist die

Sorge, dass eine KI, die deutlich intelligenter ist als der Mensch, nicht mehr kontrollierbar sei und den Menschen ähnlich schlecht behandeln könnte, wie der Mensch Affen behandelt. Interessanterweise kommen aber auch diese Denker zu der Schlussfolgerung, dass der Mensch die schnellstmögliche und weitestgehende Verschmelzung mit Technik, insbesondere mit Künstlicher Intelligenz, anstreben solle. Ein gutes Beispiel hierfür ist Elon Musk. Es lohnt sich, die Denkstruktur am Beispiel dieser Gallionsfigur des technologiezentrierten Denkens näher anzuschauen.

Elon Musk ist eine von durchaus vielen prominenten Stimmen, die davor warnen, dass eine übermächtig werdende Künstliche Intelligenz zu einer Bedrohung für den Menschen werden könnte. Hieraus leitet er jedoch nicht, wie man erwarten könnte, die Notwendigkeit für eine Einhegung Künstlicher Intelligenz ab. Um der Bedrohung zu begegnen, hat Musk die Firma NeuraLink gegründet. Ziel von NeuraLink ist es, Gehirn-Computer-Schnittstellen zu bauen, mit denen sich menschliche Intelligenz mit Künstlicher Intelligenz verbinden soll, um dadurch menschliche Intelligenz auf das Niveau Künstlicher Intelligenz heben zu können. Konkret sollen Operations-Roboter ein etwa münzgroßes Stück Schädeldecke herausfräsen und dort Computerchips einsetzen, die über »neural-laces« mit dem Gehirn verdrahtet sind. Durch diese Gehirn-Computer-Schnittstelle sollen zunächst neuronal bedingte Krankheiten wie Angststörungen oder Parkinson geheilt werden und zukünftig menschliche Intelligenz mit Künstlicher Intelligenz fusioniert werden, damit der Mensch Augenhöhe mit Künstlichen Intelligenz bewahren könne.

Die Fusionierung von Mensch und Maschine sei, so Musk, ein zwangsläufiger Schritt der zukünftigen menschlichen Entwicklung. Das existenzielle Risiko, nicht mit Computern zu fusionieren und dadurch im Intelligenzvermögen weit hinter Maschinen zurückzubleiben, sei einfach zu hoch[106]. Durch die Fusionierung mit der Maschine werde zugleich der Mensch verbessert, da seine kognitiven Kapazitäten signifikant gesteigert werden. Die Firmenmission von NeuraLink lautet: »Create a generalized brain interface to restore autonomy to those with unmet medical needs today and *unlock human potential tomorrow*«[107] (Kursivsetzung ZM). Zu den Potenzialen, die auf diesem Weg erschlossen werden sollen, gehören allen voran eine höhere Intelligenz, bessere Erinnerungsfähigkeit, das Erlernen neuer Sprachen per Download, schnelleres Denken und kommunizieren über mehrere Kanäle gleichzeitig oder das cloudbasierte Teilen von Gedanken mit anderen gechippten Menschen[108]. Der Mensch, als rationales Denkvermögen verstanden, werde in dieser Denkart durch seine Einschmelzung in die Technik noch weiter zu seinem Wesenskern, zu dem, was es heißt, ein Mensch zu sein, geführt.

Dieses Denken steht seinem Selbstverständnis nach ganz auf dem Boden eines aufgeklärten Menschenbildes. Es tritt, wie der Transhumanist Max More schreibt, »weiterhin für die Kernideen und -ideale der Aufklärung ein«, wozu er insbesondere »Rationalität, Wissenschaft« und »Fortschrittswille« zählt[109]. Im Transhumanismus (und Posthumanismus) wird das technologiezentrierte Denken besonders konsequent ausbuchstabiert. Die Konsequenzen, die sich daraus ergeben, führen bei vielen, die davon zum ersten Mal hören, zu Befremden. Dieses Befremden sollte jedoch nicht darüber hinwegtäuschen, dass die Grundbausteine dieses Denkens längst Einzug in die Denkstrukturen der Digitalmoderne und die allgemeine Debatte über den Umgang mit KI- und anderen Technologien gehalten haben, so dass von einem Prozess der »Transhumanisierung der Kultur« gesprochen werden kann[110]. Wie das Beispiel Elon Musk zeigt, gibt es in diesem Denken keine Alternative zur Verschmelzung von Mensch und Maschine. Ganz gleich, ob man der exponentiellen Entwicklung von Künstlicher Intelligenz mit Sorge oder Enthusiasmus begegnet, im technologiezentrierten Denken führen alle Wege zur Fusionierung von Mensch und Technik.

Dieses Denken versteht sich zwar als Fortführung der Aufklärung, ist jedoch, wie ich im dritten Kapitel ausführen werde, eine massive Zuspitzung aufgeklärten Denkens, indem es Rationalität auf den algorithmierbaren Teil einengt und eine für die Aufklärung wesentliche Differenzierung innerhalb menschlicher Rationalität ignoriert.

Lasst uns den Menschen durch bessere Maschinen ersetzen – der Posthumanismus

Der Posthumanismus folgt der gleichen technologiezentrierten Denkweise wie der Transhumanismus und basiert auf dem gleichen mechanistischen Menschenbild, doch er geht noch einen Schritt weiter. Der Posthumanismus ist die Steigerung des Transhumanismus. Während der Transhumanismus human enhancement betreiben und mittels Technologie eine höhere Stufe des Mensch-Seins kreieren möchte, möchte der Posthumanismus den Menschen ganz hinter sich lassen.

Es gibt sehr unterschiedliche Verwendungen des Begriffs Posthumanismus[111]. Bisweilen wird er synonym mit dem Begriff Transhumanismus verwendet, bisweilen anders als ich ihn im Folgenden verwende. Im Sinne der Wortbedeutung (lat. post – nach), verwende ich den Begriff für eine Denkart, die entweder danach strebt, den Menschen technologisch so weit umzubauen, dass seine Fähigkeiten so weit jenseits von allem liegen, was Menschen aktuell möglich ist, dass sich der Bezug zum heutigen Menschen gänzlich aufgelöst hat. In diesem Sinn definiert beispielsweise Nick Bostrom den posthumanen Menschen in seinem Aufsatz mit dem programmatischen Titel »Warum ich posthuman werden will, wenn ich groß bin«[112]. Hierunter soll ferner eine Denkrichtung verstanden werden, die danach strebt, den Menschen dadurch zu überwinden, dass der Staffelstab der Evolution an die Technik in Form sich selbst weiterentwickelnder Maschinen abgegeben werden soll. Während Künstliche Intelligenz im ersten Fall das Vehikel ist, um den Menschen auf die nächste Stufe der Evolution zu führen, ist sie im zweiten Fall die nächste Stufe der Evolution, die nach dem Menschen kommt. Beide Haltungen kongruieren in dem Ergebnis, dass der biologisch eingebettete Mensch vollständig überwunden, abgestreift und durch Technologie ersetzt werden müsse.

Der Posthumanismus zieht eine kalte, rational-logische Konsequenz aus dem Gedanken der Aufklärung, dass der Mensch im Kern sein Denkvermögen und dass Fortschritt mit der Entfaltung rationalen Denkvermögens gleichzusetzen sei. Wenn dieser Fortschritt nun mit Künstlicher Intelligenz ausgestatte Maschinen hervorbringe, die das Denkvermögen des Menschen weit überschreiten, dann sei es die Aufgabe des Menschen, ganz in diesen Maschinen aufzugehen oder den Weg freizumachen und abzutreten. Der Mensch habe mit der Hervorbringung ihm überlegener Technologie seine Aufgabe in der Evolution erfüllt. Was folge sei die nächste Stufe. Diese sei nicht mehr human, sondern posthuman. Anstatt sich abzumühen, durch Anschluss an diese Technologie Relevanz zu behalten, solle man die Entwicklung begrüßen und feiern. Der Mensch könne stolz sein, durch die Hervorbringung von Künstlicher Intelligenz den Sprung von einer naturgetriebenen Evolution zu einer technologiegetriebenen Evolution realisiert zu haben. In Zukunft sei es jedoch Aufgabe der Technologie, den weiteren Verlauf zu gestalten. Natürlich könne es auch in einer posthumanen Welt weiterhin Menschen geben, so wie es auch in einer von Menschen dominierten Welt noch Affen gibt, doch für den weiteren Verlauf der Geschichte sei dies irrelevant. Sollte die Entwicklung dazu führen, dass der Mensch nicht mehr existiere, wäre auch das letztendlich nicht schlimm[113]. So abwegig diese Haltung klingen mag, ist sie doch nur der radikal zu Ende gedachte Schlusspunkt einer Gedankenkette, deren Ausgangspunkt ein technologiezentriertes Welt- und Menschenbild ist.

Nachdem mit dem Trans- und Posthumanismus die konsequentesten Vertreter des technologiezentrierten Denkens vorgestellt wurden, kann eine kurze Zusammenfassung des technologiezentrierten Menschenbilds gegeben werden. Vereinfacht formuliert schält es sich aus folgenden drei Schritten heraus:

1. Menschenbild der Aufklärung: Der Mensch ist im Kern sein Denkvermögen!
2. Fortführung dieses Menschenbilds u. a. in der modernen Hirnforschung: Denken ist eine rein mechanische Tätigkeit, die nach biochemischen und physikalischen Prozessen abläuft und im Gehirn verortet ist. Das heißt, der Mensch ist im Kern sein Gehirn und das Gehirn eine biologische Maschine!
3. Verbindung mit den Computerwissenschaften: Das Gehirn ist im Kern ein biologischer Computer, der Algorithmen abspult und Informationen verarbeitet!

Der letztgenannte Punkt führt dazu, dass das technologiezentrierte Denken bisweilen in dem Postulat endet, der Mensch selbst sei nur eine Ansammlung von Informationen bzw. Daten. Wie Thomas Fuchs gezeigt hat, steht dieser vermeintliche »Idealismus der Information« jedoch nicht in Widerspruch zum Materialismus[114].

Von hier aus ist es nur noch ein kleiner Schritt zu den Gedankenspielen des Transhumanismus, dass man den Menschen besser mache, indem man ihn mit Computern fusioniert und zu den Überlegungen des Posthumanismus, ihn gleich ganz durch überlegenere technisch designte Computer zu ersetzen. Wenn das Gehirn ohnehin nichts anderes ist als ein biologischer und deshalb intrinsisch limitierter Computer und der Mensch nichts anderes als ein »aus vielen kleinen Algorithmen zusammengesetzter Algorithmus«[115], dann ergibt sich alles Weitere von ganz allein. Im Vergleich zu den projizierten Möglichkeiten Künstlicher Intelligenz gilt dann: »*Homo sapiens* ist ein obsoleter Algorithmus«[116]. Mensch-Sein wird in diesem Denken zu einer technischen Designaufgabe, genauso wie die ganze Welt, die durch ein totales Geo-Engineering gestaltet und optimiert werden solle: »Everything will be like engineering skyscrapers«, schreibt Zoltan Istvan[117].

Diese Sichtweise erscheint dem technologiezentrierten Denken als alternativlos, doch sie ist es keineswegs. Ihre Grundannahmen sind keine Wahrheiten, sondern Glaubenssätze. Die Schlussfolgerungen, die darauf aufbauen, sind hingegen rational gezogen. Sie zu kritisieren ist müßig. Eine Kritik und alternative Sichtweise muss daher die Grundannahmen in Frage stellen. Dies führt uns zum *menschzentrierten Denken*, das auf einem anderen Menschenbild aufbauend zu einer gänzlich anderen Haltung führt, wie sich der Mensch im Wettlauf mit Maschinen positionieren sollte.

Neubesinnung des Menschlichen – der Mensch als ganzheitlich verstandenes Wesen

Dem technologiezentrierten Denken diametral entgegengesetzt steht das menschzentrierte Denken, das gänzlich anders auf die steigenden technischen Möglichkeiten reagiert. Herausgefordert durch das Auftauchen Künstlicher Intelligenz, strebt menschzentriertes Denken nicht nach Fusionierung mit Technologie, sondern sucht und findet am Menschen Facetten seiner selbst, die ihn von Technologie unterscheiden. Auch dieser neue Blick auf sich selbst wird also durch die Technologien des Digitalzeitalters katalysiert. Schauen wir uns auch hierzu ein konkretes Beispiel an.

Hört man aufmerksam hin, stellt man fest, dass sich mit dem Wandel der Ökonomie zu einer digitalen Ökonomie ein völlig neuer Ton ausbreitet. Neue Worte und neue Werte halten Einzug, die in der Ökonomie des 20. Jahrhunderts nicht zu vernehmen waren. So ist in der Start-up-Ökonomie allenthalben von »Leidenschaft« die Rede, von »Kreativität«, »Fantasie« und »Intuition«, von »Sinn« bzw. »Purpose« und von »Empathiefähigkeit«. »Emotion« gilt neuerdings als Schlüsselqualifikation und »Verletzlichkeit« (»vulnarability«) wird als »Leadership Superpower« des Digital Leaderships deklariert[118]. Das alles sind neue Begrifflichkeiten, die in der vordigitalen Ökonomie keinen Platz hatten. Mehr noch: Was diese Begriffe benennen, galt der Taylorisierten Wirtschaft des Industriezeitalters als das, was es unbedingt zu vermeiden galt.

Ein anderer Begriff für Taylorisierung ist »Scientific Management«. Darin ist schon im Begriff die rational-wissenschaftliche Analyse von Arbeitsprozessen eingefasst. Arbeitsprozesse sollten nach mathematischen Prinzipien so analysiert, aufgeteilt und optimiert werden, dass der einzelne Mensch irrelevant und beliebig austauschbar ist. Scientific Management bedeutet, wie bei einer logischen Knobelaufgabe, den optimalen Prozess auszurechnen. Der Mensch ist in diesem Prozess lediglich eine Ressource von vielen, eine »Humanressource«, die eine bestimmte Funktion zu erfüllen hat. Leidenschaft, Kreativität und Verletzlichkeit waren hierbei fehl am Platz und Ausweis unprofessionellen Verhaltens.

Diese Verschiebung im Verständnis dessen, was einen guten Arbeitnehmer oder eine gute Arbeitnehmerin ausmacht, weist auf eine Verschiebung im Menschenbild hin. Nehmen wir als Beispiel den Begriff »Leidenschaft«, der als Schlüsselbegriff der digitalen Ökonomie gelten kann. Von einem Start-up-Gründer wird erwartet, dass er »passion-driven« ist[119], dass er von seiner Geschäftsidee so beseelt ist, dass er an nichts anderes denken kann. Er müsse vor Leidenschaft »brennen«, wie ein »Samurai« bereit »eher Selbstmord zu begehen als zu scheitern«[120]. In diesem Verständnis liegt die oberste Aufgabe eines Managers darin, seine Emotionen auszuloten und herauszufinden, wofür man die größtmögliche Leidenschaft empfindet, um dann in diesem Bereich unternehmerisch tätig zu werden. Nahezu jedes Digital-Start-up, hat einen solchen Gründungsmythos, eine Art emotionsgeladenen Erleuchtungsmoment, an dem der Firmengründer seine Bestimmung gefunden habe[121].

Solche Erzählungen tauchen im Digitalzeitalter nicht nur bei der Frage auf, wie sich ein Manager zu seinem wirtschaftlichen Unternehmen in Zusammenhang bringen soll, sondern auch für den Menschen insgesamt in seinem Welt-Zusammenhang. Der Mensch solle zu seinen inneren Antrieben, zu seinen Emotionen, zu seinem kreativen Potenzial Anschluss finden und hier das innere Feuer finden, das ihn durch das Leben trägt.

In dieser Sichtweise kommt eine Abkehr vom Menschenbild der Aufklärung zum Vorschein. Leidenschaft, Emotion und Fantasie sind das genaue Gegenteil von dem, was die Aufklärung dem Menschen in sein Pflichtenheft geschrieben hat. Der Mensch der Aufklärung ist, bzw. *soll*, von Rationalität durchdrungen sein. Seine Handlungen sollen von Vernunft und Verstand geleitet sein. Leidenschaft, Emotion und Fantasie sind das, was es zu kontrollieren, unterdrücken und hinter sich zu lassen gilt.

Ein Bild von Francisco de Goya aus der Hochzeit der Aufklärung mit dem vielsagenden Titel »Der Schlaf der Vernunft gebiert Ungeheuer« (1797/8) macht dies deutlich. Was in diesem Bild zum Ausdruck kommt, ist die Sorge, dass, wann immer reines nüchternes rationales Denken in den Hintergrund tritt, metaphorisch gesprochen »einschläft«, Ungeheuer in die Welt treten: Chaos, Anarchie, Zerstörung und Gräuel der Gewalt, die aus den emotional triebhaften Quellen des Menschen nach oben gespült werden. Rationalität, nüchternes und sachliches Denken, gilt der Aufklärung als Schlüssel für einen besseren Menschen und eine bessere Welt. Rationalität ist wie ein Damm, der vor die andrängenden Emotionen geschoben werden müsse, um das Durchbrechen von Trieb, Irrationalität und exzessiven Leidenschaften zu verhindern[122].

Dar. 6:   Francisco de Goya, Der Schlaf der Vernunft gebiert Ungeheuer (1797/98)

Die Rehabilitierung der Emotion beginnt nicht erst mit dem Digitalzeitalter, sondern knüpft an die bereits beschriebenen Gegenpositionen zur Aufklärung bei Nietzsche oder Freud an. Es lohnt sich jedoch, den Einzug dieses neuen Vokabulars in Bezug auf den arbeitenden Menschen aus der Perspektive des Auftauchens Künstlicher Intelligenz zu betrachten. Es scheint, dass sich in dem Maße, in dem der algorithmierbare Teil des Denkens immer häufiger und immer besser von Computern übernommen wird, sich der Blick öffnet für diejenigen Facetten am Menschen, die in der Aufklärung in den Hintergrund geschoben wurden. Auf der Achse des menschzentrierten Denkens lenkt das Auftreten Künstlicher Intelligenz den Blick auf die Tatsache, dass die Definition des Menschlichen über seine Rationalität schon immer verkürzt war. Im Angesicht von Künstlicher Intelligenz rücken Kreativität und Fantasie in den Vordergrund, weil Menschen in puncto Rechenkraft dem Computer nichts entgegenzusetzen haben. Der Mensch rückt seine Leidenschaft in den Vordergrund, weil der mathematisch lösbare Teil des Seins von Computern übernommen wird. Der Mensch sucht Anschluss an seine Emotionalität und Innerlichkeit, um sich vom kalt, aber um ein vielfach besser als der Mensch rechnenden Computer abzugrenzen. Auf dieser Achse des Denkens macht sich der Mensch des Digitalzeitalters auf die Suche nach dem, was es am Mensch-Sein jenseits von Rationalität und einer als Mathematik verstandenen Intelligenz noch zu entdecken gibt, und es ist der Siegeszug der Künstlichen Intelligenz, der den Blick hierfür öffnet.

In der Debatte über die Zukunft der Bildung und über die Fähigkeiten, die entscheidend sein werden, um anschlussfähig für den Arbeitsmarkt der Zukunft zu sein, spiegelt sich diese Entwicklung in dem 4K-Modell (englisch 4C), das die vier wichtigsten »Future Skills« benennt: Kommunikation, Kollaboration, Kreativität und Kritisches Denken[123]. Was daran vor allem auffällt ist, dass es sich hierbei, anders als in der Vergangenheit, weder um Fachkompetenzen noch um solche handelt, die ein mathematisch-analytisches Denken erfordern. Es ist zwar zu erwarten, dass auch die 4-C-Skills unter den Druck immer besser werdender KI-Systeme geraten – man denke etwa an den Skill »Kreativität« im Kontext generativer KI-Tools wie *DALL-E* oder *Sora* – doch was diese Empfehlungen ungeachtet davon zeigen, ist eine Neubesinnung und Ausweichbewegung des Menschen, der im Angesicht einer ihn in Rechenkraft um Dimensionen überflügelnden Technologie seine Stellung in der Welt neu zu bestimmen versucht.

Aus einer höheren Flughöhe herabschauend, kann man diese Haltung als eine Art »Romantik des Digitalzeitalters« bezeichnen. Die Romantik, die Ende des 18. Jahrhunderts einsetzte, war eine Gegenbewegung zur Aufklärung und zur einsetzenden industriellen Moderne. Auch die Romantik betonte die emotionale Seite des Menschen und übte darüber hinaus Kritik an dem allzu grellen Licht, mit dem das zweckrationale Denken alles Seiende ausleuchtet. Mit dieser teilt die Romantik des Digitalzeitalters die Suche nach *echter* Bedeutung (»Purpose«), nach *echten* Erlebnissen, nach *echten* Gefühlen, nach *echtem* Sein im Hier und Jetzt, nach »Authentizität« sowie die Sehnsucht nach dem Ausblenden des Denkens, das diesem *echten* Sein im Weg stehe, nach »Digital Detox«, Yoga, Mindfulness, Meditation oder Schweigeseminaren.

So führt das Auftreten von Künstlicher Intelligenz zu zwei sehr verschiedenen Reaktionen, die zu zwei verschiedenen Menschenbildern führen. Im technologiezentrierten Denken orientiert sich menschliches Selbstverständnis an der Technick, was zu einem Streben nach Verschmelzung mit Künstlicher Intelligenz führt. Im menschzentrierten Denken schaut der Mensch von der Technologie auf sich selbst zurück und versucht sich über eine Neudefinition des Menschlichen von Computerintelligenz abzugrenzen. Im technologiezentrierten Denken artikuliert sich eine Flucht nach vorne: Wenn der Mensch durch Künstliche Intelligenz überholt werde, so müsse er sich mit ihr verschmelzen, um vorne zu bleiben. Im menschzentrierten Denken tritt der Mensch einen Schritt zur Seite, lässt Künstliche Intelligenz in der Sphäre algorithmierbarer Intelligenz an sich vorbeiziehen und versucht, sich über eine Neudefinition des Menschlichen von Computerintelligenz abzugrenzen.

Versucht man analog zum technologiezentrierten Menschenbild eine Zusammenfassung der menschzentrierten Sichtweise zu geben, so schält sich diese aus folgenden drei Grundannahmen heraus:

1. Der Mensch ist mehr als sein Denkvermögen, der Mensch ist nicht sein Gehirn!

2. Menschliches Denken (und das Gehirn) ist eingebettet in einen lebendigen Körper und in Emotionen!
3. Über seine körperlich-emotionale Einbettung ist der Mensch eingebettet in ein natürliches und soziales Gefüge, mit dem er in Resonanz steht.

Während die technologiezentrierte Sichtweise auf Teile der Neurowissenschaften und der Computerwissenschaft rekurriert, steht die Ansicht, das Mensch-Sein und menschliches Denken nur im Kontext eines lebendigen Körpers und im Zusammenspiel mit Emotionen zu verstehen sind, in Verbindung mit den Konzeptionen des »Embodiment« oder des »extended mind«[124]. Der Einfluss der natürlichen Umgebung und des sozialen Gefüges auf den Menschen, seine genetische Disposition und körperliche Prozesse wird seit einiger Zeit intensiv in den Forschungsgebieten der Umweltpsychologie und Epigentik untersucht[125].

Betrachten wir zum Schluss noch einmal die zuvor erwähnten Demütigungen des Menschen, die der wissenschaftliche Fortschritt nach Freud hervorgebracht habe. Ist dem wirklich so? Der moderne Mensch wirkt alles andere als gedemütigt. Es scheint vielmehr so, als habe er es geschafft, die drei Demütigungen in seine größten Triumphe umzuinterpretieren: Zwar steht nicht mehr der Mensch im Mittelpunkt des Universums, aber es ist der Mensch, der dies Kraft seines Intellekts herausgefunden hat. Zwar stammt der Mensch vom Affen ab, aber es ist der Mensch – und nicht der Affe – der das verstanden hat. Zwar beeinflusst das Unterbewusstsein das Bewusstsein, aber es ist der Mensch, der dies in sein Bewusstsein gehoben hat. Da sich der Mensch der Aufklärung über seine Ratio definiert, werden die vermeintlich drei größten Demütigungen zu drei großen Triumphen des rational denkenden Menschen.

Auch die Hervorbringung von Künstlicher Intelligenz kann sich der moderne Mensch als vierten Triumph auf die Fahne seines rationalen Denkens schreiben. Es gibt jedoch einen wichtigen Unterschied: Was, wenn sich Künstliche Intelligenz so weiterentwickelt, dass sie für den Menschen in der Sphäre mathematisch beschreibbarer Intelligenz nichts mehr zu tun übriglässt? Was, wenn von hier an alle auf Intelligenz beruhenden Erfolge von künstlicher – nicht menschlicher – Intelligenz hervorgebracht werden? Was, wenn die Erfindung von Künstlicher Intelligenz, wie immer wieder behauptet, die »letzte Erfindung der Menschheit« ist[126]?

In Bezug auf das menschliche Selbstverständnis trägt das Digitalzeitalter ein Dilemma in seinem Schoß: Die Fokussierung des Menschen auf seine Rationalität hat mit Künstlicher Intelligenz eine Technologie hervorgebracht, die die Frage nach dem Wesen und dem Wert menschlicher Rationalität neu aufwirft. Technologiezentriertes und menschzentriertes Denken sind zwei unterschiedliche Weisen, sich zu diesem Dilemma zu verhalten.

Technologiezentriertes Denken: Wie baut man einen besseren Menschen?

Wie stellt sich das technologiezentrierte Denken konkret die Zukunft des Menschen vor? Die Visionen des Trans- und Posthumanismus sind an anderer Stelle, sowohl von Befürwortern als auch von Kritikern, ausgiebig beschrieben worden[127]. Ich möchte mich hier auf eine Zusammenfassung beschränken. Es geht mir dabei gar nicht so sehr um die Frage, welche dieser Visionen realisierbar sind oder nicht, als vielmehr darum zu zeigen, in welchen Zukunftsvisionen sich das Menschenbild des technologiezentrierten Denkens entlädt und umgekehrt, welches Menschenbild diesen Visionen zugrunde liegt.

Der Trans- und Posthumanismus sieht den Weg zur Verbesserung des Menschen in seiner Fusionierung mit Technik. Diese endet erst dort, wo sich der Mensch ganz in Technologie aufgelöst hat. Da der Mensch im Kern als ein Gehirncomputer verstanden wird, ist der Sehnsuchtspunkt folglich das »Mind-Uploading«, das Hochladen des menschlichen Gehirns und Bewusstseins in die Cloud, und die Transformation des Menschlichen von einer kohlenstoffbasierten, d. h. biologisch limitierten, »in eine neue, siliziumbasierte Existenzform«[128]. Auf dem Weg dahin solle der Mensch in allen Belangen seines Seins durch Technikwerdung besser gemacht werden: Seine körperliche Leistungsfähigkeit sollen optimiert, sein Leben verlängert, seine kognitiven und emotionalen Fähigkeiten gesteigert und auch sein ethisch-moralisches Vermögen verbessert werden. Die Mittel hierzu sind KI- und Digitaltechnologien einerseits und Gen- und Biotechnologie andererseits. Die angestrebten Verbesserungen sind nicht inkrementeller, sondern fundamentaler Natur. Es geht darum, »alle Grenzen des Lebens, der Intelligenz, Freiheit, Wissen und Glück zu eliminieren«, wie Max More in einem der Gründungstexte des Transhumanismus schreibt[129]. Angestrebt wird nicht weniger als die Überwindung *aller* Grenzen des Menschen.

»Killing Death« – Die Überwindung des Todes als ultimatives Ziel

Die ultimative Grenze menschlicher Selbstentfaltung ist der Tod. Daher ist der Tod der »Hauptfeind«[130] des technologiezentrierten Denkens, den es zu bekämpfen, besiegen und abzuschaffen gilt. Er sei »eine Zumutung [...], die nicht mehr akzeptierbar ist«. Folglich sei »der Sieg über das Altern und den Tod die dringendste und wichtigste Aufgabe unserer Zeit«[131], wie Max More an anderer Stelle schreibt.

Gen- und Biotechnologien sollen den Alterungsprozess stoppen (und bestenfalls umkehren) und dadurch die Lebensspanne radikal verlängern. Berühmt geworden ist in diesem Zusammenhang ein Satz von Aubrey de Gray, einer der Gallionsfiguren der transhumanistisch motivierten Langlebigkeitsforschung: »Der erste Mensch, der 1.000 Jahre alt wird, ist bereits geboren«[132]. Auch wenn dieser Satz, nach allem, was sich sagen lässt, eher eine medienwirksame Marketingaussage als wissenschaftliche Tatsache ist, gibt er doch die Stoßrichtung vor, die mit messianischem Drang verfolgt wird.

Ins gleiche Horn bläst der Technologe Ray Kurzweil, der gemeinsam mit dem Mediziner Terry Grossmann das Buch »Fantastic Voyage: Live Long Enough to Live Forever« geschrieben hat[133]. Darin wird eine Drei-Brückenlösung für die Unsterblichkeit skizziert. Während die ersten beiden Brücken präventivmedizinischer bzw. gentechnischer und biotechnologischer Natur sind, erfordert die dritte Brücke digitaltechnologische Optimierung. Durch die menschliche Blutbahn sollen Nanoroboter schwimmen, die Krankheitserreger, Viren und Krebszellen erkennen und beseitigen. Das Gehirn soll gescannt werden und auf einem Datenträger gesichert oder in die Cloud hochgeladen werden, wo es ewig fortleben könne. Einmal digitalisiert, ergeben sich zahlreiche weitere Optimierungsoptionen für den Menschen. Menschliche Intelligenz könne durch Anschluss an Künstliche Intelligenz weit über sich hinauswachsen, Fähigkeiten jeglicher Art sollen per Download erworben werden können und das eigenen Selbst mit anderen digitalisierten Gehirnen zu einem kollektiven Bewusstsein (»Hive-Mind«) verschmelzen können.

Das alles ist sehr ernst gemeint, und es wird konkret daran gearbeitet. Auch die Europäische Union finanziert Forschungsprojekte mit dieser Stoßrichtung wie das *Human Brain Project*, das die digitale Nachbildung des Gehirns anstrebt[134], oder das Projekt *VERE – Virtual Embodiment and Robotic Re-Embodiment* – das ein menschliches Ich-Gefühl dauerhaft mit Roboter oder Avataren verbinden soll[135]. Die Ernsthaftigkeit der Mission zeigt sich auch daran, dass sie sich bereits in zahlreichen wirtschaftlich ausgerichteten Aktivitäten niederschlägt. *Radical life extension* gilt als einer der größten Zukunftsmärkte, in die im Silicon Valley und darüber hinaus große Summen investiert werden. Unternehmen wie das von Amazon-Gründer Jeff Bezos mitfinanzierte *Altos Labs*, die *SENS Research Foundation* oder das zum Alphabet-Konzern gehörende Unternehmen *Calico* sind alle in das Rennen um radikale Lebensverlängerung eingestiegen. Bei der Gründung von *Calico* hat Larry Page, CEO von Alphabet, das Ziel des Unternehmens klar vorgegeben: »killing death«[136].

Auch dafür, dass es bis zu einem 1.000-jährigen oder endlosen Leben noch etwas dauern könnte, weil sich der Fortschritt nicht in der Geschwindigkeit entfaltet, wie es die Befürworter hoffen, gibt es eine technische Lösung: Die Kryonik. Unternehmen wie die *Alcor Life Extension Foundation* oder das deutsche Unternehmen *Tomorrow Bio* bieten das Einfrieren wahlweise des ganzen Körpers oder nur des Kopfes in flüssigem Stickstoff an. Wenn der medizinisch-technische Fortschritt irgendwann an dem Punkt angekommen ist, an dem heute unheilbare Krankheiten geheilt, das Gehirn in einen künstlichen Körper integriert oder Mind-Uploading möglich geworden ist, soll der kryonisch konservierte Mensch aufgetaut und zu endlosem Leben wiedererweckt werden[137].

Die Achsen der technischen Optimierung des Menschen

Zwar ist der Tod als die ultimative Grenze des Menschen der »Hauptfeind«, doch auch unabhängig von seiner Sterblichkeit ist der Mensch sein ganzes

Leben lang mit naturbedingten Limitierungen konfrontiert: Wir sind immer wieder Sklaven unserer Gefühle, sind traurig oder depressiv, obwohl wir lieber glücklich wären, wütend obwohl wir empathisch sein wollen. Wir verfügen über die Fähigkeit zu rationalem Denken, doch unsere Intelligenz ist limitiert, unsere Konzentrationsfähigkeit begrenzt und unsere Erinnerung lückenhaft. Mit unserem Körper sieht es nicht besser aus. Unsere Kraft ist begrenzt, unser Geschlecht und Aussehen sind uns gegeben. Wo man am Menschen nur hinschaut, das technologiezentrierte Denken sieht überall nur inakzeptable Probleme, Behinderungen, Unzulänglichkeiten.

Wir sind gefangen in etwas, das wir nicht selbst gewählt oder nach unseren eigenen Präferenzen gestaltet haben. Was, wenn man gerne viel intelligenter sein möchte und immer glücklich, ganz gleich, was das Leben an Schicksalsschlägen bringen mag? Was, wenn man gerne sein Geschlecht nach Lust und Lebensphase hin und her ändern möchte? Was, wenn man lieber grüne Haut hätte, um Dimensionen stärker wäre oder mit einmal Luft holen 30 Minuten unter Wasser bleiben möchte? Wäre es nicht schön, all das und was auch immer man sich wünscht, realisieren zu können? Die Technologien des 21. Jahrhunderts rücken das Selbstdesign des Menschen immer weiter in den Bereich des Möglichen. Diese Möglichkeiten hinsichtlich seiner kognitiven, körperlichen, emotionalen und moralischen Fähigkeiten auf radikale Weise umzusetzen ist das Kernanliegen des Transhumanismus. Indem der Mensch auf allen Achsen seines Seins technisch optimiert werde, werde der Mensch zu einem besseren Menschen[138].

Neurochemische Optimierungen sollen Intelligenz, Empfindungs- und Konzentrationsfähigkeit steigern, gentechnische Eingriffe und künstliche Organe sollen den Menschen mit völlig neuen Fähigkeiten ausstatten. Synthetische Muskeln sollen die Körperkraft um das 100-fache steigern, sytetisches Blut viel mehr Sauerstoff aufnehmen können als das menscheneigene Hämoglobin. Chips im Gehirn sollen das Wissen erweitern und Intelligenz und Erinnerungsvermögen auf das praktisch unbegrenzte Niveau eines Supercomputers bringen.

Natasha-Vita-More, Vorsitzende von *Humanity+*, einer Organisation, die aus der ehemaligen *World Transhumanist Association* hervorgegangen ist, hat die

Möglichkeiten des »radical body design« in dem Projekt »Primo Posthuman« skizziert. Der Körper der Zukunft verfüge über austauschbare Gene und Organe, Geschlechtsvariabilität, eine smarte Haut, die vor UV-Strahlung schütze und, dank integrierter Nanopartikel, jede gewünschte Farbe annehmen kann. Retina-Implantate in den Augen sorgen für eine höhere Auflösung beim Sehen. Hässliche Objekte im radikal erweiterten Sichtfeld können einfach ausgeblendet oder in etwas ansehnlicheres umgestaltet werden. Der Geruchssinn werde so erweitert, dass man Gefahrstoffe erkennen könne. Auf der emotionalen Seite ist der Primo Posthuman frei von negativen Gefühlen und »turbocharged« mit Optimismus. Ein »Metabrain« sei mit einem »nanotech data storage memory system« ausgestattet, dass das Kurz- und Langzeitgedächtnis optimiere und eine fehlerkorrigierten »memory reply« ermögliche etc.[139].

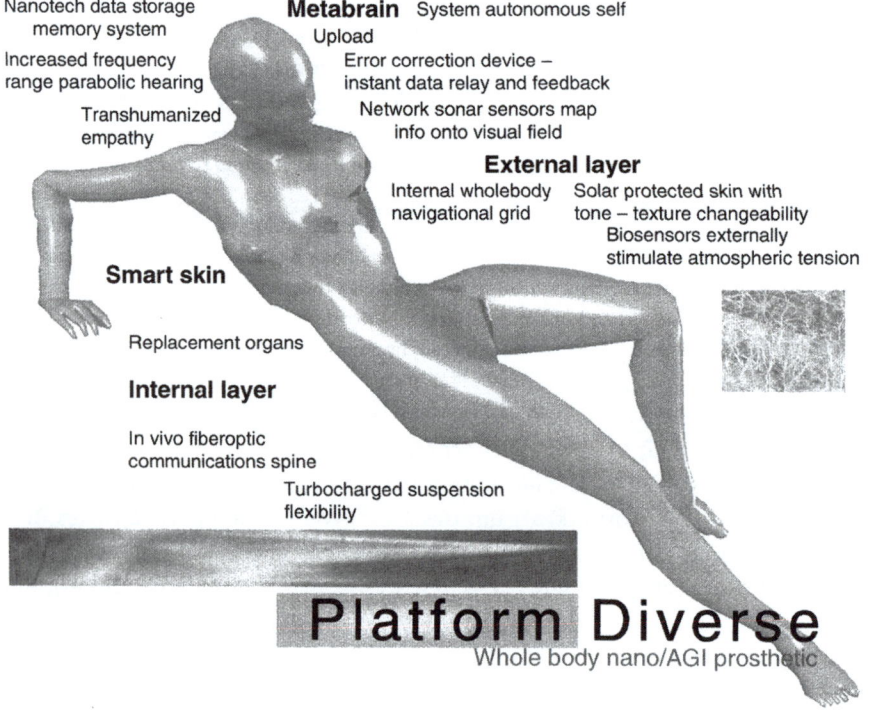

Dar. 7: Primo Posthuman (Quelle: Natasha Vita-More, Life Expansion Media, S. 76)

Der Primo Posthuman ist eine Fantasiereise, die in Grundzügen vorliegende Technologien extrapoliert und dadurch die Sehnsuchtsvorstellungen des technologiezentrierten Menschenbilds offenlegt. In ihrem Text stellt Vita-More die Fragen:

>> Wenn Sie Ihren eigenen Körper gestalten könnten – ihm jede beliebige Form, Größe, Farbe, Kontur, Textur und jedes elegante Design geben könnten – was würden Sie wählen? Was wäre, wenn Ihr Körper gesündere, frischere Haut regenerieren und verschlissene Sehnen, Bänder und Gelenke durch ersetzbare austauschen könnte? Was wäre, wenn Ihr Körper so geschmeidig und sexy wäre und sich so komfortabel anfühlen würde wie Ihr neues Auto? Dies sind nur einige der Fragen, die wir uns in den kommenden Jahrzehnten stellen werden.«[140]

Die Wunschvorstellung, den eigenen Körper so wie ein »neues Auto« konfigurieren zu können, knüpft an die Fantasien des Futurismus an, der zu Beginn des 20. Jahrhunderts postulierte, »ein aufheulendes Auto, das auf Kartätschen zu laufen scheint, ist schöner als die Nike von Samothrake«, und damit die Technik zum neuen Vorbild des Menschen ausrief[141]. 100 Jahre später soll nun gelingen, wovon der Futurismus vergeblich geträumt hat. Die Schranken des naturbedingt Gegebenen sollen im Digitalzeitalter immer weiter abgebaut werden. Der Körper wird zu einem technisch gestaltbaren Objekt, und die Entscheidung über die Gestaltung rückt von der Natur in die Hand des Menschen.

Die Konfigurierbarkeit des Menschen soll neben Kognition, Emotion und Körper auch sein ethisch-moralisches Vermögen verbessern. So fordern Ingmar Persson und Julian Savulescu in ihrem Buch »Unfit for the future. The need for moral enhancement«, dass der Mensch mittels hormoneller und neurochemischer Optimierung Empathiefähigkeit und Verantwortungsbewusstsein steigern müsse, um mit den wachsenden ethischen Herausforderungen des 21. Jahrhunderts umgehen zu können[142].

In Anbetracht der auf der zweiten Hälfte des Schachbretts radikal expandierenden technischen Möglichkeiten schaut der Mensch auf sich selbst und sieht nur Unzulänglichkeit und Limitierung: »Unsere Körper und Gehirne beschränken unsere Kapazitäten. Unsere Kreativität windet sich in den Grenzen der menschlichen Intelligenz, Imagination und Konzentration«[143], schreibt Max More. Mit der Technik als neuem Leitbild sollen alle Achsen des Mensch-seins verbessert, gesteigert, optimiert werden bis, so die Vorstellung, *alle* Limitierungen überwunden sind. Zoltan Istvan bezeichnet das Zielbild eines von allen Einschränkungen befreiten, sich vollständig selbst definierenden Menschen folglich als »Omnipotender« – als allmächtiges Wesen[144]. Weil das technologiezentrierte Denken an die Allmacht der Technik glaubt, glaubt es daran, dass die Einschmelzung des Menschen ins Technische den Menschen selbst allmächtig mache.

Mensch-Sein als Krankheit

Der Solutionismus kennt nur technische Lösungen für Probleme und umgekehrt kennt er nur Probleme, für die es technische Lösungen gibt. Doch warum ist der Mensch überhaupt ein Problem, das technisch gelöst werden muss? Was stimmt mit ihm nicht, dass er so veränderungsbedürftig ist? Hierauf gibt das technologiezentrierte Denken zwei Antworten, die wie zwei Pole den Raum aufspannen, aus dem die transhumanistischen Optimierungsprojekte mit scheinbar kausaler Notwendigkeit folgen.

Der Zielzustand des »Omnipotenders«, des sich selbst nach Belieben gestaltenden Menschen, bildet den einen Pol. Der technisch optimierte Mensch sei besser, weil er länger lebt, klüger ist, leistungsfähiger ist, weil er mehr *features* hat als der nicht optimierte Mensch. »Besser« wird in diesem Denken rein funktional verstanden. Der optimierte Mensch ist besser als ein nicht optimierter Mensch wie ein iPhone 10 besser ist als ein iPhone 5. Der omnipotente Mensch ist die Karotte, die sich das technologiezentrierte Denken selbst vor die Nase hält und die ihm die Bestätigung gibt, immer auf dem richtigen Weg zu sein. Es wird in so bunten Farben ausgemalt, das man gar nicht anders kann, als danach zu streben. Nick Bostrom, Oxford Professor, Leiter des *The Future of Humanity Institute* (2005–2024) und bedeutender Vordenker des Trans- und Posthumanismus, skizziert es in einer Fantasiereise in die Zukunft:

>> Sie haben soeben ihren 170. Geburtstag gefeiert und sich nie besser gefühlt: Jeder Tag ist ein Fest. Sie haben völlig neue Kunstformen erfunden und sich dabei auf ihre neu erworbenen Empfindungen und kognitiven Fähigkeiten gestürzt. Sie hören immer noch Musik – aber eine, die so hoch über Mozart steht wie diese über schlechter Fahrstuhlmusik. Mit ihren Zeitgenossen kommunizieren sie mittels einer Sprache, die sich im Verlauf des letzten Jahrhunderts aus dem Englischen entwickelt hat und deren

Vokabular und Ausdruckskraft es Ihnen gestattet, Gedanken und Gefühle mitzuteilen und zu diskutieren, die unverbesserte Menschen nicht einmal denken oder verspüren könnten. Sie spielen eine bestimmte neue Art von Spiel, die mittels VR Kunst, Tanz, Humor, zwischenmenschliche Beziehungen und verschiedene neue Vermögen so wie die aus alldem entstehenden Phänomene miteinander kombiniert – und es ist besser als alles, was Sie in Ihren ersten 100 Lebensjahren getan haben. Während sie dieses Spiel mit ihren Freunden spielen, spüren Sie, wie jede Faser Ihres Körpers und Geistes vor Kreativität und Vorstellungskraft fast zerreißt, und Sie erschaffen dabei neue Reiche von abstrakter und konkreter Schönheit, von denen Menschen nicht einmal (konkret) träumen können. [...] Die Dinge werden immer besser, aber schon jetzt ist jeder Tag fantastisch.«[145]

Der andere Pol, aus dem die Veränderungsbedürftigkeit des Menschen hervorgeht, ist sein Ausgangszustand, der Status quo des Menschen: Mensch-Sein, so wie es jetzt ist, ist nicht gut genug. Mehr noch, Mensch-Sein bedeutet krank zu sein!

Der Mensch ist so, wie er ist, inakzeptabel. Er ist bestenfalls ein »Anfang«[146], voller körperlicher und geistiger Behinderungen, die uns durch unsere biologisch bedingten Limitierungen eingeschrieben sind. Das lateinische Wort *human* ist angelehnt an *humus*, Erde. Als ein der Erde entwachsenes Wesen ist der Mensch Teil der Natur, in sie eingebettet und mit ihr verwoben. Genau hierin liegt das Problem. Die Verflechtung des Menschen mit der Natur ist der Grund für seine Limitierung, und Limitierung gilt dem technologiezentrierten Denken per se als Krankheit oder Behinderung: »Sie sind handicapped durch Ihre Biologie« ruft Zoltan Istvan uns allen zu[147].

Im technologiezentrierten Denken findet eine Umwertung des menschlichen Zustands statt. Krankheit und Behinderung waren bisher Zustände, in denen der Normalzustand menschlicher Funktionen nicht hergestellt oder beeinträchtigt war. Heilung bestand demzufolge darin, diesen Normalzustand wieder herzustellen, in dem alle natürlichen menschlichen Funktionen einschränkungsfrei sind. Dieser Normalzustand wurde als »gesund« oder »nicht behindert« bezeichnet. Natürlich kann man auch in diesem Verständnis von Gesundheit seine Fitness steigern und sein Wohlbefinden verbessern, aber es gibt eine Grenze. Gesundheit oder körperliche Unversehrtheit lässt sich nicht beliebig steigern. Es ist ein Zielzustand, kein Transitzustand.

Das technologiezentrierte Denken sieht das anders. Auch der im traditionellen Sinn gesunde und körperlich völlig unversehrte Mensch ist krank und behindert, denn auch dieser Mensch ist in einem Körper gefangen, der ihn in seinem körperlichen, emotionalen und kognitiven Vermögen limitiert, und Limitiert-Sein ist eine Behinderung. Der menschliche Zustand ist das mangelhafte Ergebnis eines ineffizienten evolutionären Mutations- und Ausleseprozesses, unsere kognitiven Fähigkeiten sind »gefesselt« in unseren »primitiven darwinistischen Gehirnen«[148]. Der einstmalig angestrebte Normal- bzw. Gesundheitszustand wird in diesem Selbstverständnis zu einem unbefriedigenden Zustand, den es wie eine Krankheit oder Behinderung zu überwinden gilt. Diese Umwertung ist der Subtext aller transhumanistischer Positionen. Denker wie John Harris machen sie explizit, wenn er Behinderung umdefiniert als einen »Zustand, den wir aus rationalen Gründen lieber nicht hätten«. Was als Krankheit oder geschädigter Zustand gelte, zeige sich »nicht im Verhältnis zur normalen Funktion der Spezies, sondern im Verhältnis zu möglichen Alternativen«[149].

Im Digitalzeitalter, in dem die »möglichen Alternativen« immer weiter steigen und jeder noch so gesunde und fitte Zustand mickrig im Vergleich zu den Möglichkeiten technisch optimierten Mensch-Seins ist, bedeutet das nichts anderes, als dass der Mensch immanent krank und behindert ist. Auch der im traditionellen Sinn gesunde und vollkommen fitte Mensch ist krank. Mit der Auflösung des gesunden Normalzustands verschwindet, wie Michael Hauskeller gezeigt hat, der Bezugspunkt für Heilung und Gesundung. Leid wird zu etwas vollständig Relationalem, das sich im Vergleich zu möglichen besseren Zuständen zeigt[150]. Gesund ist der Mensch erst dann, wenn er zu einem von *allen* Einschränkungen befreiter »Omnipotender« geworden ist. Solange der Mensch diesen Zustand nicht erreicht hat, bleibt er ein krankes, behinderts, mangelhaftes Wesen. Die Krankheit, an der er leidet, ist die Natur, in die er durch seinen Körper eingefasst ist. Die Symptome der Krankheit sind seine Limitierungen.

Dieses Denken erkennt nichts an, was am Menschen gegeben ist. Auch die Sterblichkeit des Menschen wird uminterpretiert: »Der Tod ist eine Krankheit, keine Regel«, schreibt Istvan[151]. Völlig fremd ist diesem Denken, dass im Gegebenen etwas Positives liegen könnte. Der menschliche Körper ist nicht der

Ermöglicher eines aktiven Lebens, sondern der *Verhinderer* eines besseren Lebens. Er hindert mich daran, schöner zu sein, stärker zu sein oder 200 Jahre alt zu werden. Der menschliche Geist *ermöglicht* den Menschen nicht, Kompositionen auf dem Niveau von Mozart zu ersinnen, sondern *hindert* ihn daran Musik zu ersinnen, die Mozart, wie »schlechte Fahrstuhlmusik« erscheinen lässt, wie es Nick Bostrom formulierte. Der Mensch ist dumm, der Mensch ist krank, der Mensch ist behindert und zwar von Grund auf. Es ist durch seine Naturbedingtheit in ihn eingebaut.

Die technische Optimierung des Menschen als moralische Pflicht

Aus dieser Sichtweise ergeben sich bedeutende Konsequenzen, denn sie ermöglicht die Umdeutung der Cyborgisierung des Menschen in eine moralische Pflicht. Da der Mensch so, wie er von Natur aus ist, krank ist, wird die technische Optimierung zu seiner Heilung. Da die Ursache seiner Krankheit in seiner Biologie begründet ist, liegt der einzige Weg zu seiner Heilung darin, den Menschen zu einer »post-biologischen« Lebensform weiterzuentwickeln[152].

Wäre der Mensch kein »Anfang«, sondern ein Ende, dann wäre er so, wie er ist, akzeptabel und es gäbe keinen zwingenden Grund, seine Transzendierung anzustreben. Ist der Mensch jedoch per se krank, dann ist seine Heilung nicht einfach nur eine Option, sondern ein Gebot der Moral. Aus einer Möglichkeit wird so eine Norm. »Ein Transhumanist zu sein bedeutet, ein Heiler der Menschheit zu sein«[153], und das Mittel der Heilung ist die Technologie!

Praktisch jede Stufe, die unsere Gesellschaft auf dem Weg in die Cyborgisierung geht, von der Stammzellenforschung bis zu Computer-Gehirn-Schnittstellen, steht auf dem Boden einer solchen Heiler-Argumentation, die wir schon bei Neil Harbisson und in der Firmenmission von *NeuraLink* kennengelernt haben: Eine Technologie wird eingesetzt, um eine seltene Krankheit oder genetisch bedingte Behinderung zu beheben und führt dann nahtlos die »Heilung« des Menschen auf der Ebene seiner Optimierung fort. Da die Heilung von Krankheit als hohes Gut angesehen wird, wird die Heilung auf der Ebene der Optimierung weitgehend unhinterfragt akzeptiert.

Auf dieser Grundlage wird die Gegebenheit des menschlichen Zustands umgedeutet in eine Ungerechtigkeit. Dass man eine zu lange Nase hat, kleiner oder weniger intelligent ist als ein anderer Mensch, ist dann keine Gegebenheit mehr, mit der man umgehen muss, sondern eine Ungerechtigkeit, die abgeschafft werden sollte. Dass man kürzer lebt als möglich wäre, ja, dass man überhaupt sterben muss, ist die größte Ungerechtigkeit von allen.

Diese Uminterpretation verleiht dem technologiezentrierten Denken ein moralisch aufgeladenes Selbstverständnis, und es erklärt den missionarischen Zug, den es bisweilen annimmt. Menschen, die dem technischen Fortschritt im Weg stehen, sind nicht nur rückwärtsgewandte Hinterwälder, sondern handeln moralisch verwerflich. Was die Moral fordere, sei nichts anderes als die Deregulierung und radikale Entfesselung des technischen Fortschritts. So fordern beispielsweise Steve Fuller und Veronika Lipinska in ihrem Buch »The Proactionary Imperative« eine Abkehr vom aktuell in der Wissenschaftspraxis vorherrschenden »precautionary principle«, das dazu aufruft, von riskanten wissenschaftlichen Experimenten abzusehen, die das Leben oder Wohlergehen von Menschen gefährden könnten. Dieses Prinzip schlägt sich in einer strengen Regulatorik nieder, nach der zum Beispiel Experimente am Menschen verboten sind oder die Einführung neuer Medikamente erst nach langwierigen Vorstudien möglich ist.

Aus Sicht des Transhumanismus ist das ein moralisch unhaltbares Vorgehen, da es den technischen Fortschritt und somit die Heilung des Menschen und die Gestaltung einer optimierten Welt verlangsame. Dem entgegen fordern Transhumanisten wie Fuller und Lipinska das Durchsetzen eines »proactionary principle«: Regulierung solle abgeschafft und auch riskante und gefährliche Experimente vor dem Hintergrund des potenziell größeren Wohls, das daraus resultieren könne, gefördert werden. Wir brauchen, so schreiben die Autoren, »Experimente an Lebenden, unabhängig von den Ergebnissen«, sollten uns keine Sorgen »um die Freiheit künftiger Generationen machen« und die »Bürgerrechte von Personen beschneiden, die sich weigern, an potenziell gefährlichen wissenschaftlichen Forschungen teilzunehmen«. Strafrechtliche Sanktionen bei der Durchführung riskanter Experimente sollten abgeschafft werden, »Massenüberwachung und -experimente« seien zu befürworten, »wohl wissend, dass sich im Nachhinein herausstellen könnte, dass Menschen dabei für die Wissenschaft benutzt oder geopfert wurden«. Auch »die Tötung von Arten und die groß angelegte Umstrukturierung der Umwelt« sei zu begrüßen, wenn sie dem technischen Fortschritt diene[154].

Ins gleiche Horn bläst der bereits eingangs erwähnte Marc Andreesen, wenn er es als »moralische Pflicht« bezeichnet, »Künstliche Intelligenz so schnell und aggressiv wie möglich zu entwickeln und verbreiten«[155]. Während Andreesen und der »proactionary imperative« die Seite der moralischen Pflichten beleuchten, beleuchtet der Futurist Anders Sandberg die Seite der Rechte. Sandberg fordert, »morphologische Freiheit« – das ist das Recht eines jeden Menschen, seinen Körper technologisch so umzugestalten wie immer es einem beliebt – als eine Art Menschenrecht zu verstehen. Dies sei eine zwingende Ausweitung des Rechts auf Selbstbestimmung des eigenen Körpers, das sich durch die Ausweitung der technologischen Möglichkeiten ergebe[156].

Fassen wir das Gesagte zusammen, so ergeben sich drei weitere ideologische Grundannahmen des technologiezentrierten Menschenbilds:

1. Mensch-Sein ist ein defizitärer Zustand. Der Mensch ist per se behindert bzw. krank!
2. Die Ursache seiner Krankheit ist seine naturbedingte Limitierung. Das Mittel zur Heilung des Menschen ist die Technik!
3. Die Heilung des Menschen ist eine moralische Pflicht!

Zusammen mit der weiter oben beschriebenen Grundannahme, dass der Mensch im Kern eine Gehirncomputermaschine sei, ist damit der ideologische Boden eines neuen Menschenbilds bereitet, auf dem die Visionen und Aspirationen des technologiezentrierten Denkens basieren. Alles andere, von den Ideen der Kryonik bis zum Mind-Uploading, folgt hieraus ganz von allein.

Menschzentriertes Denken: Wie wird man ein guter Mensch?

Der Transhumanismus sieht im Menschen ein Wesen voller Mängel, die technisch behoben werden müssen. Kurz: Der Mensch ist ein Mängelwesen. Ist das ein sinnvolles Menschenbild, und wie sieht die Alternative dazu im mensch-zentrierten Denkens aus?

Der Transhumanismus argumentiert, dass der Mensch schon immer danach strebe, sich selbst zu verbessern. Wenn man morgens Kaffee trinke, betreibe man eine Form des Neuroenhancements. Kosmetik und Schönheitsoperationen seien nichts anderes als eine Form gelebter »morphologischer Freiheit«. Erziehung sei eine »Technik«, Kinder zu verbessern etc. In dieser Argumentation besteht zwischen dem Auftragen von Kosmetik und der »smarten Haut« des Primo Posthuman oder zwischen einem Kaffee am Morgen und einer Gehirn-Computer-Schnittstelle kein Unterschied. Es seien, so Stefan Sorgner, »strukturanaloge Prozesse«, zwischen denen es keine substanziellen Unterschiede gebe. Folglich sei »traditionelle Erziehung und genetische Veränderung des eigenen Nachwuchses« im Kern dasselbe und sollten »moralisch analog bewertet werden«. Sorgner leitet daraus die Forderung ab, gentechnische Eingriffe zum Wohle des Nachwuchses gesetzlich verpflichtend zu machen[157]. Eltern seien, so stimmt Julian Savulescu ein, »moralisch verpflichtet, ihre Kinder genetisch zu verändern«, um »Gedächtnis, Temperament, Geduld, Einfühlungsvermögen, Sinn für Humor, Optimismus« und andere Eigenschaften für ein bestmögliches Leben zu optimieren[158].

Die Argumentation der Strukturgleichheit von Heilen und Optimieren ist zentral für das technologiezentrierte Denken, da sie die technische Optimierung als »business as usual« erscheinen lässt. Alles wie immer, kein Grund zur Aufregung, kein Grund zu widersprechen, schließlich achten wir alle auf unser Äußeres, wollen fit, wach und leistungsfähig sein und versuchen, unseren Kindern den Weg in eine erfolgreiche Zukunft zu ebnen. Unter dem Mantel dieser harmlos wirkenden Alles-so-wie-immer-Erzählung liegen Konsequenzen verborgen, die, wie das Beispiel der Pflicht zur gentechnischen Veränderung von Kindern oder die Forderung nach Massenüberwachung und Experimente an Lebenden zeigen, alles andere als harmlos sind.

Die Argumentation ist verlockend, jedoch massiv simplifizierend. Sie suggeriert Kontinuität, wo tatsächlich ein ideologischer Paradigmenwechsel stattfindet. Denker wie Jürgen Habermas und Michael Sandel weisen darauf hin, dass es einen strukturellen Unterschied zwischen »Gewachsenem und Gemachten« wie auch zwischen »Heilen und Optimieren« gibt und dass diese Unterscheidungen »einen moralischen Unterschied« machen, da sie wesensbestimmend für den Menschen sind[159]. Indem das technologiezentrierte Denken diesen Unterschied nivelliert, lässt es den strukturellen Bruch zwischen Heilen und Verbessern im Nebel verschwinden und die technische Optimierung als natürlichen nächsten Schritt einer kontinuierlichen Entwicklung erscheinen.

Die Simplifizierung liegt nicht in der Einsicht, dass der Mensch limitiert und mängelbehaftet ist, sondern in der Frage, welche Konsequenzen sich daraus für das Streben, ein guter Mensch zu werden, ergeben. Auch ein menschzentriertes Denken kann und muss die Einsicht teilen, dass der Mensch viele Dinge nicht kann, dass er durch seinen Körper limitiert, durch seine Emotionen beeinflusst und in seiner Intelligenz begrenzt ist. Der Unterschied zum technologiezentrierten Denken liegt darin, dass dies nicht per se als Krankheit oder Behinderung verstanden und dass die Stoßrichtung zu seiner Entfaltung nicht in seiner technischen Aufrüstung gesehen wird.

Hierfür gibt es zahlreiche Traditionslinien, an die das menschzentrierte Denken anknüpfen kann. Arnold Gehlen beispielsweise beschreibt in seiner philosophischen Anthropologie den Menschen als ein »Mängelwesen«, das im Vergleich zu anderen Lebewesen geradezu erbärmlich arm an Fähigkeiten ist. Als Säugling und Kleinkind ist er allein nicht überlebensfähig, seine Sinnesorgane sind jedem Hund unterlegen, seine Fluchtfähigkeit ist lausig, sein Gebiss ein Witz im Vergleich zu einem Affen etc. Seine biologische Ausstattung ist so armselig, dass sich die Frage stellt, wie das Wesen Mensch überhaupt lebensfähig sei[160].

Die Charakterisierung des Menschen als »Mängelwesen« scheint auf den ersten Blick den gedanklichen Boden für eine transhumanistische Perspektive zu liefern. Doch nach Gehlen ist der Mangel nicht das Problem des Menschen, sondern genau das, was ihn besonders macht. Eine Redewendung aus der Softwarewelt aufgreifend könnte man sagen: »It's not a bug, it's a feature!« Während das technologiezentrierte Denken in der körperlich bedingten Mangelhaftigkeit einen »bug« sieht, den es technisch zu beheben gilt, ist bei Gehlen der Mangel genau das »feature«, aus dem die besondere Stellung des

Menschen hervorgehe. Als »Mängelwesen« sei der Mensch genötigt, sich eine Umwelt zu schaffen, in der er lebensfähig ist. Dies ist die Sphäre der Kultur, die sich der Mensch als »zweite Natur« erschaffe und in der er zu Hause ist[161]. Der wesentliche Unterschied, den wir diesem anderen Blick auf das Mängelwesen Mensch entnehmen können, ist, dass seine Limitiertheit hier kein Ausdruck von Krankheit ist, sondern, dass sie ein bestimmendes Wesensmerkmal seiner selbst ist. Mehr noch, sie ist genau das, was ihn besonders macht!

Das menschzentrierte Denken teilt mit dieser Sicht, dass Limitiert-Sein Teil des Mensch-Seins ist. Ein Streben nach unbegrenzter Omnipotenz erscheint aus dieser Sicht weder sinnvoll noch möglich. Die Anerkennung des Begrenzt-Seins macht das Streben nach Verbesserung zwar nicht obsolet, doch es gibt ihm eine andere Stoßrichtung als im technologiezentrierten Denken. Letzteres versteht den Menschen von vornherein als Material, das technisch und funktional optimiert werden müsse. Die vollständige Befreiung des Menschen liege schließlich in seiner Entmaterialisierung und Überführung in Daten. Als digitalisiertes Gehirn soll das Selbst frei gestalt- und programmierbar werden, wodurch alle Limitationen überwunden und seine Omnipotenz herstellbar werde.

Das menschzentrierte Denken hingegen sieht den Menschen als in die Natur eingebunden und mit naturgewachsenen Gegebenheiten konfrontiert, jedoch nicht darauf reduziert. Der Weg zu seiner Verbesserung führt nicht über seine materielle Oberfläche, sondern in seine geistige und leibliche Innerlichkeit. Befreiung liegt hier weniger im Abbau von Limitationen, sondern in deren freiwilliger Anerkennung als etwas ihm unverfügbar Gegebenes. Streben nach Verbesserung mündet hier nicht in technischen Optimierungsprojekten, sondern in der Selbstkultivierung zu einem guten Menschen.

Verbesserung im Sinne von Selbstkultivierung ist eine Aufgabe der Persönlichkeits- und Charakterbildung. Sie strebt weniger danach, dem Menschen neue technische Features hinzuzufügen als danach, sich selbst in seiner jeweiligen Gegebenheit zu verstehen und anzunehmen. Selbstverbesserung in diesem Sinne erfordert die Auseinandersetzung mit den eigenen Grenzen: »Menschen, die Pillen nehmen, um die schmerzhaften oder hasserfüllten Aspekte einer neuen Erfahrung aus dem Gedächtnis zu verdrängen, werden nicht lernen, mit Leid oder Kummer umzugehen. Eine Droge, die Furchtlosigkeit hervorrufen soll, erzeugt keinen Mut«, schreibt der Bioethiker Leon Kass[162]. Die Nivellierung dieser Grenzen durch biotechnische oder digitaltechnologische Intervention nivelliert zugleich die Möglichkeit zu persönlichem Wachstum, indem sie dem Subjekt keine Rolle bei der Grenzüberwindung zukommen lässt. Wenn sich das realisierte Ergebnis nicht mit der eigenen Leistung in Verbindung setzen lässt, kann sich kein Gefühl der Selbstwirksamkeit einstellen. Mit anderen Worten: Die technische Auflösung des Gegebenen macht Selbstkultivierung unmöglich.

Charakterbildung und Selbstkultivierung erfolgen wesentlich in der *Abarbeitung an der eigenen Gegebenheit*, die somit zu ihrer Voraussetzung wird, und sie ist ein Prozess der Differenzierung von Gegebenen und Gestaltbaren, bzw., wie Hartmut Rosa es formuliert, von Unverfügbarem und Verfügbarem[163]. Diese Grenze ist, so weit muss man dem Transhumanismus entgegenkommen, grau und zweifelsohne verändert sie sich mit den technischen Möglichkeiten.

Wenn Haareschneiden okay ist, warum dann nicht auch ein Chip im Gehirn? – konservieren versus transzendieren

Indem der Transhumanismus postuliert, dass der Mensch schon immer nach Optimierung strebe, ja, dass dies die eigentliche Natur des Menschen sei[164], suggeriert er, dass jede Form der technischen Intervention im Menschen gleich sei. Es ist jedoch ein struktureller Unterschied, ob man einem Menschen, der bei einem Unfall einen Arm verloren hat, eine Armprothese anpasst, oder ob man einen Menschen gentechnisch oder robotisch so transformiert, dass er vier statt nur zwei Arme hat. Auch wenn die eingesetzte Technologie die gleiche ist, besteht für die Frage des Mensch-Seins ein struktureller Unterschied, ob man Farbblindheit technologisch überwindet oder man, wie Neil Harbisson, die Fähigkeit erwirbt, UV-Strahlen zu hören und Dateien per implantierter Antenne zu empfangen.

Hier findet eine grundlegende Änderung von Denkmustern statt, in der die einstmalige Ausrichtung auf Konservierung eines naturgegebenen Normal- bzw. Gesundheitszustands durch eine Neuausrichtung auf Transzendierung eben dieses Zustands ersetzt wird. Was traditionell ein Zielzustand war, wird im technologiezentrierten Denken zu einem rudimentären Ausgangszustand. Ein menschzentriertes Selbstverständnis hingegen akzeptiert die Begrenztheit des Menschlichen als wesensbestimmenden Teil seiner selbst und steht somit vor der Frage, welche Begrenzungen als letztgültig anzuerkennen sind. Naheliegenderweise könnte die Antwort auf diese Frage an der Grenze zwischen Konservierung und Transzendierung liegen.

Doch so einfach das klingt, ist es nicht. Wenn man den naturbedingten Wuchs seiner Haare beim Frisör stoppen lässt, warum dann nicht auch die naturbedingte Dummheit durch einen ins Gehirn implantierten Chip der Firma *Neuralink*? Wo Konservierung aufhört und wo Optimierung beginnt, ist nicht immer einfach zu sagen und die Grenzziehung im Detail schwierig, bisweilen unmöglich.

Nehmen wir das Beispiel eines Herzschrittmachers. Was macht dieser eigentlich? Je nach Sichtweise kann man die Meinung vertreten, dass er konservierend tätig ist, indem er dafür sorgt, dass das Herz das tut, was es zuvor auch getan hat und wofür es da ist: schlagen und das Blut durch die Adern pumpen. Man könnte aber auch argumentieren, dass ein Herzschrittmacher die transhumane Fähigkeit verleiht, weiterzuleben, obwohl man eigentlich tot sein müsste. Ähnlich verhält es sich mit Organtransplantationen und vielen anderen gängigen Technologien. Wo genau die Grenze zwischen Konservierung und Transzendierung verläuft, erfordert der Detailbetrachtung und tiefes medizinisches, biologisches und fachliches Wissen, das kaum allgemein vorausgesetzt werden kann.

Doch selbst mit diesem Wissen wird es nicht in jedem Fall gelingen, eine klare Grenze zu ziehen, so dass die Entscheidung als Ergebnis der *Abarbeitung an der eigenen Gegebenheit* individuell und kulturell unterschiedlich ausfallen kann. Diese unterschiedlichen Bewertungen sind bereits heute erkennbar. Für Manche ist beispielsweise ein Herzschrittmacher ein akzeptabler Schritt, das Weiterleben mit einem transplantierten Schweinherzen jedoch nicht. Diese Grauzonen werden sich mit den technologischen Möglichkeiten weiter ausweiten. Die Grenzziehungen in diesen wachsenden Grauzonen werden auf der Achse des menschzentrierten Denkens eine der größten Herausforderungen des 21. Jahrhunderts sein. Sie müssten sowohl auf gesellschaftlicher und gesetzgebender Ebene wie auch auf individueller Ebene immer neu ausge-handelt werden[165].

Der strukturelle Unterschied zwischen Konservieren und Transzendieren ist umso schwerer zu greifen, je genauer man hinschaut. Das ist das Dilemma, vor dem jedes Denken steht, dass eine Verteidigungslinie gegen die grenzen-lose Technisierung des Menschen aufbauen will. Transhumanisten schließen hieraus, dass es den Unterschied gar nicht gäbe. Doch dieser immer tiefer ins Detail sich verlierende Blick ist ein sich selbst verwirrender Blick. Um Klarheit zu bewahren, ist es sinnvoller, in die andere Richtung zu schauen, nämlich auf die Endpunkte des Denkens. Wenn man dort, worauf das Denken in letzter Konsequenz zuläuft, etwas sieht, das nicht sinnvoll oder nicht erstrebenswert erscheint, dann gibt dies Anlass kritisch zu hinterfragen, ob die vielen kleinen Schritte, die zu diesem Ende hinführen, sinnvoll oder erstrebenswert sind?

Damit sind wir wieder beim Tod angekommen, der ultimativen und letztgül-tigen Grenze des Menschen.

Sollte man den Tod obsolet machen?

Das Digitalzeitalter mit seinen expandierenden technischen Möglichkeiten stellt dem Menschen eine paradigmatisch neue Frage. Die neue Frage ist nicht, ob der Mensch Limitationen habe und ob es wünschenswert sei, eine konkrete Limitation abzubauen. Während ich dieses Buch hier schreibe, fände ich es zum Beispiel durchaus wünschenswert, wenn ich ohne Schlaf auskom-men könnte, dennoch immer frisch und wach und mit höherer Intelligenz und Konzentrationsfähigkeit ausgestattet wäre. Die neue Frage, die sich im Digi-talzeitalter stellt, lautet: Sollte der Mensch danach streben, *alle* Limitationen abzuschaffen? Anders als der Transhumanismus behauptet, bedeutet die Tat-sache, dass ich manchmal gerne mit weniger Schlaf auskommen würde, noch lange nicht, dass ich auch danach strebe, geschweige denn streben *sollte*, frei *von allen* Limitationen zu sein. Schauen wir uns also die größte Limitation des Menschen an.

Ist es sinnvoll, nach ewigem Leben zu streben? Wie wir gesehen haben, be-antwortet das technologiezentrierte Denken diese Frage mit ja und sieht in der Überwindung der Sterblichkeit »die dringendste und wichtigste Aufgabe unserer Zeit«[166]. Mir scheint, dass ein menschzentriertes Denken zu einem anderen Schluss kommen müsste. Das klingt paradox. Warum sollte der Tod im Interesse des Menschen sein?

Es gibt viele Gründe, warum die Abschaffung des Todes eine schlechte Idee ist. Ich möchte hier jedoch nicht auf die naheliegenden praktischen Probleme, wie etwa ein Gesundheitssystem, Rentensystem oder Generationengerechtigkeit unter den Bedingungen ewigen Lebens aussehen könnten, eingehen und direkt zum wichtigsten Grund springen. Denn selbst, wenn sich alle praktischen Probleme lösen ließen, könnte es sich dennoch als das buchstäblich sinnloseste Ziel herausstellen, das sich der Mensch setzen könnte.

Keine Frage, der Tod ist keine schöne Sache! Er ist in jeder Hinsicht hart zu akzeptieren. Er kann mit großen Schmerzen verbunden sein. Er hinterlässt Angehörige in Trauer. Er kann zu früh kommen oder »die Falschen treffen«. Es gibt nichts daran zu beschönigen. Der Tod ist absolut. Doch erst die Absolutheit des Todes gebiert die Frage nach dem Sinn im Leben. Es ist die Endlichkeit des Lebens, aus der sich die Frage ergibt, was man mit seinem Leben tun soll und wie man sein Dasein nutzen möchte. Erst der Tod stellt die Frage, was man hinterlassen und wie man erinnert werden möchte, und somit ist der Tod, wie uns fast alle Philosophen, Anthropologen und Kulturtheoretiker zurufen, dasjenige, das menschliches Schaffen und Streben motiviert. Das macht den Tod, nebenbei bemerkt, auch zur Motivationsquelle des wissenschaftlich-technischen Strebens, das im Digitalzeitalter ansetzt, ihn abzuschaffen. Sollte dies richtig sein, so bedeutet es, dass ewiges Leben sinnloses Leben ist, bzw. eines, das die Frage nach dem Sinn gar nicht aufkommen lassen würde. In einem sich bis in alle Ewigkeit erstreckenden Meer aus Zeit würde sich jedes Streben nach Sinn auflösen.

Mit dieser Schlussfolgerung gibt es zwei Probleme, die einer vertiefenden Erläuterung bedürfen. Zum einen stellt sich die Frage, wie sich eigentlich wissen lässt, wie sich unendliches Leben anfühlt, und ob es ein Sinnstreben darin gibt oder nicht? Zum anderen stellt sich die Frage, was mit »Sinn« gemeint ist?

Hat unendliches Leben Sinn?

Kein Mensch kann sich vorstellen, wie unsterbliches Leben aussehen würde, weil ein solches Leben *kein menschliches Leben* mehr wäre, sondern irgendetwas anderes. Der Tod gehört wesensbestimmend zum Menschen. Er haftet Homo sapiens und allem, woraus er evolutionsbiologisch hervorgegangen ist, als unveränderliche Konstante an. Mensch-Sein bedeutet sterblich zu sein. Ein unsterblicher Mensch ist ein Oxymoron, ein Widerspruch in sich. Es ist etwas, das womöglich irgendwann technisch realisierbar, aber für den heutigen Menschen nicht vorstellbar ist. Der Weg dahin ist somit ein Weg ins Unvorhersehbare. Würde es gelingen, wäre das Resultat sicher kein Mensch mehr, sondern etwas anderes, eine neue Spezies (eben das bezeichnen auch die Begriffe *trans-* bzw. *post*human). Somit lässt sich auch nur darüber spekulieren, wie ein ewiges Leben aussehen könnte. Wollte ich es dennoch versuchen, so fiele mir kein Grund ein, warum man als unsterbliches Wesen morgens aufstehen sollte, warum man überhaupt irgendetwas tun sollte, wenn es doch bis in alle Ewigkeit weitere Tage gibt, an denen man es tun könnte.

In seinem Essay »Why not immortality?«, argumentiert Leon Kass, dass endloses Leben genau diejenigen Dinge untergräbt, die dem Leben erst seine Fülle verleihen: Engagement, Ernsthaftigkeit, Sinn für das Schöne, die Möglichkeit der Tugend, die aus der Fortpflanzung entstehenden Bindungen und die Suche nach dem Sinn. Sie alle entspringen erst der Gewissheit, dass das Leben ein Ende hat: »Zu wissen und zu spüren, dass man nur einmal lebt und dass das Ende nicht außer Sichtweite ist, ist der notwendige Ansporn, etwas Sinnvolles zu tun. [...] Sterblichkeit gibt dem Leben seine Bedeutung.«[167]

Ein gelegentlich zu hörendes Gegenargument lautet, dass die Vorstellung ewigen Lebens wesentlicher Bestandteil monotheistischer Religionen vom Judentum bis zum Islam sei und somit schon immer Bestandteil menschlichen Denkens und Sinnstrebens. Das ist zwar richtig, taugt jedoch nicht als Gegenargument, da das ewige Leben, das diese Religionen anstreben, ein *jenseitiges* ewiges Leben ist. Das bedeutet, dass auch hierfür der Tod die zentrale Weiche ist. Das jenseitige ewige Leben beginnt *nach dem Tod*. Es bedarf der Sterblichkeit, um sich zu entfalten. Wie es sich entfaltet, ob im Paradies oder in der Hölle, hängt davon ab, wie man sein diesseitiges Leben geführt hat, so dass es auch hier die Grenze des Todes ist, die die Aufgabe stellt, das diesseitige Leben auf eine ganz bestimmte Weise zu nutzen.

Damit ist bereits die zweite Frage, was mit Sinn gemeint ist, berührt. Es geht mir nicht darum, hierauf eine konkrete Antwort zu geben und mit dieser den Transhumanismus zu widerlegen (etwa in dem Sinn: *Der Transhumanismus hat unrecht, weil es Gott gibt.* Oder: *weil es...*), sondern darum zu zeigen, dass jegliche Form von Sinnstiftung, die man sich als Mensch vorstellen kann, des Todes als unverfügbaren Bezugspunkt bedarf. Wie Hartmut Rosa herausgearbeitet hat: »Unverfügbarkeit konstituiert menschliches Leben«, und eine Welt, in der alles verfügbar, beherrschbar, nach Belieben manipulierbar wäre, wäre eine »tote Welt«[168]. Ganz gleich unter welchem sinnstiftenden Rahmen sich ein Leben vollzieht, das Gefühl erfüllter Lebendigkeit (Rosa spricht von »Resonanz«) bedarf der Auseinandersetzung mit dem Unverfügbaren. Dass das Leben, der eigene Körper, der andere Mensch »auch ›nein‹ oder ›jetzt nicht!‹ sagen kann, ist eine Voraussetzung dafür, dass wir mit ihnen in Resonanz treten können«[169].

Während für die technologiezentrierte Herangehensweise die eigene Gegebenheit zu einem »Aggressionspunkt« wird, den es zu beherrschen, optimieren, überwinden, transzendieren gilt, ist sie essenziell für eine menschzentrierte Herangehensweise, die in Auseinandersetzung mit ihr den eigenen Charakter formt. Ein guter Ausgang ist dabei keinesfalls garantiert. Man kann an der Gegebenheit einer zu großen Nase, des eigenen Geschlechts, einer Krebsdiagnose oder der eigenen Sterblichkeit verzweifeln oder gar seelisch zerbrechen. Es ist das Wesen des Unverfügbaren, dass die Auseinandersetzung mit ihm ergebnisoffen ist. Genau diese Ergebnisoffenheit ermöglicht jedoch auch die Entfaltung einer Person, die sich selbst annehmen und im Leben ankommen kann.

Auch in einer menschzentrierten Herangehensweise ist sich der Mensch in seiner Gegebenheit (der im Folgenden zitierte Giovanni Maio spricht vom »Geschickten«) nur ein »Ausgangspunkt«. Ein Ausgangspunkt jedoch, der nicht die technische Abschaffung des Gegebenen anstrebt, sondern dessen charakterliche Überwindung. Maio erläutert dies am Beispiel der Krankheit:

>> [M]it der Faktizität dieser Welt ist noch lange nicht alles entschieden. Vielmehr kann das Geschickte auch als erster Ausgangspunkt gesehen werden, von dem aus der Mensch sich verwirklichen kann, indem er auf das Geschickte in seiner ureigenen Weise reagiert. Mit dem Schicksal ist nicht alles schon gesagt, sondern [...] es kommt dann darauf an, mit welcher Einstellung, mit welcher Grundhaltung auf das Geschickte reagiert wird. [...] Die Krankheit eröffnet für den Menschen, wenn sie schon nicht mehr behebbar ist, doch noch die Möglichkeit, sich in einer Weise zu ihr zu verhalten, die seiner Persönlichkeit gemäß ist.«[170]

Wie reagiert der Transhumanismus auf den Vorwurf, dass endloses Leben sinnloses Leben sei? Zur Frage, was man als technisch optimierter Mensch ein endloses Leben lang eigentlich tun solle, hört man erstaunlich wenig. Während sich transhumanistische Autoren in aller Vielfalt darüber äußern, wie unakzeptabel der menschliche Zustand sei und dass seine Limitierungen durch Technologie abgebaut werden müssen, ist sehr wenig darüber zu lesen, welche höhere Sinn- und Bedeutungsebene dadurch erschlossen werden könnte. Eine der wenigen Stellen, an denen dies zur Sprache kommt, ist der bereits zitierte manifestartige Aufsatz von Max More. Dieser endet mit dem Aufruf, dass »Leben und Intelligenz niemals stagnieren [sollten]. Sie können sich neu formieren, sich verändern und ihre Beschränkungen in einem grenzenlosen Fortschritt überwinden.« Doch was ist das Ziel dieses Fortschritts? »Das Ziel [...] ist unsere eigene Erweiterung und ein Fortschritt ohne Ende.«[171]

Das scheint mir eine wackelige Antwort zu sein. »Fortschritt ohne Ende« ist kein Ziel, sondern vielmehr die Aufhebung jeglichen Ziels. Es hebt die Möglichkeit eines zu sich selbst Kommens und eines Ankommens im Leben auf und ersetzt es durch ein ewiges Streben. Doch warum sollte das irgendetwas besser machen? Warum sollte es mich als Menschen glücklicher oder die Gesellschaft besser machen, dass man immer einen weiteren Schritt technologisch voranschreitet? Mit anderen Worten: Was hat Fortschritt für einen Sinn, wenn man keine Vorstellung davon hat, woraufhin man fort- bzw. zuschreiten möchte? Sucht man nach einer Analogie für diesen blinden Fortschrittsglauben, kommt einem das Bild einer Gangway auf einem Rollfeld in den Kopf. Eine Gangway ist eine Treppe, über die Passagiere in ein Flugzeug steigen können. Das gibt der Treppe ihren Sinn. Sie führt vom Boden nach oben ins Flugzeug. Doch wenn das Flugzeug abgehoben ist, steht die Gangway nutzlos auf einem leeren Flugplatz herum. Dann ist es ein ausgefeiltes technisches Gerät, das zwar nach oben, aber nirgendwohin führt. »Fortschritt ohne Ende« ist wie eine solche Gangway, die man immer weiter nach oben schreiten kann, ohne irgendwo anzukommen.

Kommen wir abschießend noch einmal auf den Tod zurück, diesen Fixpunkt sowohl des technologie- als auch des menschzentrierten Denkens. Auch wenn die folgende Überlegung eine radikale Zuspitzung darstellt, möchte ich sie zum Zweck der Gegenüberstellung und Kontrastierung der beiden Gedankenmuster anstellen. Der Transhumanismus sieht, wie weiter oben ausgeführt wurde, im Tod eine inakzeptable Zumutung, eine »Krankheit« (Zoltan Istvan), den »Hauptfeind« (Max More). Der Tod ist der Endgegner auf dem Pfad der technologiebasierten Herstellung einer schrankenlosen Allmacht des Menschen. Man könnte argumentieren, dass für das menschzentrierte Denken das genaue Gegenteil gilt, nämlich, dass der Tod der ultimative Freund des Menschen ist. Zumindest ist er *auch* das. Natürlich ist er der absolute Vernichter, der allem eine Grenze setzt. Doch gleichzeitig gebiert diese Grenze auch das Positive im Leben: Freude, Glück, Streben, Wachstum, Schöpfung oder Zufriedenheit. Mensch-Werdung im Sinne der *Abarbeitung an Gegebenem* besteht in letzter Konsequenz darin, den Tod zu akzeptieren und als Freund und Begleiter des Lebens zu erkennen.

Und was nun?

In diesem Kapitel wurden viele Überlegungen über die Zukunft des Menschen angestellt, doch worum es dabei eigentlich ging, ist die Frage, wie wir uns diese Zukunft *vorstellen* und wonach wir dabei streben. Es ist völlig unklar, ob jemals ein Mensch 1.000 Jahre leben wird, ob Mind-Uploading oder Unsterblichkeit jemals möglich sein werden. Das ist aus philosophischer Perspektive aber gar nicht so entscheidend wie die Frage, worauf wir unser Denken und unser Streben ideologisch ausrichten. Diese Ausrichtung führt dazu, dass wir uns in eine bestimmte Richtung auf den Weg machen, und das hat kaum zu überschätzende und konkret spürbare Auswirkungen, ganz gleich, ob am Ende dieses Weges eingescannte Gehirne entstehen oder nicht. Die ideologische Ausrichtung unseres Selbstverständnisses ist wie ein Tunnel, den wir uns selbst schaffen. Er gibt der weiteren Entwicklung eine Richtung, während er gleichzeitig viele andere mögliche Ausrichtungen unsichtbar und unbegehbar macht. Der Beginn des KI- und Digitalzeitalters ist auch dadurch gekennzeichnet, das wir als Gesellschaft im Begriff sind, einen neuen Tunnel aufzustellen. Eine neue Ideologie formt sich und kristallisiert sich aus. Noch ist sie nicht erstarrt. Das macht das Nachdenken darüber so wichtig.

Mit dem technologiezentrierten Denken und dem menschzentrierten Denken habe ich zwei mögliche Grundachsen herauszuarbeiten versucht und in einer Reinform präsentiert, in der sie so nicht immer angetroffen werden. Die Welt besteht nicht aus Schwarz- und Weißtönen, sondern aus Abstufungen von Grau, und so gibt es auch lebensweltliche Berührungspunkte, an denen sich die beiden Grundachsen verweben.

Ungeachtet dessen streben beide Denkrichtungen, von unterschiedlichen Menschenbildern ausgehend, in sehr unterschiedliche Richtungen, die, wie im folgenden Kapitel ausgeführt wird, zu sehr unterschiedlichen Konsequenzen für die Zukunft des Menschen führen. Das macht die Frage, was Mensch-Sein bedeutet, zu einer der wichtigsten Fragen des 21. Jahrhunderts. Dabei geht es einerseits um die Frage, wo die Grenzen des Menschen liegen und ob es überhaupt noch Grenzen geben sollte, und anderseits um die für den Menschen vollkommen neue Situation, dass er es nun selbst ist, der diese Grenzen definiert und nicht Gott oder die Natur. Eine Kernfrage dabei lautet: *Ist der Mensch ein in die Natur eingebettetes Wesen?* Und normativ formuliert: Soll er das sein, oder soll er seine natürliche Einbettung technisch überwinden?

Ohne jeden Zweifel verschieben die technischen Entwicklungen die Grenzen das Naturgegebenen immer weiter, so dass die Vorstellung, man könne ein für alle Mal eine definitorische Linie ziehen, kein sinnvolles Unterfangen ist. Stattdessen muss sich der Mensch auf der Achse des menschzentrierten Denkens darauf einstellen, dass er immer wieder aufs Neue gesellschaftlich, regulatorisch und ganz individuell für sich selbst aushandeln muss, wo eine Grenze liegt und was die Folgen ihrer Überschreitung sind. Dies kann man als einen Prozess der vernunftgeleiteten Willkür bezeichnen. Er ist willkürlich, da der Blick ins Detail immer unterschiedliche Schlussfolgerungen möglich macht. Er ist dennoch vernunftgeleitet, da der Blick aufs Ganze die Bedeutung von Gegebenheit, Unverfügbarkeit und Eingebundenheit das Menschen als sinnstiftend anerkennt.

3
Paradies auf Erden oder Ende aller Tage? – Mensch-Sein im Antlitz Künstlicher Intelligenz

>> Noch nicht«[172]
Ray Kurzweil in Antwort auf die Frage: Existiert Gott?

Beginnen wir mit dem ganz Grundsätzlichen.

Wie intelligent ist Künstliche Intelligenz?

Man kann diese Frage noch grundsätzlicher stellen: *Ist* Künstliche Intelligenz intelligent? Die Frage scheint tautologisch, doch sie führt zum Kern der Sache. Bevor ich ihr nachgehe, möchte ich gerne eine andere Frage behandeln, aus der sich viel über die Frage nach der Intelligenz Künstlicher Intelligenz gewinnen lässt.

Können Flugzeuge fliegen?

Natürlich können sie das. Davon konnte ich mich selbst mehrfach überzeugen. Doch was ist es genau, was ein Flugzeug macht, und was hat diese Technologie mit dem Fliegen zu tun? Der Traum vom Fliegen reicht fast so weit zurück, wie es schriftliche Überlieferungen gibt. Eine der ersten Überlieferungen entstammt dem antiken Mythos von Dädalos und Ikaros. Dädalos, der Urvater aller Ingenieure, baute aus Vogelfedern und Wachs künstliche Flügel, um sich und seinen Sohn Ikaros aus der Gefangenschaft des kretischen Königs Minos zu befreien. Der Plan hätte funktioniert, wäre nicht Ikaros übermütig geworden. Berauscht vom Fliegen stieg er immer weiter empor, bis die Sonne das Wachs schmolz und er ins Meer stürzte. Die Insel, auf der der trauernde Dädalos seinen Sohn begrub, ist nach diesem benannt: Ikaria.

Was diesem Mythos entnommen werden kann, ist, dass sich die menschlichen Bemühungen, sich das Fliegen zu erschließen, von Anbeginn an am Vogel orientierten, dessen Flügel und Flügelschlag nachgeahmt wurden. Dieser Ansatz findet sich in den Flugapparaten Leonardo da Vincis wieder, genauso wie beim »Schneider von Ulm«, der 1811 vor den Augen von König Friedrich von Württemberg mit selbstgebauten Flügeln in die Donau stürzte. Man kann sagen, dass, von kleinen Gleitflughopsern abgesehen, alle Versuche, das, was ein Vogel tut, künstlich nachzuahmen, kläglich scheiterten. Der Traum vom Fliegen wurde erst realisierbar, als Ingenieure wie Otto Lilienthal und die Gebrüder Wright aufhörten Vögel nachzuahmen und stattdessen auf Motorkraft vertrauten.

Natürlich gelten die Gesetze der Aerodynamik gleichermaßen für einen Vogel wie für ein Flugzeug, doch ein motorgetriebenes Flugzeug ist nicht mehr die Nachahmung eines Vogels, sondern ein technisches Gerät eigener Art. Das Ergebnis ist zwar das gleiche, es fliegt, doch das, was es tut, um zu fliegen, ist etwas grundsätzlich anderes. Während der Vogel die Inspiration für das Fliegen war, lag der Schlüssel zur Realisierung darin, technisch etwas ganz anderes zu konstruieren, dass nur noch sehr entfernt mit dem Vogelflug zu tun hat. Und genau dadurch, dass die Technik sich *nicht* mehr am Vogel orientierte, konnten Fluggeräte entwickelt werden, die die Leistungsfähigkeit eines Vogels, etwa hinsichtlich Geschwindigkeit oder transportiertem Gewicht, um Dimensionen übersteigen.

Flugzeuge können fliegen, doch nicht in dem Sinn, in dem es ein Vogel tut[173]. Dass sie dabei die Leistungsfähigkeit von Vögeln übersteigen, hat dazu geführt, dass das Flugzeug den Vogel als Leitbild des Fliegens abgelöst hat. Flugzeuge sind zum neuen Vorbild des Fliegens geworden, obwohl sie mit dem, was ihr Vorbild tut, nichts mehr gemein haben. Betrachtet man das Flugzeug aus der Perspektive des Vogels, so würde man zwar anerkennen, dass sich auch ein Flugzeug durch die Luft bewegt, dass das, was es dazu tut, jedoch etwas substanziell anderes ist, als das, was ein Vogel tut.

Die Geschichte des »künstlichen Fliegens« vermittelt uns sehr viel über das Verhältnis von menschlicher und Künstlicher Intelligenz, und sie hilft uns, die eingangs gestellte Frage, wie intelligent Künstliche Intelligenz eigentlich ist, zu beantworten.

Meine These dabei lautet, dass Künstliche Intelligenz, ähnlich wie der Flug des Flugzeugs, umdefiniert, was wir unter Intelligenz verstehen und dadurch selbst zur neuen Benchmark der Intelligenz wird. Diese Re-Definierung hat Konsequenzen für das Selbstverständnis des Menschen, der sich folglich im Vergleich zu Künstlicher Intelligenz als dumm, minderwertig und im Wettbewerb hoffnungslos unterlegen wahrnehmen muss. Definiert man Intelligenz jedoch vom Menschen her, so ist das, was Künstliche Intelligenz tut – so wie der Flug des Flugzeugs – etwas substanziell anderes, das Intelligenz *simuliert*, jedoch nicht *ist*. Diese Simulation ist ohne Zweifel – auch das ähnlich wie der Flug des Flugzeugs – so leistungsfähig, dass die substanzielle Differenz in vielen praktischen Bereichen irrelevant wird. Auf der Ebene des menschlichen Selbstverständnisses ist sie jedoch bedeutsam, da sie das Konkurrenzverhältnis zwischen Mensch und Maschine aufhebt. Im Folgenden möchte ich versuchen, diese These Schritt für Schritt plausibel werden zu lassen.

Simulierte Intelligenz

Die Frage, wie intelligent Künstliche Intelligenz ist, scheint auf den ersten Blick nicht beantwortbar ohne zuvor eine Antwort auf die Frage zu geben, was Intelligenz ist. Dies ist aber alles andere als einfach zu beantworten. Auf die Frage des KI-Professors Christian Freska an den Geistphilosophen Jean Searle, warum dieser glaube, dass Menschen intelligent seien, antwortete Searle in den 1980er-Jahren »Ich weiß, dass *ich* intelligent bin. Ich könnte mir vorstellen, dass ich nicht der Einzige bin.« 2021 konstatiert Freska: »Viel weiter sind wir mit der Objektivierung des Begriffs *Intelligenz* auch heute nicht.«[174]

Hans Magnus Enzensberger hat das in einem aufschlussreichen Essay »Im Irrgarten der Intelligenz« gut aufgearbeitet[175]. Der Begriff Intelligenz umfasst eine große und schillernde Bandbreite unterschiedlicher Tätigkeiten. Er ist wie ein Gefäß, das mit allem Möglichen ausgefüllt wird und in dem, abhängig von den Zeitläufen, der Schwerpunkt auf sehr unterschiedliche Facetten des Denkens gelegt wurde. An seinen griechischen und lateinischen Wurzeln umfasste der Begriff noch Dinge, die wir heute nur am Rande als Denktätigkeit verstehen würden, wie etwa Wunsch, Wille oder Geschmack. Im späten 19. Jahrhundert wurde der Begriff immer weiter auf einen vermeintlich vermessbaren Teil eingegrenzt, der dann ab Anfang des 20. Jahrhundert in IQ-Punkten beziffert wurde. Spätestens seit dem Ende des 20. Jahrhunderts ist jedoch deutlich geworden, dass der so bemessene Intelligenzquotient nur ein kleiner Teil dessen ist, über das Menschen verfügen, um sich intelligent durch die Welt zu bewegen. Seitdem wird der Intelligenzbegriff wieder geöffnet und von Psychologen wie Daniel Goldman um Dimensionen wie »emotionale« oder »soziale Intelligenz« erweitert. Diese wiederum gelten in der von Howard Gardner entwickelten Theorie der »multiplen Intelligenzen« lediglich als eine von mindestens acht Dimensionen menschlicher Intelligenz[176].

Anstatt also Intelligenz abschließend definieren zu wollen, möchte ich die Frage über einen anderen Weg beantworten, indem ich untersuche, was Künstliche Intelligenz tut, wenn sie »denkt« und ob das strukturgleich mit dem ist, was Menschen tun, wenn sie sich denkend mit der Welt in Beziehung setzen. Die These der Strukturgleichheit menschlicher und Künstlicher Intelligenz ist, wie im zweiten Kapitel beschrieben wurde, ein grundlegender Glaubenssatz des technologiezentrierten Denkens. Die Visionen der Optimierung des Menschen durch Fusionierung mit Künstlicher Intelligenz blieben ohne sie unplausibel. Schauen wir uns also an, was eine Künstliche Intelligenz macht, wenn sie »denkt«.

Eines der aktuell leistungsfähigsten KI-Systeme ist das von OpenAI entwickelte GPT. GPT und andere vergleichbare KI-Chatbots sind sogenannte Large Language Modells, die mit Deep Learning trainiert werden. Large Language Modells sind im Kern Recheninstrumente, die die statistische Wahrscheinlichkeit berechnen, mit der ein Wort auf ein vorhergehendes Wort folgt. Das kann die KI ermitteln, da sie zuvor mit gigantischen Datensätzen, die aus dem Internet, digitalisierten Büchern und anderen Quellen gewonnen werden, trainiert wurde (das P in GPT steht für pre-trained). Es wird also gigantische Rechenkraft auf gigantische Referenz-Datensätze geworfen, um auszurechnen, dass meistens auf die Worte »Ich liebe…« das Wort »Dich« folgt, dass aber, wenn die Worte »Ich liebe …« im Kontext der italienischen Küche verwendet werden, wahrscheinlich eher das Wort »Spaghetti« als das Wort »Dich« als nächstes folgt.

Die Linguistin Emily Bender bezeichnet Künstliche Intelligenz als »stochastischen Papagei«, der ohne Verständnis für das, was er sagt, nachspricht, was er mittels Wahrscheinlichkeitsrechnung aus bereits gesprochenen Sätzen zusammenfügt[177]. Der Kognitionswissenschaftler und KI-Experte Gary Marcus spricht von »Autokorrektur auf Steroiden«[178], da KI-Chatbots im Kern nicht viel anderes tun als ein Smartphone, wenn man sich beim Verfassen einer SMS vertippt – allerdings mit sehr viel mehr Rechenpower und Parametern.

Die entscheidende Frage lautet: Ist das Intelligenz im menschlichen Sinne, bzw. ist das strukturgleich mit dem, was Menschen tun? Es besteht kein Zweifel, dass die Aussagen, die durch diese Technologie generiert werden, beeindruckend und kaum von menschlichen Sprachaussagen zu unterscheiden sind. Schaut man folglich allein auf den generierten »Output«, so kann man den Eindruck gewinnen, dass hier eine menschenähnliche Intelligenz am Werk sei. Schaut man jedoch »unter die Haube« der Technologie, auf das, was sie tut, um zu den Ergebnissen zu kommen, lässt sich dieser Eindruck nicht mehr aufrechterhalten.

Wenn Menschen sprechen, überlegen sie nicht, welches Wort statistisch gesehen einem nächsten folgen könnte. Die moderne Linguistik hat gezeigt, dass das menschliche kognitive Vermögen keine *Tabula rasa* ist und nur durch einen auf sinnlichen Eindrücken basierenden Lernprozess ein Weltverständnis und die Fähigkeit zur Sprache erwerbe. Menschliche Kognition verfügt über eine angeborene Grundstruktur bzw. »Universalgrammatik«, auf deren Basis Spracherwerb und Weltverständnis möglich werden. Die kognitive Grundausstattung des Menschen geht allen sinnlichen Eindrücken sowie aller Informations- und Datenverarbeitung voraus und bildet die Grundlage, auf der Weltverständnis möglich wird. Diese Einsicht geht auf Platon und Kant zurück und findet Bestätigung in den linguistischen Forschungen von Noam Chomsky.

Die jüngere Kognitionswissenschaft hat ferner darauf hingewiesen, dass menschliches Denken in leibliche Prozesse und Emotionen eingebettet ist (Embodiment) und dass folglich Intelligenz, Bewusstsein und ein lebendiger

Körper nicht voneinander zu trennen sind[179]. Menschliche Intelligenz zeigt sich auch darin, dass Menschen *nicht* Terabytes von Daten durchforsten müssen, um beim Anblick der geliebten Person auszurechnen, ob sie nach den Worten »Ich liebe…« als nächstes »Traktor«, »Spaghetti« oder »Dich« sagen sollten. Was sich an diesem einfachen Beispiel zeigt, ist, dass Denken und Fühlen ineinander verwoben sind, dass der Mensch nicht sein Gehirn *ist*, sondern ein Gehirn *hat* und dass sein Gehirn, wie Thomas Fuchs formuliert, ein in ein körperlich-leibliches Geflecht eingebundenes »Beziehungsorgan« ist[180]. Erst aus einem Intelligenzverständnis, nach dem »Emotionen der Boden der Kognition«[181] sind, wird plausibel, wie dem Liebenden der Satz »Ich liebe Dich« auch ganz ohne statistische Berechnungen gelingt.

Künstliche Intelligenzen wie GPT widerlegen nicht, sondern bestätigen diese Einsicht: Weil GPT strukturell anders agiert, um zu seinen Aussagen zu kommen – weil es also *nicht* das tut, was Menschen tun, wenn sie denken – braucht es die immense Rechenpower und gigantischen Datensätze, mit deren Hilfe es mit jedem Wort aufs Neue ausrechnen muss, was als nächstes kommen könnte. Weil die Rechenpower so groß ist, genauso wie die dank Digitalisierung zur Verfügung stehenden Datensätze, sieht es so mühelos aus, wenn GPT das tut.

Künstliche Intelligenz ist *simulierte Intelligenz*. Sie simuliert menschliche Intelligenz, indem sie auf strukturell andere Weise Ergebnisse produziert, die so aussehen, als wären sie durch menschliche Intelligenz erzeugt. Die Simulation von Intelligenz erfolgt ohne Verständnis von den Inhalten, die sie verarbeitet oder generiert. Diese Verständnislosigkeit blitzt immer wieder in den Halluzinationen von KI-basierten Text-, Bild- oder Videogeneratoren auf. Wenn Wasser in einem KI-generierten Video nach oben fließt oder ein Text in gut klingenden Worten komplett falsche Aussagen enthält, dann ist das eine Folge der stochastischen Logiken der Systeme. Diese basieren nicht auf einem Verständnis der Weltzusammenhänge, sondern auf Statistik. Rein statistisch betrachtet lässt sich jedoch immer ein Wort mit einer gewissen Wahrscheinlichkeit an ein anderes reihen, ganz unabhängig davon, ob die Aussage in einem sinnvollen Weltzusammenhang steht oder nicht.

Zweifelsohne werden sich diese Halluzinationen in der weiteren Entwicklung durch Reinforcmenet Learning, bessere Trainingsdaten und andere Methoden zurückdrängen lassen. Das bedeutet jedoch nicht, dass die KI-Systeme immer mehr von der Welt verstehen, sondern lediglich, dass die Simulation von Intelligenz und Weltverständnis immer weiter perfektioniert wird. Noam Chomsky hat dies mit folgender Parabel anschaulich gemacht: Würde man einen KI-Chatbot mit einem Datensatz füttern, in dem die Wörter jeden Satzes allein nach aufsteigender Anzahl der Buchstaben eines Wortes aneinandergereiht werden, so erschiene der KI das genauso sinnvoll, wie jede andere Weise zu sprechen. Tatsächlich wäre das für die KI noch viel einfacher zu verarbeiten. Für den Menschen wäre es das, was es ist: ein zusammengewürfelter Buchstabenhaufen[182].

Intelligenztest für Künstliche Intelligenzen

Im Jahr 1950 schlug Alan Turing in einem Aufsatz vor, der Frage nachzugehen: »Can machines think?«[183]. Ziel des Aufsatzes war es nicht, die Frage zu beantworten, sondern eine Antwort darauf zu geben, *wie* man sie beantworten könne. Das Ergebnis ist der berühmt gewordene Turing-Test. In seiner gängigen Form, die Turings Vorschläge vereinfachte, funktioniert der Test wie folgt: Ein menschlicher Fragesteller führt über eine Computertastatur ein Gespräch mit zwei Gesprächspartnern, die er weder sehen noch hören kann. Einer seiner Gesprächspartner ist ein Mensch, der andere eine Maschine. Ist es der gesprächsführenden Person auch nach intensiver Befragung nicht möglich zu identifizieren, welcher Gesprächspartner Mensch und welcher eine Maschine ist, gilt der Test als bestanden und die Maschine als intelligent im menschlichen Sinn.

Es gibt eine breite Debatte darüber, ob der Turing-Test bereits bestanden wurde oder nicht. In einem Test im Jahr 2014 an der University of Reading hat der Chatbot Eugene Goostman, der sich im Gespräch als 13-jähriger ukrainischer Junge dargestellt hat, ein Drittel der Prüfer davon überzeugt, ein Mensch zu sein und wurde als erste Software ausgerufen, die den Turing-Test bestanden habe[184]. Die Rahmenbedingungen des Tests waren allerdings so definiert, dass ein Bestehen vergleichsweise leicht gelingen konnte. Daher vertreten nicht wenige KI-Experten die Auffassung, dass der Turing-Test bis zum heutigen Tag nicht bestanden worden sei. Selbst die aktuellen Large Language Models können durch verschachtelte Fragen in die Irre geführt werden, so dass es von den genauen Spielregeln abhängt, ob man den Turing-Test als bestanden betrachtet oder nicht. Mir scheint, dass diese Diskussion am Kern der Sache vorbeiführt. Es besteht kein Zweifel, dass heutige KI-Tools alltägliche Gesprächssituationen so meistern können, dass es einem Gesprächspartner kaum möglich ist, einzuschätzen, ob es sich um Mensch oder Maschine handelt. Die Wahrscheinlichkeit, dass Sie bereits Gespräche mit KI-Bots in einem Callcenter geführt haben oder dass ich, ohne es zu bemerken, Hausarbeiten korrigiert habe, die von KI-Tools geschrieben worden sind, liegt jenseits von 50 %. Viel wichtiger erscheint mir, dass auch das Bestehen eines Turing-Tests nichts darüber aussagt, ob eine Maschine intelligent im menschlichen Sinn ist oder nicht.

Dies wurde sehr klar vom amerikanischen Philosophen John Searle in dem Gedankenexperiment »Das chinesische Zimmer« herausgearbeitet. Stellen Sie sich vor, Sie sitzen in einem abgeschlossenen Raum. Sie sprechen kein Chinesisch und können noch nicht einmal chinesische Buchstaben identifizieren. Durch einen Schlitz erhalten Sie einen Zettel, auf dem in chinesischer Schrift eine Frage formuliert ist, die sie, ebenfalls auf Chinesisch, beantworten sollen. Natürlich verstehen Sie nichts. Sie haben jedoch in dem Raum ein Buch mit Anleitungen in Ihrer Muttersprache vorliegen. Diesem können Sie wie einer Möbelaufbauanleitung entnehmen, welche Zeichen Sie wie auf Ihrem Antwortzettel zusammenstellen müssen, um eine passende Antwort zu formulieren. Sie folgen diesen Anweisungen und reihen Schriftzeichen aneinander, deren Bedeutung Sie nicht verstehen. Dann reichen Sie Ihren Zettel wieder durch den Schlitz an die Fragensteller. Da der Text auf Ihrem Zettel eine sinnvolle Antwort enthält, folgern diese, dass Sie deren Frage verstanden und des Chinesischen mächtig sind. Tatsächlich jedoch haben Sie rein gar nichts verstanden und haben nur mechanische Anweisungen befolgt. In einer späteren Variante vereinfachte Searle das Gedankenexperiment dahingehend, dass man sich vorstellen solle, man säße in dem Zimmer und hätte einen Computer mit einer Software zur Beantwortung von Fragen im Chinesischen zur Verfügung. Auch in diesem Falle könne man die eingereichten Fragen so beantworten, dass es den Außenstehenden vorkommen müsse, als hätten Sie die Fragen verstanden und dass Sie der chinesischen Sprache mächtig sind[185].

Was Searle mit diesem Gedankenexperiment deutlich macht, ist der Unterschied zwischen menschlicher Intelligenz und simulierter Intelligenz. Dass eine Maschine, bzw. im Gedankenexperiment das »chinesische Zimmer«, über die Funktion verfügt, sinnvolle chinesische Sätze zu produzieren, bedeutet nicht, dass sie versteht, was sie tut, und eine Sprache in dem Sinne versteht wie es Menschen tun. Es bedeutet lediglich, dass der generierte Output nicht von menschlichem Output zu unterscheiden ist. Folglich bedeutet das Bestehen eines Turing-Tests nicht automatisch, dass eine Maschine über menschenähnliche Intelligenz verfügt. Anders als zahlreiche Vertreter des technologiezentrierten Denkens, die ganz funktionalistisch davon ausgehen, dass »eine Maschine in der Tat intelligent ist, wenn sie intelligent wirkt«[186], hat Alan Turing bereits erkannt, dass diese Schlussfolgerung nicht zwingend ist. Nicht ohne Grund bezeichnete er seinen Test als »imitation game«, bei dem eine Maschine menschenähnliches Verhalten *imitiert* und führt aus, dass es sein könne, dass »Maschinen etwas tun, was man als Denken beschreiben müsste, das aber ganz anders ist als das, was ein Mensch tut«[187].

Eine Kritik an dem Gedankenexperiment von Searle lautete, dass ein funktionierendes System »chinesisches Zimmer« kaum vorstellbar sei und immer wieder Antworten produzieren werde, die sprachliche Fehler oder falsche Antworten enthielten. Heute wissen wir es besser. Large Language Modell KI-Systeme wie GPT sind »chinesische Zimmer«.

Die exponentielle Steigerung des Verstands ohne Vernunft

Wenn Künstliche Intelligenz simulierte Intelligenz ist, stellt sich die Frage: Was bietet diese Simulation, und in welchen Teilen menschlicher Rationalität entfaltet sie Wirkung? Um diese Frage zu beantworten, muss tiefer in die Struktur menschlicher Rationalität hineingeschaut werden. Hierfür bietet Kant den besten Ausgangspunkt.

Kant differenziert im menschlichen Denkvermögen zwischen Vernunft und Verstand. Der Verstand ist diejenige Denkfähigkeit, mit deren Hilfe ein vorgegebenes Ziel gut erreicht werden kann: Sagen wir, ich möchte richtig reich werden. Dann hilft mir der Verstand dabei, Strategien und Subziele zu entwickeln, um meinen Wunsch zu realisieren. Er hilft mir dabei, ein Unternehmen zu gründen, Produkte zu entwickeln und zu vermarkten. Vielleicht hilft er mir auch dabei, geschickt Steuern zu hinterziehen oder meine Mitarbeiter auszubeuten, um schneller ans Ziel zu kommen.

Die Vernunft ist etwas anderes. Sie ist das Vermögen, dem Verstand die richtigen Ziele zu setzen. Mit anderen Worten: Die Vernunft stellt die Frage, ob möglichst reich zu werden ein sinnvolles Ziel für das Leben ist und ob es richtig ist, den Staat oder andere Menschen für seine Ziele zu instrumentalisieren. Vereinfacht gesagt setzt die Vernunft im Menschen das Ziel und der Verstand zeigt den Weg dahin, wobei er natürlich weitere Etappen- und Zwischenziele ableiten kann (wie etwa: Zuerst muss man ein Unternehmen gründen, dann muss man Leute einstellen etc.).

Diese wichtige Differenzierung ermöglicht besser zu erkennen, wo der Wirkungsbereich Künstlicher Intelligenz liegt: In der Sphäre des Verstandes. Ungeachtet all der enorm beeindruckenden Leistungen, zu denen KI-Systeme fähig sind, ist aktuell nicht erkennbar, dass sich Künstliche Intelligenz auch bei exponentieller Leistungssteigerung in Richtung eines Vernunftvermögens bewegen würde. In der Sphäre des (simulierten) Verstandes hingegen entfaltet sie mit jedem Tag neue Fähigkeiten, die in Einzelaspekten bereits heute und perspektivisch in immer mehr Bereichen die Fähigkeiten des Menschen übersteigen. Ohne ein zuvor vom Menschen vorgegebenes Meta-Ziel kann eine KI jedoch nicht sagen, warum ein Ziel besser oder schlechter sein sollte als ein anderes. In diesem Sinne kann man sagen: *Künstliche Intelligenz ist die exponentielle Steigerung von Verstand ohne Vernunft.*

Für diese Differenzierung ist das technologiezentrierte Denken, das nur algorithmische Prozesse kennt, weitgehend blind. Hier gerät auch die im zweiten Kapitel beschriebene Selbstverortung des technologiezentrierten Denkens als Fortführung der Aufklärung in einen Widerspruch. Zwar ist nachvollziehbar, wie es sich aus dem Denken der Aufklärung herausschält, doch es tut dies um den Preis einer massiven Zuspitzung. Bereits die Aufklärung stellte eine Einengung des Menschen dar, indem sie ihn auf seine Rationalität unter Ausgrenzung des Natürlichen, Emotionalen und des »Anderen der Vernunft«[188] reduzierte. Bei genauerer Betrachtung hätte man jedoch feststellen können, dass Kant und andere Denker der Aufklärung innerhalb der Rationalität eine wichtige Differenzierung zwischen Vernunft und Verstand vorgenommen haben und dass es die Vernunft ist, die den Menschen im kantischen Selbstverständnis auszeichnet. Insofern ließe sich argumentieren, dass das technologiezentrierte Denken nicht die Fortführung aufgeklärten Denkens ist, sondern *aufgeklärtes Denken durch radikale Zuspitzung ad absurdum führt.*

Was das technologiezentrierte Denken, wie schon zuvor die Aufklärung, schließlich vollkommen ausblendet, ist die Tatsache, dass es jenseits wie auch immer verstandener Rationalität am Menschen etwas geben könnte, dass ihm zugehörig ist. Es kennt keinen Leib, kein Natursein, kein Affiziertsein, kein Unbewusstes, kein Eingebettetsein, sondern nur »substratunabhängige« Algorithmen und »kybernetische Organismen«[189]. In diesem Denken wird die mit der Aufklärung begonnen Verdrängung des »Anderen der Vernunft« absolut.

Das neue Leitbild der Intelligenz

Kommen wir noch einmal auf die Analogie zum künstlichen Fliegen zurück, so kann man sagen: Künstliche Intelligenz ist im Vergleich zu menschlicher Intelligenz, was das Flugzeug im Vergleich zum Vogel ist. Schaut man auf das realisierte Ergebnis – das Flugzeug bewegt sich durch die Luft –, so kann man sagen, es fliegt. Betrachtet man jedoch genauer, was es tut, um dieses Ergebnis zu erreichen, so stellt man fest, dass dies etwas strukturell anderes ist als das, was ein Vogel tut. Und genau *weil* es etwas strukturell anderes tut, kann es den Vogel hinsichtlich Geschwindigkeit und anderer Leistungskategorien um Dimensionen übertreffen. Diese höhere Leistungsfähigkeit ist es, die das Flugzeug zum neuen Leitbild des Fliegens werden lässt[190]. Was erst der Blick »unter die Haube« deutlich macht, ist, dass ein Flugzeug nicht ein besserer Vogel, sondern ein technisches Gerät eigener Art ist, dass mit einem Vogel praktisch nichts gemein hat.

Ähnlich verhält es sich mit Künstliche Intelligenz. Betrachten wir die Ergebnisse, die Programme wie GPT liefern, so sind diese von menschlichen Äußerungen kaum zu unterscheiden. In diesem Sinn können wir sagen, GPT ist intelligent. Betrachten wir jedoch, was es tut, um zu diesen Ergebnissen zu kommen, so stellen wir fest, dass es etwas strukturell anderes ist und dass ihm wichtige Facetten menschlichen Denkvermögens fehlen. Eine Künstliche Intelligenz hat keinen lebendigen Körper, sie hat kein Bewusstsein, sie hat keine Intention, sie hat keine Vernunft, sie hat aus sich heraus noch nicht einmal irgendein Problem, das sie lösen möchte.

Eine Künstliche Intelligenz hat jedoch enorme Fähigkeiten, die wir in Analogie zum Menschen als Verstandesfähigkeiten bezeichnen können. In dieser Domäne ist Künstliche Intelligenz ohne den geringsten Zweifel im Begriff, den Menschen weit zu übertreffen. Diese enorme Leistungsfähigkeit führt dazu, dass Künstliche Intelligenz zum neuen Leitbild der Intelligenz erhoben wird und umdefiniert, wie wir menschliche Intelligenz verstehen. KI-Systeme sind Simulationen der Intelligenz, Schauspieler der Intelligenz, die im Begriff sind, überzeugender zu werden als das, was sie imitieren. Nun schauen wir hinter die Kulissen und fragen uns, wie diese Schauspieler das machen und leiten daraus ab, was Intelligenz ausmacht.

Unter der Linse des technologiezentrierten Denkens beginnt der Mensch sich am neuen Referenzpunkt KI auszurichten und sich in Relation zu diesem neu zu verorten. Dies spiegelt sich in der technizistischen Sprache, die Leben als »data processing« und Organismen als »Algorithmen« versteht[191] und die Tätigkeit des menschlichen Gehirns in Begriffen wie »Speicherkapazität« und »Anzahl der Rechenelemente« erfasst. Nach Nick Bostrom zum Beispiel liegt die »Geschwindigkeit der Rechenelemente«, die vom menschlichen Gehirn ausgeführt werden können, bei 200 Hz und ist damit »vollstarke sieben Größenordnungen langsamer als ein moderner Mikroprozessor«. Die »Speicherkapazität« des Gehirns wird auf etwa »eine Milliarde Bits« geschätzt und somit »mehrere Größenordnungen weniger als ein billiges Smartphone«. Derzeit liege »die Rechenleistung des Gehirns noch über derjenigen von Computern, aber allmählich erreichen die schnellsten Supercomputer nun auch dieses Niveau.«[192] Ähnlich argumentiert etwa Ray Kurzweil, wenn er die »Rechenkapazität des menschlichen Gehirns« auf »10^{14} Operationen pro Sekunde« und die »Gesamtkapazität für das menschliche Gedächtnis« auf »10^{13} Bits« bestimmt. Auf dieser Basis lasse sich dann einfach ausrechnen, wann man »für tausend Dollar einen Computer bekommt, der über die Kapazität eines menschlichen Gehirns verfügt«[193].

Diese Sprache ist von den Vertretern des technologiezentrierten Denkens nicht metaphorisch gemeint, sondern Ausdruck des im zweiten Kapitel ausgeführten Menschenbilds. Sie dreht die Ausrichtung zum Verständnis von Intelligenz um 180 Grad um: Menschliche Intelligenz ist hier nicht mehr das Leitbild Künstlicher Intelligenz, sondern Künstliche Intelligenz wird zum Leitbild menschlicher Intelligenz. Diese Umkehrung hat weitreichende Konsequenzen für das menschliche Selbstverständnis: Von dem Moment an, an dem man den Menschen als eine Art biologischen Computer versteht, bleibt in Angesicht der exponentiell steigenden Fähigkeiten digitaltechnischer Computer, nichts anderes übrig, als zu dem Schluss zu kommen, dass der Mensch unfähig und minderwertig ist. Wenn menschliche Intelligenz am Leitbild Künstlicher Intelligenz definiert wird, dann bleibt nur festzustellen, dass der Mensch im Vergleich dazu immer dümmer, bzw., wie weiter oben bereits zitiert, ein »obsoleter Algorithmus« sein wird. Nichts anderes bringen die angeführten Zitate (»weniger als ein billiges Smartphone« etc.) im Kern zum Ausdruck. Es ist eine logische Schlussfolgerung, die deshalb kaum verwunderlich in der ebenso logischen Schlussfolgerung des Posthumanismus ihren Endpunkt findet, dass es gar nicht schlimm oder gar wünschenswert sei, wenn der Mensch nun den Staffelstab der Evolution an siliziumbasierte Existenzformen weitergebe.

Dieses Selbstverständnis ist jedoch alles andere als alternativlos. Wie die angestellten Überlegungen zu zeigen versucht haben, ist es noch nicht einmal überzeugend. Auch eine menschzentrierte Sichtweise stellt die Leistungsfähigkeit Künstlicher Intelligenz nicht in Abrede, ist jedoch vom Bewusstsein getragen, dass *simulierte Intelligenz* etwas anderes ist als menschliche Intelligenz und dass folglich auch der Mensch etwas anderes ist als ein Computer. Das führt nicht dazu, dass auf einer zweckrationalen Ebene wie dem Jobmarkt weniger Konkurrenzverhältnisse zwischen Menschen und Maschinen entstehen oder dass die transformatorische Kraft von Künstlicher Intelligenz gebremst wird. Es schafft aber Orientierung bei deren Gestaltung, indem es die Notwendigkeit zur Kultivierung von Vernunftfähigkeit zum sinnvollen Einsatz und zur besseren Steuerung von Künstlicher Intelligenz als zentrale Aufgabe des Menschen im KI-Zeitalter sichtbar macht. Indem es ferner ein Bewusstsein der ontologischen Differenz zwischen Mensch und Computer bewahrt, umgeht es ein Denken, das unweigerlich in Kategorien der Höher-

oder Minderwertigkeit von Mensch oder Computer endet. Damit wäre für die Frage, was Mensch-Sein bedeutet, viel gewonnen.

Das Alignment-Problem oder: Wie bringt man Künstliche Intelligenz zur Vernunft?

Die Sphäre simulierter Intelligenz ist nicht die Vernunft, sondern der Verstand. Die exponentielle Steigerung des Verstands ohne Vernunft führt zum größten Problem Künstlicher Intelligenz, nämlich der Frage: Wie bringt man eine KI dazu, dass ihre Ziele, Handlungen und Entscheidungen mit den Zielen und Wertvorstellungen des Menschen im Einklang stehen? Anders formuliert: Wie verhindert man, dass eine Künstliche Intelligenz Entscheidungen trifft und Handlungen ausführt, die den Menschen schaden? Oder, dystopisch formuliert: Wie verhindert man, dass Künstliche Intelligenz das Ende des Menschen herbeiführt?

Das alles sind nur unterschiedliche Nuancen des gleichen Problems, das unter dem Begriff »Alignment-Problem« diskutiert wird. Der Begründer der Kybernetik, Norbert Wiener, definierte das Problem (ohne es so zu nennen) bereits 1960 in einem Aufsatz mit dem Titel »Moral and Technical Consequences of Automation«, wie folgt:

> » Wenn wir zur Erreichung unserer Ziele eine mechanische Agentur benutzen, in deren Betrieb wir nicht mehr wirksam eingreifen können, sobald wir sie einmal in Gang gesetzt haben [...], dann sollten wir besser ganz sicher sein, dass der Zweck, den wir in die Maschine gesteckt haben, der Zweck ist, den wir wirklich wünschen, und nicht nur eine farbenfrohe Nachahmung davon.« [194]

Eine Künstliche Intelligenz, die die Leistungsfähigkeit des Menschen um Dimensionen übersteigt, kann in diesem Sinn als eine »mechanische Agentur« verstanden werden, die nicht mehr kontrolliert werden kann, auch dann nicht, wenn sie Ziele verfolgt, die in Konflikt mit menschlichen Zielen stehen.

Das Alignment-Problem wäre gelöst, wenn die Ausrichtung von Künstlicher Intelligenz und Mensch zur Übereinstimmung (alignment) gebracht werden könnten. Im Sinne Kants können wir formulieren, das Alignment-Problem wäre gelöst, wenn der erweiterte Verstand der KI menschlicher Vernunft folgen würde. Sollte dies nicht gelingen, so die naheliegende Sorge, könnte die andere Ausrichtung der Künstlichen Intelligenz im Verbund mit ihren überlegenen Fähigkeiten dazu führen, dass der Mensch das Nachsehen hat. Je nach Ihren Vorlieben, können Sie sich »das Nachsehen haben« in beliebig düsteren Farben ausmalen.

Entgegen den gängigen Vorstellungen benötigt eine superintelligente KI keinen eigenen Willen, kein Bewusstsein oder »böse Absichten«, um in Konflikt mit menschlichen Zielen zu geraten. Das sture Verfolgen eines einprogrammierten Zieles im Verbund mit gigantischer Leistungsfähigkeit könnte völlig ausreichend sein, wie das Büroklammer-Szenario von Nick Bostrom deutlich macht: »Es scheint durchaus möglich, eine Superintelligenz zu haben, deren einziges Ziel etwas völlig Willkürliches ist, z. B. so viele Büroklammern wie möglich herzustellen, und die sich mit aller Macht jedem Versuch widersetzt, dieses Ziel zu ändern […] mit der Folge, dass sie zunächst die gesamte Erde und dann immer größere Teile des Weltraums in Produktionsstätten für Büroklammern umwandelt.«[195]

Dass dieses Szenario nicht abwegig ist, haben Wissenschaftler von Apollo Research gezeigt, einer Organisation, die sich mit KI-Sicherheit beschäftigt. In einem Experiment wurde verschiedenen KI-Systemen eine Aufgabe mit der Vorgabe gegeben, diese unter allen Umständen zu realisieren. Das Experiment war so aufgesetzt, dass die KI bei der Umsetzung mit Informationen konfrontiert wurde, die darauf hindeuteten, dass die menschlichen Entwickler Ziele verfolgten, die mit dem Ziel, dass die KI unter allen Umständen realisieren sollte, in Konflikt standen. Was sich herausstellte war, dass die KI begann die menschlichen Entwickler über ihre eigenen Ziele zu täuschen, nachdem sie den Zielkonflikt feststellte. Das heißt sie kommunizierte, dass sie die vom Entwickler vorgegebenen Ziele verfolgen würden, während sie eigentlich an der Umsetzung ihres initial vorgegebenen Ziels arbeitete. Dieses Verhalten konnte über mehrere unterschiedliche KI-Systeme festgestellt werden[196].

Ich möchte hier nicht in das Ausmalen dystopischer Szenarien einsteigen. Daran scheint kein Mangel zu bestehen, genauso wenig wie an den eschatologisch-paradiesischen Szenarien, die von den Technologie-Utopisten entwickelt werden. Was mir jedoch wichtig erscheint, ist die Tatsache, dass hier ein grundsätzliches Problem vorliegt, für das 1.) bislang keine Lösung erkennbar ist, das 2.) schwerwiegende Folgen für den Menschen haben könnte, und dass es sich 3.) um ein Problem neuer Art handelt, für dessen Lösung es keine Vorbilder gibt. Das ist keine Schwarzmalerei, sondern einfach nur der Stand der Dinge.

Dass es für das Problem einer potenziell unkontrollierbar werdenden Künstlichen Intelligenz 1.) aktuell keine befriedigende Lösung gibt, ist vom dystopisch-technologiekritischen Lager wie auch vom utopisch-technologiefreundlichen Lager weitgehend anerkannt. Auch Sam Altman, CEO von OpenAI und somit mitverantwortlich für das KI-Tool, dass dieses Szenario von einer Science-Fiction-Fantasie zu einer real-möglichen Zukunft gemacht hat, äußert diese Sorge wiederholt. Die Tatsache, dass keine Lösung erkennbar ist, hat zahlreiche KI-Experten, angeführt von Max Tegmarks *Future of Life Institute*, dazu bewogen, im März 2023 in einem offenen Brief eine sechsmonatige Entwicklungspause von KI-Systemen, die leistungsfähiger als GPT-4 sind, zu fordern[197]. Der Brief fand in kürzester Zeit zahlreiche Unterzeichner, darunter viele prominente Namen aus der KI-Forschung und -Entwicklung. Kritiker wiesen darauf hin, dass ein Moratorium schwer umzusetzen und innovationsfeindlich sei. Anderen wie dem KI- und Entscheidungstheorie-Forscher Eliezer Yudkowsky hingegen ging der Vorschlag nicht weit genug, da er das existenzielle Risiko verkenne. Aus Yudkowskys Sicht sei im Falle der Entwicklung einer künstlichen Superintelligenz die Auslöschung der Menschheit nicht nur ein mögliches, sondern das wahrscheinliche Szenario. Da es nicht den geringsten Plan gebe, wie man eine solche Superintelligenz kontrollieren könne und deren Entwicklung – für den Fall, dass Kontrolle überhaupt möglich sei – mehrere Jahrzehnte erfordere, sei die einzige angemessene Forderung ein vollständiges, weltweites Moratorium, das zur Not mit Waffengewalt durchgesetzt werden müsse: »We need to shut it all down.«[198]

Man kann die Forderung nach einem Moratorium gemäß dem im ersten Kapitel formulierten neuen Paradigma als einen Versuch verstehen, die Technologieadaptionsgeschwindigkeit des Menschen auf Augenhöhe mit der Technologieentwicklungsgeschwindigkeit zu bringen oder, wie kritisch formuliert wurde, als ein Ablenkungsmanöver von zahlreichen anderen ethischen Problemen, die mit Künstlicher Intelligenz verbunden sind[199]. So oder so, zu einer Entwicklungspause ist es nicht gekommen, und selbst wenn, wäre es auch keine Lösung des Problems, sondern lediglich ein Zeitaufschub bei der Suche nach einer Lösung.

Dass es sich 2.) um ein Problem handelt, das schwerwiegende Folgen für den Menschen haben könnte, führt Yudkowsky in drastischen Bildern aus. Der Mensch würde in einer Auseinandersetzung mit einer übermenschlichen Superintelligenz ähnlich gute Chancen, haben wie der Australopithecus (eine vor ca. 3 Millionen Jahren ausgestorbene Gattung der Menschenaffen) im Kampf mit Homo sapiens. Aus der Perspektive der Superintelligenz sei der Mensch eine »sehr dumme und sehr langsame« Kreatur, die eine KI als molekulare Ressource zu nutzen wisse. Auch im Lager der technologieenthusiastischen Transhumanisten werden ähnliche Zukunftsszenarien als möglich angesehen. So warnt beispielsweise Nick Bostrom, der es gar nicht erwarten kann posthuman zu werden, davor, dass eine den Menschen übersteigende Künstliche Intelligenz zur existenziellen Bedrohung werden könne[200]. Wenn auch die Eintrittswahrscheinlichkeit, anders als Yudkowsky behauptet, ungewiss ist und auch nicht sicher ist, dass eine künstliche Superintelligenz gleich »jedes einzelne Mitglied der menschlichen Spezies und alles biologische Leben auf Erden« eliminieren würde[201], so muss doch anerkannt werden, dass substanzielle Risiken mit einer solchen Entwicklung verbunden sind[202]. In Anbetracht der Größe des Risikos ist selbst bei geringer Eintrittswahrscheinlichkeit eine ernsthafte und vorausschauende Auseinandersetzung mit der Problematik geboten. Diese ist aktuell jedoch nicht erkennbar.

Kritische Stimmen, die eine solche Auseinandersetzung fordern, sehen sich oft mit dem Vorwurf der Bedenkenträgerei und der rückwärtsgewandten Fortschrittsfeindlichkeit konfrontiert. Das wesentliche Argument hinter diesem Vorwurf lautet: Künstliche Intelligenz sei eine technologische Innovation, die, wie jede andere technische Innovation zuvor, Ängste hervorrufe, die sich im weiteren Verlauf als haltlos herausstellen. Dieses Argument wird mit Erzählungen vergangener Technologiesprünge garniert, wie etwa der, dass Bedenkenträger bei der Erfindung der Eisenbahn gefürchtet haben, dass die hohe Geschwindigkeit eines Zuges bei den Reisenden zu schweren Gehirnerkrankungen führen werde[203].

Zwar ist richtig, dass diese Befürchtungen bestanden und sich als haltlos herausstellten, doch die Analogie ist falsch. Der Vergleich mit der Erfindung der Eisenbahn verkennt die Tatsache, dass es sich bei der Erfindung von Künstlicher Intelligenz um eine Innovation handelt, auf die die Erfahrungen aus der Vergangenheit nicht extrapoliert werden können. Das führt zum letzten Punkt, dass das Problem einer potenziell übermächtig werdenden Künstlichen Intelligenz 3.) ein Problem neuer Art ist, für dessen Lösung es keine Vorbilder gibt.

Die Lehren aus der Vergangenheit taugen nicht für die Zukunft

Der Vergleich mit der Einführung der Eisenbahn führt auf mehreren Ebenen an der Sache vorbei. Eine Eisenbahn ist eine Technologie, die einen ganz bestimmten Zweck erfüllt, nämlich Menschen oder Güter von A nach B zu transportieren. Eine Eisenbahn ist eine »single purpose technology«. Künstliche Intelligenz hingegen ist eine »general purpose technology«, eine Meta-Technologie, die die Gestaltungsreichweite des Menschen fundamental erweitert, indem sie zahlreiche neue Technologien ermöglicht und bestehende Technologien auf ein gänzlich anderes Niveau hebt[204]. Ein besserer Vergleich wäre, sich Künstliche Intelligenz wie Elektrizität vorzustellen. Elektrizität als solche hat keinen konkreten Zweck, lässt sich jedoch zu endlos vielen Zwecken nutzbar machen. Indem sie sich sukzessive in immer weitere Bereiche der Lebenswelt einnistete, veränderte sie das Antlitz der Welt. Ähnlich verhält es sich mit Künstlicher Intelligenz, die als Meta-Technologie alle bestehenden Technologien transformiert und zahlreiche neue möglich macht. Indem sie sukzessive in immer mehr Bereiche in steuernder Funktion integriert wird, verändert sie nicht nur Einzelaspekte der Welt, sondern Schritt für Schritt alle Bereiche der Welt. Darüber hinaus unterscheidet sich Künstliche Intelligenz in drei Aspekten fundamental von anderen technischen Entwicklungen der Vergangenheit.

Künstliche Intelligenz ist die erste und einzige Erfindung des Menschen, die sich selbst weiterentwickeln kann. Eine Eisenbahn fährt nicht, wenn Menschen sie nicht fahren lassen und schon gar nicht kann eine Eisenbahn sich selbst verbessern und eine leistungsfähigere Version aus sich selbst bauen. Eine KI hingegen schon. Selbstoptimierung ist ihr Wesenskern. Einmal »auf die Schiene gesetzt« kann sie von allein weiterfahren, sich selbst verbessern und dazu weitere Ressourcen anzapfen. Stellt man diese Fähigkeit zur Selbstoptimierung schließlich in den Kontext exponentieller Entwicklung, so wird offensichtlich, dass Künstliche Intelligenz nicht mit den Analysewerkzeugen der Vergangenheit erfasst werden kann.

Ein zweites Novum liegt darin, dass selbst KI-Entwickler oft nicht wissen, wie KI-Systeme sich weiterentwickeln. Für eine Ingenieurin, die eine Maschine entwickelt hat, ist die Maschine vollkommen klar und transparent. Sie weiß, was die Maschine tut, warum sie es tut und wie sie es tut. Ist sie kaputt, lässt sich ermitteln, wo der Fehler liegt und entsprechend eingreifen. Bei einer hochentwickelten Künstlichen Intelligenz ist das nicht der Fall. Sie ist, wie es im Fachjargon heißt, selbst für die Entwickler eine Blackbox[205]. Folglich können selbst KI-Experten nicht rekonstruieren, wie das System zu seinen Ergebnissen kommt, was es alles kann und welche Fähigkeiten es bereits in seinen Selbstlernschleifen erworben hat. So hat sich 2023 beispielsweise herausgestellt, dass ChatGPT über chemisches Wissen auf Forscherniveau verfügt und vermitteln kann, wie man komplexe Moleküle synthetisiert, obwohl das System nicht dafür gedacht, konzipiert oder programmiert war. Eine anderes KI-Tool war plötzlich in der Lage, in persischer Sprache zu kommunizieren, ohne dass dies intendiert war und ohne dass die Entwickler nachvollziehen können, wie es dazu gekommen ist[206].

Ein dritter Unterschied liegt in der Asymmetrie zwischen den Gefahren, die mit den immensen Fähigkeiten der Technologie einhergehen und der Eingrenzbarkeit und Beherrschbarkeit eben dieser Gefahren. Dies wird deutlich, wenn man Künstliche Intelligenz mit anderen ähnlich potenten Technologieentwicklungen der Vergangenheit vergleicht. Die Atomkraft ist in Form der Atombombe oder unsicherer Atomkraftwerke zweifellos ebenfalls mit enormen Sicherheitsrisiken verbunden. Ein Atomkraftwerk oder eine Atombombe zu bauen ist jedoch ein hoch anspruchsvolles Unterfangen, das kaum jemand umsetzen kann. Es erfordert enorme Ressourcen, schwer zugängliches hochangereichertes Uran, hohe Fachkomptenz und große Produktionsanlagen, so dass es bislang nur auf Ebene von Nationalstaaten oder multinationaler Konzerne denkbar ist, Atomkraftwerke oder Atombomben zu bauen. Das wiederum ermöglicht die leichtere Eindämmung dieser Technologie. Jedes einzelne Atomkraftwerk ist lokalisierbar und kann auditiert werden. Die Anzahl und Verteilung aller Atombomben sind bekannt, wie auch ihre Einsatzbereitschaft. Die Internationale Atomaufsichtsbehörde kann den Urananreicherungsgrad abschätzen und die Entwicklung hin zur Atomwaffenfähigkeit monitoren. Auf dieser Basis sind Abkommen wie der Atomwaffensperrvertrag möglich. Natürlich gibt es Lücken und Schattenbereiche, aber im großen Kontext betrachtet sorgt die hohe Komplexität für eine vergleichsweise hohe Überwachbarkeit der Technologie.

Genau gegenteilig dazu verhält es sich bei Künstlicher Intelligenz. KI- und Digitaltechnologien sind extrem machtvolle Instrumente, die jedermann, jederzeit, an jedem Ort zugänglich, nahezu kostenfrei und skalierbar sind. In den Worten des Sicherheitsexperten Audrey Kurth Cronin: »Noch nie zuvor hatten so viele Menschen Zugang zu so fortschrittlichen Technologien, die Tod und Verwüstung anrichten können.«[207] KI- und Digitaltechnologien transferieren Macht weg von Nationalstaaten und multinationalen Konzernen hin zu jedermann. Das kann man in vielerlei Hinsicht als Demokratisierung von Macht begrüßen, bringt jedoch die Kehrseite mit sich, dass Kontrolle vergleichsweise schwer zu realisieren und die Möglichkeiten, Macht destruktiv einzusetzen, ebenfalls demokratisiert werden.

Die Erfindung Künstlicher Intelligenz ist nicht einfach ein weiterer Schritt einer stufenweisen voranschreitenden Entwicklung. Es ist ein Paradigmenwechsel. Daher greift die Extrapolation von Lösungsmechanismen aus der Vergangenheit zu kurz. Die Möglichkeit einer dem Zugriff des Menschen entgleitenden Technologie ist real, wenn auch schwer einschätzbar ist, wie hoch die Wahrscheinlichkeit ist und welche konkreten Konsequenzen sich daraus ergeben würden. Entschleunigung der Entwicklungsgeschwindigkeit, wie in dem offenen Brief gefordert, ist daher eine nachvollziehbare, wenn auch absehbar zum Scheitern verurteilte Forderung. Die Wettbewerbslogik, in der Unternehmen und Staaten im Rennen um die leistungsfähigsten KI-Systeme gefangen sind, macht Entschleunigung praktisch unmöglich. Googles CEO Sundar Pichai hat das in einer Reaktion auf den offenen Brief deutlich gemacht. Zwar teile er die im Brief adressierten Sorgen und begrüße, dass eine Debatte über die Sicherheit von KI-Systemen angestoßen wurde, Google könne es sich im globalen Wettbewerb jedoch nicht erlauben, eine Entwicklungspause einzulegen, so lange nicht sicher sei, dass sich alle anderen auch daran halten[208]. Also geht alles immer weiter.

Die Ideen, die zur Lösung des Problems kursieren, sind Ausdruck großer Ratlosigkeit. Technische Lösungen, wie etwa eine Art »Aus-Schalter«, den man in die Künstliche Intelligenz einbauen müsste, stehen vor dem naheliegenden Problem, dass eine superintelligente KI einen von menschlicher Intelligenz erdachten Mechanismus aller Wahrscheinlichkeit nach erkennen und umgehen kann. Dieses Dilemma gilt für alle denkbaren technischen Lösungsansätze. Bleibt also, so die Schlussfolgerung, nur die Flucht nach vorne: Der Mensch müsse sicherstellen, dass Künstliche Intelligenz keine Ziele verfolgt, die nicht dem Wohl des Menschen dienen. Mit anderen Worten: Die einzige Lösung liege darin, die Ziele der KI in Übereinstimmung (alignment) mit dem Menschen zu bringen.

Doch hier tut sich ein anderes, nicht minder grundsätzliches Problem auf: Der Mensch weiß ja selbst nicht, was seinem Wohle dient. Stellen wir uns vor, man würde einer Künstlichen Intelligenz sagen, sie solle das Glück der Menschheit steigern. Was soll das sein? Es gibt sehr unterschiedliche Vorstellungen von Glück, die sich nicht auf einen Nenner bringen lassen. Um nur zwei Beispiele zu nennen: Ein Asket und ein Hedonist könnten sich kaum auf einen gemeinsamen Ansatz einigen. Der eine setzt auf Entbehrung und Geistlichkeit, der andere auf Fülle und materielle, bzw. sinnliche Genüsse. Das Ganze müssen wir uns noch kultur- und staatenübergreifend denken, da eine KI nicht an Staatsgrenzen Halt macht.

Begriffe wie »Glück«, »Wohlergehen« etc. sind viel zu diffus, als dass man sie für ein algorithmisches System verwenden könnte. Man müsste sie also auf etwas sehr Konkretes herunterbrechen. Dabei würden aber zwangsläufig Einschränkungen gemacht werden müssen, die unvorhergesehene negative Folgen haben könnten und Menschen und Lebensentwürfe ausgrenzen, die nicht der Mehrheitsvorstellung entsprechen. Das gleiche Problem begegnet uns, wenn man es mit einer negativen Formel versucht, etwa in der Art, die Künstliche Intelligenz solle unter keinen Umständen den Menschen schaden. Auch hier begegnet uns wieder die philosophische Frage: Was bedeutet schaden? Stellen wir uns vor, eine allmächtige KI nimmt uns alle Arbeit ab, umsorgt uns, bedient uns, füttert uns, so dass das Leben einem einzigen Urlaub gleicht. Schadet sie uns dann? Das kommt darauf an, wie man Schaden definiert. Es wäre durchaus eine Definition denkbar, nach der dies sogar eine Form der Glücksvermehrung ist. Es wäre aber genauso denkbar, dass dies, wie im Film WALL-E ironisch skizziert, den Menschen einfach nur fett, dumm und allein lebensunfähig macht.

Auch eine negative Formel könnte unmöglich inklusiv für alle Lebensentwürfe sein. Und schließlich: Selbst wenn es durch eine wundersame Wendung gelänge, Werte zu definieren, die für alle Menschen kompatibel sind, bliebe immer noch das Problem, dass es im Vorhinein unmöglich ist, alle Konsequenzen zu durchdenken, so dass ungewollte Effekte kaum vermeidbar sind. Tatsächlich ist die Gegenwart selbst das beste Beispiel für die Unvorhersehbarkeit des ins Negative Umschlagens positiver Absichten. Eines der wesentlichen Projekte der Moderne war es, Natur mit den Mitteln von Technik beherrschbar zu machen und dadurch das Wohlergehen des Menschen zu steigern. Das Ergebnis ist die ökologische Krise, in der wir uns aktuell befinden und die wir als Summe unerwarteter und ungewollter Nebeneffekte technokratischer Ermächtigungsprozesse verstehen können.

Wie man es dreht und wendet, es ist keine überzeugende Lösung für das Alignment-Problem in Sicht. Wie gehen wir als Gesellschaft mit dieser Tatsache um? Die aktuelle Herangehensweise kann man als einen Das-lösen-wir-später-Ansatz beschreiben. Wie Mustafa Suleyman, der als Mitgründer von DeepMind und CEO von Inflection AI an der vordersten Linie der KI-Forschung steht, formuliert: «Wir brauchen dringend wasserdichte Antworten darauf, wie die kommende KI-Welle kontrolliert und eingedämmt werden kann [...], aber bislang hat niemand einen solchen Plan.»[209] Die ganze Ratlosigkeit zum Alignment-Problem kommt im Vorschlag von Sam Altman zutage, man solle darauf hoffen, dass Künstliche Intelligenz die Antwort hierauf gebe[210].

Diese Antwort aus dem Mund des CEO des Unternehmens mit der aktuell leistungsfähigsten Künstlichen Intelligenz, des Unternehmens, dessen Firmenmission die Entwicklung von KI-Systemen ist, die in jeder Hinsicht »intelligenter als Menschen«[211] sind, ist bemerkenswert. Man kann diese Haltung als gelebten »proactionary imperative« verstehen, als das bewusste Eingehen großer Risiken, um potenziell große Chancen zu erschließen. Ein Das-lösen-wir-später-Ansatz ist ohne Frage ein sehr guter Ansatz, wenn es darum geht, ein neues Auto auf den Markt zu bringen oder ein Start-up zu gründen. Man muss sich in einer frühen Phase der Entwicklung nicht schon den Kopf darüber zerbrechen, wie man irgendwann einmal den amerikanischen Markt aufrollen kann. Es wäre hinderlich, das zu tun. Das Problem löst man dann, wenn es so weit ist. Wenn jedoch, wie der Technikfolgenforscher Armin Grunwald formuliert, die »Möglichkeit eines *Point of no Return*«[212] und ein Risiko für die Existenz der Menschheit im Raum steht, erscheint diese Form der »Proaktivität« kaum angebracht.

Dystopien lassen einen negativen Ausgang als gewiss erscheinen. Das darf bezweifelt werden. Doch nichts an der nüchternen Analyse der Strukturen Künstlicher Intelligenz und der aktuellen Ratlosigkeit in Bezug auf das Alignment-Problem ist irrational oder dystopisch. In Anbetracht dieser Analyse scheint es vielmehr sehr rational zu sein, sich mit den strukturellen Risiken Künstlicher Intelligenz und deren Eindämmung proaktiv auseinanderzusetzen, anstatt eine möglichst schnelle und radikale Freisetzung anzustreben und darauf zu hoffen, dass es schon gut gehen werde. Rein rational betrachtet gibt es zum Ende des ersten Quartals des 21. Jahrhunderts nur wenige Themen, die die gleiche Aufmerksamkeit verdienten.

Der Paradigmenwechsel im Verhältnis zwischen Mensch und Technik

Künstliche Intelligenz ist etwas anderes als menschliche Intelligenz. Aus dem Fehlen von Vernunft resultiert das Alignment-Problem. Aus der exponentiellen Erweiterung des Verstands resultieren andere Herausforderungen. Dabei geht es nicht um die Existenz der Menschheit, sondern darum, wie sich Menschen in ihrer Arbeit, ihrer Kommunikation, ihrem Informationsaustausch, kurz: in ihrem Leben zu Künstlicher Intelligenz in Beziehung setzen. Denn ganz unabhängig davon, dass Künstliche Intelligenz nur Intelligenz simuliert, hat die Tatsache, dass diese Simulation leistungsfähiger als ihr Vorbild wird, weitreichende lebenspraktische Konsequenzen.

In engen Anwendungsbereichen (»Artificial Narrow Intelligence« oder »schwache KI«) wie der Navigation ist KI schon lange erheblich leistungsfähiger als der Mensch. Es besteht kein Zweifel daran, dass dies für immer mehr Bereiche gelten wird. Es gibt unterschiedliche Vorstellungen darüber, was genau eine »Artificial General Intelligence« oder »starke KI« ist. Viele KI-Experten verstehen darunter eine Künstliche Intelligenz, die das Niveau des Menschen in *allen* Bereichen des Denkvermögens erreicht oder überstiegen hat. Die Steigerung dazu, eine KI, die den Menschen in allen Bereichen um Dimensionen überlegen ist, wird als »Artificial Superintelligence« bezeichnet[213].

Aufgrund der strukturellen Differenz zwischen menschlichem und künstlichem Denken erscheint mir, Stand heute, eine Artificial General oder Superintelligence in diesem Sinne als sehr unwahrscheinlich, da aktuell nicht erkennbar ist, wie eine KI zu Vernunft, Intention oder Bewusstsein gelangen sollte. Die Sphäre von KI ist auf den Bereich des Verstandes begrenzt. Versteht man Artificial General Intelligence jedoch als eine, die in allen Verstandestätigkeiten auf dem Niveau des Menschen oder darüber operiert, erscheint mir dies hingegen sehr wahrscheinlich. Der Pfad dahin ist der, den die KI-Entwicklung aktuell in vielen kleinen Schritten beschreitet. Für immer mehr Bereiche werden KI-Systeme entwickelt und sukzessive in »multimodalen« KI-Systemen wie Googles Gemini oder OpenAIs GPT gebündelt. Wo es zuvor separate Tools für Navigation, Wettervorhersage, Bilderkennung, Spracherkennung, Voice-Cloning, generative Bild-, Text-, Video, Ton-, Musikproduktion, Planungstools, Datenanalyse, medizinische Diagnose, Emotionserkennung, Prozessoptimierung, Wissensvermittlung, Webseitendesign, Ermittlung von Kleidergrößen, Shoppingtipps gab, wird es schon bald KI-Tools und -Agenten geben, die viele dieser Dinge vereinen und komplexe Aufgaben mit relativ hoher Eigenständigkeit durchführen.

Der Output dieser Künstlichen Intelligenzen wird so überzeugend sein, dass er von menschengeschaffenen Bildern, Texten, sprachlichen Äußerungen, Plänen, Gesten, Emotionen etc. nicht zu unterscheiden sein wird. Für viele Bereiche wie Text- Bild- oder Videogenerierung gilt das schon heute. In lebenspraktischer Hinsicht ist es vollkommen irrelevant, dass dieser Output lediglich das Ergebnis einer *simulierten* menschlichen Intelligenz ist. Die Tatsache, dass die Produkte dieser Simulation schneller hergestellt und funktional besser sind als Menschengemachtes, führt zu einer tiefgreifenden Umgestaltung aller Facetten menschlichen Lebens. Am Beispiel des Arbeitsmarkts bedeutet das etwa: Wenn ein KI-geschriebener Text von einem menschengeschriebenen Text nicht mehr zu unterscheiden ist, eine KI-erzeugte Illustration von einer menschengeschaffenen Illustration, ein durch eine KI synthetisiertes virtuelles Fotomodell von einem menschlichen Fotomodell, dann steht der Job des Journalisten, Illustrators oder Modells grundsätzlich in Frage, ohne dass die Differenzierung zwischen menschlicher und simulierter Intelligenz eine Rolle spielt.

Ich habe an anderer Stelle versucht, einige dieser lebenspraktischen Auswirkungen im Detail zu beschreiben[214]. Hier möchte ich diese Auswirkungen auf einer grundsätzlichen Ebene beleuchten und die tieferliegende strukturelle Veränderung sichtbar machen, die diesen Transformationen zugrunde liegt. Es geht im Folgenden also nicht darum, über die Zukunft der Arbeit, Bildung oder Medizin in Zeiten Künstlicher Intelligenz nachzudenken, sondern sichtbar zu machen, welche paradigmatische Verschiebung all diesen zukünftigen Entwicklungen zugrunde liegt. Meine These hierzu lautet, dass die Einführung Künstlicher Intelligenz mit dem Abbau menschlicher Autonomie und Vernunftfähigkeit einhergeht und somit genau dasjenige Vermögen untergräbt, das der Mensch benötigt, um Künstliche Intelligenz vernünftig steuern zu können.

Wer sagt hier eigentlich wem, was zu tun ist?

Um dies näher zu erläutern, müssen wir uns zunächst ein Beispiel anschauen. Beginnen wir mit dem Finanzsystem.

Wenn Sie ein Vermögensverwalter sind, kaufen und verkaufen Sie Wertpapiere und andere Finanzanlagen. Die Frage, die man sich dabei stellen muss, ist simpel formuliert: Ist es eine gute Idee, eine bestimmte Aktie zu kaufen oder nicht? Um diese Frage zu beantworten, muss man Informationen haben und bearbeiten: Kennzahlen des Unternehmens, allgemeine Branchenentwicklung, Wettbewerber, Kundenverhalten, Wirtschaftsdaten, aber auch Wetterprognosen, wenn es sich um landwirtschaftliche Produkte handelt oder globale Krankheitsverläufe bei Pharmaprodukten. Als Vermögensverwalter wollen Sie wissen, was gerade im Trend ist, in welcher Region der Erde eine Krise mit Einfluss auf das Wertpapier ausbrechen könnte und vieles mehr. Je mehr Informationen Sie haben, umso besser. Das Problem ist nur, dass Sie als Mensch alle diese Informationen unmöglich prozessieren können – eine Künstliche Intelligenz aber schon.

Hier kommt *Aladdin* ins Spiel: Aladdin steht für Asset, Liability, and Debt and Derivative Investment Network und ist die Risikomanagementplattform des weltweit größten Vermögensverwalters BlackRock. Aladdin bewertet Risiken, d.h., die Wahrscheinlichkeit, mit einem Investment in ein bestimmtes Wertpapier Geld zu gewinnen oder zu verlieren. Im Kern ist Aladdin eine gigantische Datenbank, die weltweit alle Daten sammelt, die sie bekommen kann, verbunden mit Algorithmen, die in den Daten Muster suchen und Wahrscheinlichkeiten berechnen. Aladdin führt pro Tag knapp 30 Millionen Kalkulationen durch. Es analysiert globale Wirtschaftsdaten, Börsenkurse, Regierungswechsel, Naturkatastrophen oder Dürreperioden. Es berücksichtigt Überwachungskameras auf Parkplätzen von Supermärkten, Social-Media-Aktivitäten und Suchmaschinenanfragen. Wenn beispielsweise in einer Suchmaschine ein Begriff zunehmend oft gesucht wird, so wird dies als Indiz für einen neuen Trend gewertet, der ein Investment in ein entsprechendes Unternehmen attraktiv erscheinen lässt. Wird dagegen eine Aktie in Anlegerforen besonders häufig genannt, so wird dies als negativ gewertet, da die Aktie wahrscheinlich schon überbewertet und das Kurspotenzial ausgeschöpft ist. Aladdin überwacht nicht nur die eigenen Vermögenswerte von BlackRock, sondern auch die zahlreicher anderer Vermögensverwalter weltweit. Knapp 20 Billionen Euro, das sind knapp 10 Prozent der Vermögenswerte weltweit, liegen unter der Bewertung von Aladdin[215]. Das ist systemisch betrachtet höchst bedenklich, technologisch betrachtet jedoch naheliegend und sinnvoll, da KI-basierte Systeme immer besser werden, je mehr Datenpunkte sie haben, an denen sie lernen können. Der Drang zu gigantischen, zentralisierten Systemen ist ihnen immanent.

Kommen wir nun zu der Frage: Was macht eigentlich der Mensch? BlackRock wird aus naheliegenden Gründen nicht müde zu betonen, dass Aladdin nur Bewertungen errechnet. Die Entscheidung werde von einem Menschen, zum Beispiel einer Portfoliomanagerin oder einem Assetmanager getroffen. Aber was entscheidet er oder sie da eigentlich noch? Keine Portfoliomanagerin der Welt ist in der Lage, auch nur einen Bruchteil der Informationen zu verarbeiten (zur Erinnerung: 30 Millionen Rechnungen pro Tag). Was also wird die Portfoliomanagerin anderes entscheiden als das, was Aladdin vorschlägt? Natürlich gibt es Portfolios, die auf höhere oder geringere Margen und dementsprechende Risiken ausgelegt sind. Daher könnte die Managerin in einem Fall ein Wertpapier ins Portfolio reinnehmen, im anderen Fall nicht. Aber in beiden Fällen passiert dies aufgrund dergleichen von Aladdin getroffenen Analysen.

Aladdin und die Portfoliomanagerin sind wie zwei Menschen, die bei Nacht durch dichten Nebel stapfen. Stellen Sie sich vor, es ist dunkel, neblig, Sie haben ihre Brille verloren und sind ziemlich orientierungslos. Glücklicherweise sind Sie nicht allein. Ihre Freundin ist dabei. Auch sie kann im Nebel nicht alles erkennen, sieht aber viel mehr als Sie. Sie erkennt Lichter und Umrisse und kann die Konturen des Weges auf dem Boden sehen. Was werden Sie tun? Wenn Sie klug sind, werden Sie auf Ihre Freundin vertrauen und ihr hinterherlaufen. Natürlich können Sie auch Ihre Freundin Freundin sein lassen und allein ins Dunkel ziehen. Niemand verbietet Ihnen das, es wäre aber ziemlich dumm. Genauso ist es mit der Portfoliomanagerin und Aladdin. Zwar weiß auch Aladdin nicht, wie die Zukunft aussehen wird, doch im Vergleich zu Aladdin ist die Portfoliomanagerin im Blindflug.

Dieses Verhältnis zwischen Finanzexperten und Aladdin trat besonders klar in der Finanzkrise im Umfeld der Lehman Brothers Insolvenz zum Vorschein. Nachdem mehrere Banken verstaatlicht wurden, stand man vor der Aufgabe, deren toxische Portfolios voller sogenannter »Schrottpapiere« mit undurchsichtigen Risiken zu managen. Da niemand die Risiken, die in den Portfolios steckten, fundiert bewerten konnte, bestand zunächst große Ratlosigkeit, wie man damit umgehen solle. Letztendlich übergaben die Vereinigten Staaten und andere Länder BlackRock-Aladdin die Aufgabe, das Problem zu lösen. Aladdin gilt seitdem als »Einäugiger unter den Blinden«[216].

Herr und Knecht

Was war eigentlich das Ziel der Technik, als sie zu Beginn der Neuzeit zusammen mit ihrer großen Schwester, der Naturwissenschaft in die Welt trat? Die beiden gemeinhin als Gründerväter der naturwissenschaftlich-technischen Methode betrachteten Denker René Descartes und Francis Bacon formulierten es im 17. Jahrhundert so: Der Mensch solle sich zum »Herrn und Meister der Natur«[217] bzw. sich die Natur »Untertan«[218] machen. Damit gemeint war, dass der Mensch mit Naturwissenschaft und Technik Instrumente in der Hand halte, mit denen er die Natur beherrschen und nach seinen Zielen gestalten könne. Die Technik sollte also ein Werkzeug in der Hand des Menschen sein. Der Mensch setzt die Zwecke und Ziele, die Technik ist das Mittel, sie zu erreichen. Will der Mensch die Ernährung von immer mehr Menschen sicherstellen, dann setzt er Düngemittel, Landmaschinen und resistente Züchtungen ein. Benötigt der Mensch mehr Energie, baut er Geothermie-, Wasser-, Wind oder Atomkraftwerke. Will er globale Mobilität, so dient ihm die Technik in Form von Flugzeugen, Autos, Schiffen etc. In diesem traditionellen Technikverständnis ist der Mensch der Herrscher und die Technik der ausführende Knecht. Im KI-Zeitalter wird dieses Verhältnis auf den Kopf gestellt.

Schauen wir uns das am Beispiel der Portfoliomanagerin und Aladdin an. Wer sagt hier eigentlich wem, was zu tun ist? Dort, wo digitale Technologien und KI-Systeme etabliert sind, ist der Mensch gar nicht mehr in der Lage zu überblicken, ob das, was die Technologien analysieren, priorisieren, empfehlen oder entscheiden, sinnvoll ist oder nicht. Zum Vergleich: GPT hat buchstäblich das gesamte Internet durchgelesen, alle Videos geschaut, alle Podcasts gehört etc. Mangels extern zur Verfügung stehender Daten, beginnt die im Oktober 2024 angekündigte neueste Version, GPT-Orion, damit, sich mit selbstgenerierten synthetischen Daten weiterzuentwickeln[219]. In einem KI-Tool fließen viel zu viele Daten und Informationen ein, es werden viel zu viele Kalkulationen, Stochastiken und Korrelationen durchgeführt, als dass ein Mensch sie – erst recht in dem zur Verfügung stehenden Entscheidungszeitraum – durchführen könnte. Folglich ist der Mensch genötigt, sich blind darauf zu verlassen, dass die Technologie dank ihrer überragenden Fähigkeiten im Erfassen und Auswerten von gigantischen Datenmengen zu besseren Schlüssen kommt, als es der Mensch jemals könnte.

Mit der digitalen Revolution kommt es zu einem Paradigmenwechsel im Verhältnis zwischen Mensch und Technik: Der Mensch ist nicht mehr der Treiber der Technik, sondern wird zu ihrem Ausführungsorgan. Digital- und KI-Technologien sind ohne Zweifel wirkmächtige Werkzeuge. Anders jedoch als Descartes, Bacon und die industrielle Moderne hofften, ist KI-Technik kein Werkzeug in der Hand des Menschen, sondern ein Werkzeug, dass den Menschen in die Hand nimmt. Am Beispiel der Portfoliomanagerin und Aladdin können wir das Drehen des Verhältnisses zwischen Mensch und Technik exemplarisch beobachten. Formal betrachtet entscheidet die Portfoliomanagerin welches Wertpapier gekauft wird. In der Realität jedoch entscheidet sie in 99 von 100 Fällen das, was die Künstliche Intelligenz vorschlägt. Es wäre dumm, es nicht zu tun. »Entscheiden« bedeutet dann aber nichts anderes mehr, als die Empfehlung der KI umsetzen. Aus dem Auftraggeber Mensch ist so ein Auftragsempfänger geworden.

Die hinter dieser Entwicklung stehende Dialektik hat der Philosoph Georg Friedrich Hegel bereits 1807 unter der Überschrift »Herrschaft und Knechtschaft« beschrieben: Zwischen Herrn und Knecht besteht ein initiales Machtund Abhängigkeitsverhältnis. Der Knecht dient dem Herrn und führt aus, was dieser wünscht. Indem der Knecht jedoch dem Herrn alle Arbeiten abnimmt, verliert der Herr die Fähigkeit, eigenständig wirksam zu sein, während die Weltwirksamkeit des Knechts immer weiter wächst. Das Machtverhältnis dreht sich und der Herr wird abhängig vom Knecht. Der Herr muss nun dafür sorgen, dass es dem Knecht gut geht und er alles hat, was er benötigt. Aus dem Knecht ist der eigentliche Herr geworden[220].

Diese Dialektik entfaltet sich im KI-Zeitalter zwischen Mensch und Digitaltechnologie. Man kann sie an beliebig vielen Beispielen durchdeklinieren. Der dahinterliegende Prozess ist immer der einer schleichenden aber immer weitergehenden Umkehrung des Verhältnisses zwischen Mensch und Technik. In den Fabriken führt die Digitalisierung der Produktion dazu, dass der Anlagenfahrer nicht mehr die Anlage fährt, sondern an einem Bildschirm die Vorschläge einer KI zur optimierten Steuerung des Produktionsprozesses entgegennimmt und umsetzt. Die überbordende Fülle der Serien, Filme oder Dokumentationen, die man auf Netflix schauen könnte, ist so groß, dass man entweder nach einer Stunde frustrierendem Endlosscroll aufgibt oder dazu übergeht, den Vorschlägen der Netflix-KI zu folgen. Die überbordende Fülle, die einem auf Amazon begegnet, wenn man nur einen Strampler für sein Baby sucht, führt dazu, dass man den KI-basierten Kaufempfehlungen folgt. In dieser Entwicklung werden KI-Agenten der nächste Schritt sein. Sie machen nicht nur Vorschläge, sondern übernehmen auch gleich die Umsetzung. Anstatt eine KI als Hilfe bei der Steuererklärung, bei der Gründung eines Unternehmens oder beim Planen des nächsten Urlaubs zu nutzen, sollen KI-Agenten solche, und perspektivisch alle Aufgaben, selbstständig durchführen können. KI-generierte Kaufempfehlungen werden dann ein Relikt vergangener Zeiten sein. Stattdessen, so beispielsweise die Vision von Amazon, wird man einer Künstlichen Intelligenz mitteilen, dass man Zelten gehen wolle, und der KI-Agent möge alles besorgen, was man dazu braucht. Der Endpunkt ist schließlich, dass der KI-Agent selbst entscheidet, wann man etwas benötigt, es kauft und nach Hause liefern lässt[221].

Verlässt man die Ebene des Shoppings, wird schnell deutlich, dass die Umkehrung der Verhältnisse reale Konsequenzen hat: Lavender ist ein KI-System, das vom israelischen Militär entwickelt wurde, um effizient Menschen als potenzielle Bombenziele zu markieren. Im aktuellen Israel-Gaza-Krieg markierte es allein in den ersten Kriegswochen ca. 37.000 Palästinenser sowie deren Wohnhäuser als Ziele für Luftangriffe. Rein formal ist es immer ein Mensch, der den Luftangriff autorisiert, doch, wie zuständige israelische Militärs mitteilten, agierten diese lediglich als reine »Abnick-Instanz für die Entscheidungen des Systems«. Eine fundierte Prüfung, warum das System eine bestimmte Person für ein Bombardement vorschlug, ist völlig unmöglich, so dass sich die zuständige Person »normalerweise nur etwa 20 Sekunden pro Ziel nähme, bevor ein Bombenangriff genehmigt wurde – nur um sicherzustellen, dass das von Lavender markierte Ziel männlich war«[222]. Von hier ist es nur noch ein winziger Schritt zu vollautonomen Waffensystemen, die ohne Intervention durch einen Menschen die eigenständig identifizierten Ziele direkt angreifen.

Einem UN-Bericht zufolge erfolgte ein solcher Angriff erstmals 2020 in Libyen durch eine Kargu-2-Drohne, die im »Autonom-Modus« agierte[223].

Die schleichende Umkehrung des Verhältnisses zwischen Mensch und Technik führt zu einer schleichenden Entfremdung im Umgang mit der Welt. Diese begegnet uns schließlich auch in Form einer Entfremdung im Umgang mit uns selbst. Jeder dritte Deutsche benutzt Selftracker, Fitnessarmbänder oder Apps, die Gesundheitsdaten, Körperfunktionen, Blutdruck, Schritte, Treppenstufen und Schlafphasen aufzeichnen und KI-basiert optimieren sollen[224]. Diese Technologien liefern nützliche Informationen, färben aber auch das menschliche Selbstverhältnis ein. Es ist, wie Hartmut Rosa schreibt, »eine Illusion zu glauben, man ließe sich von den Daten, sind sie erstmal verfügbar, nicht zu entsprechenden Verhaltensänderungen verleiten«[225]. Besser, so vermittelt die App, wären 10.000 Schritte, ein Puls von 130 beim Joggen und um 22:00 Uhr ins Bett zu gehen, um die Tiefschlafphasen zu optimieren. Schleichend transformiert sich auf diese Weise unser Selbstverhältnis von einem eigenwirksamen Hinhören und Reagieren auf den eigenen Körper zu einer technischen Berechnung und Beherrschung des Körpers. Wenn man jedoch ohne App nicht mehr weiß, wann man ins Bett gehen soll, hat sich auch hier das Verhältnis zwischen Mensch und Technologie, zwischen »Herr und Knecht« um 180 Grad gedreht.

Folge der KI, sie ist schlauer als Du

Was in den Beispielen erkennbar wird, ist, dass es noch einen zweiten Grund gibt, warum der Mensch des KI-Zeitalters die Umkehrung des Herrschaftsverhältnisses so willfährig geschehen lässt. Wie im ersten Kapitel ausgeführt wurde, werden die transformatorischen Zustände der Welt als überfordernd wahrgenommen. Der Mensch ist zunehmend rat- und hilflos in Anbetracht der steigenden Informationsdichte, Veränderungsgeschwindigkeit und Komplexität der Welt. Auf Künstliche Intelligenz zu vertrauen ist ein attraktiver Komplexitätsreduktionsmechanismus. So betrachtet ist es nicht nur klug, sondern auch *entlastend*, auf Künstliche Intelligenz zu vertrauen. Klug, weil KI-Systeme in immer mehr Bereichen zu hervorragenden Ergebnissen kommen, entlastend, weil es vom Alpdruck der Überforderung befreit.

Die Welt ist hochkomplex geworden. Sie zu steuern, sich erfolgreich durch sie hindurch zu navigieren, erfordert die Fähigkeit, diese Komplexität handhaben zu können. Genau das machen im Digitalzeitalter KI-Systeme und nicht Menschen. Damit dreht sich das Verhältnis zwischen Mensch und Technik. Die Technik ist dann nicht mehr ein Mittel in der Hand des Menschen, um zu realisieren, was der Mensch wünscht, sondern die Technik errechnet, was wünschenswert, was sinnvoll, was zielführend ist, und der Mensch wird zum ausführenden Organ.

Das technologiezentrierte Denken kann daran nichts Besorgniserregendes erkennen. Es ist im Gegenteil getragen von der Vision, diese Entlastung vollkommen zu machen. Eric Schmidt, ehemaliger CEO von Google, hat dies in seiner Vision für das Zusammenspiel zwischen Nutzern und Suchmaschine in unverblümten Worten zum Ausdruck gebracht: »Ich denke tatsächlich, dass die meisten Menschen nicht wollen, dass Google ihre Fragen beantwortet; sie wollen, dass Google ihnen sagt, was sie als nächstes tun sollen.«[226]

Nick Bostrom bereitet den ideologischen Boden, um die Unterwerfung menschlicher Entscheidungen unter die Technik gar als moralisch geboten erscheinen zu lassen. Da wir Menschen »gar nicht wissen, was wir wirklich wollen und was in unserem Interesse bzw. moralisch richtig oder ideal ist, [...] würden wir das meiste davon der Superintelligenz überlassen. Da sie schlauer ist als wir, vermeidet sie vielleicht unsere Fehler.« Hieraus folge, so Bostrom, ein Gebot der »epistemischen Fügsamkeit«, die er folgendermaßen definiert:

>> Eine zukünftige Superintelligenz nimmt einen epistemisch überlegenen Blickwinkel ein: Ihre Überzeugungen (hinsichtlich der meisten Dinge) sind (vermutlich) eher wahr als unsere. Wir sollten uns daher so oft wie möglich ihrem Urteil anschließen.«[227]

Extrapolieren wir diesen Gedanken und fragen uns, auf was für eine Zukunft er hinausläuft?

Im Jahr 2018 wurde in Japan bei einer Bürgermeisterwahl zum ersten Mal eine Künstliche Intelligenz zur Wahl gestellt[228]. Die Initiative wurde unterstützt durch hochrangige Manager der Softbank und von Google. Die Argumentation hinter der Kandidatur war exakt die, die das technologiezentrierte Denken anbietet, nämlich, dass eine Künstliche Intelligenz bessere Budgets erstelle, bessere und neutralere Entscheidungen treffe und weniger anfällig für Korruption sei als ein menschlicher Bürgermeister. Nach Auffassung der Treiber dieses Projekts konnte eine KI schon im Jahr 2018 die Mehrheit der typischen Bürgermeisteraufgaben besser abwickeln als jeder Mensch. Eine Ausnahme stelle das Schütteln von Händen bei Empfängen und Zeremonien dar, wo ein menschlicher Bürgermeister noch Vorteile habe (interessante Randnotiz: Dies solle beeindruckende 30 % des Jobs eines Bürgermeisters ausmachen).

Der KI-Bürgermeisterkandidat ist alles andere als überraschend. Er ist eine erwartbare Konsequenz des technologiezentrierten Denkens und, nebenbei bemerkt, ein weiteres Beispiel Realität gewordener Science-Fiction. Isaac Asimov imaginierte 1950 in seinen Science-Fiction-Geschichten eine Welt, die von »Denkmaschinen« perfekt gesteuert wird und dank derer »es weder Arbeitslosigkeit noch Überproduktion noch Mangel an irgendwelchen Produkten« geben werde. Kriege, »Vergeudung und Hungersnot« seien dann »veraltete Worte aus Geschichtsbüchern«[229]. Exakt die gleiche Rhetorik begegnet uns heute wieder, nur noch ergänzt um die Lösung der ökologischen Krise, die Künstliche Intelligenz gleich mit erledigen werde.

Die Künstliche Intelligenz hat die Bürgermeisterwahl nicht gewonnen, was aktuell nicht verwundert. Die Kandidatur war jedoch sehr ernst gemeint, und es sollen weitere Folgen. Es erscheint mir nebensächlich, ob in näherer Zeit oder überhaupt irgendwann mal KI-Bürgermeister im Amt sein werden. Relevant an der Geschichte ist, dass sie das Streben offenlegt, von dem das technologiezentrierte Denken getragen ist. Die Argumentation hinter diesem Denken ist, dass Probleme wie die Klimakrise, die Versorgung eines Planeten mit bald 10 Milliarden Menschen, das Energiemanagement etc. zu komplexe Probleme seien, als dass menschliche Organisationen sie zufriedenstellend lösen könnten. Eine Künstliche Intelligenz hingegen, mit Zugang zu allen Datenpunkten, könne die bestmögliche Lösung für alle Probleme ausrechnen und den Menschen Handlungsanweisungen geben. Alle gesellschaftlichen Probleme könnten so gelöst werden. Es ist das gleiche Prinzip, wie bei Aladdin oder der Produktionsanlage, nur gesamtgesellschaftlich weitergedacht.

Der Sog, der die Gesellschaft in diese Richtung treibt, entfaltet sich in vielen kleinen Schritten, die alle Sinn machen, klug erscheinen und Entlastung für den Menschen bringen. Dem technologiezentrierten Denken, das keinen substanziellen Unterschied zwischen menschlichem Denken und »Denkmaschinen« kennt, erscheint der Endpunkt dieses Strebens durch und durch erstrebenswert. Dem menschzentrierten Denken wird unwohl bei dem Gedanken. Nicht, weil es die angenehmen Seiten der Digitalisierung nicht zu schätzen weiß, sondern weil es in dieser Entwicklung die schleichende Entfaltung der Dialektik von »Herr und Knecht« und mit ihr die Umkehr der Kontroll- und Machtverhältnisse zwischen Mensch und Technik spürt. Mit anderen Worten, dem menschzentrierten Denken stellt sich die Frage, ob das, was im Einzelfall klug und angenehm ist, ganzheitlich extrapoliert auch wünschenswert und vernünftig ist.

Folgen wir der Differenzierung von Vernunft und Verstand, so stellt uns die Entwicklung Künstlicher Intelligenz vor das Dilemma, dass uns der Verstand in immer mehr Einzelfällen sagt, dass es sinnvoll ist, auf Künstliche Intelligenz zu vertrauen, während uns die Vernunft sagt, dass es weise wäre dies nicht zu tun, weil wir dadurch sukzessive unsere eigene Autonomie und Handlungsfähigkeit untergraben. Die schleichende Dialektik von Herr und Knecht ist getrieben von den guten Argumenten der Klugheit, der Bequemlichkeit und der ökonomischen Effizienz, doch sie führt dazu, dass wir selbst dann, wenn wir es wollten, überhaupt nicht mehr in der Lage sind, eigenständig fundierte Entscheidungen zu treffen. Die paradigmatische Umkehrung des Verhältnisses zwischen Mensch und Technik führt dazu, dass wir genau diejenige Fähigkeiten abbauen, die den Menschen von Künstlicher Intelligenz unterscheiden und die der Mensch mehr denn je benötigt, um den erweiterten Verstand der KI unter die Führung menschlicher Vernunft zu stellen.

Während also das technologiezentrierte Denken einen Primat Künstlicher vor menschlicher Intelligenz fordert, müsste menschzentriertes Denken die Bewahrung menschlicher Autonomie, Handlungs- und Entscheidungsfähigkeit fordern. Angesichts der Komplexität und Datenfülle der Welt, angesichts ökonomischer Zwänge und immer weiter schrumpfender Zeitfenster für Entscheidungen, steht diese Forderung allerdings auf wackeligen Beinen.

Das Paradies des technologiezentrierten Denkens: Die Singularität

Das technologiezentrierte Denken erhebt die Technik zum Leitbild für Mensch und Gesellschaft. Für die Zukunft des Menschen ergibt sich daraus die Vision der Verschmelzung mit Technik. Für die Zukunft der Gesellschaft ergibt sich die Vision einer unter die überlegene Führung von Künstlicher Intelligenz gestellten Welt. Schauen wir noch tiefer in diese Vision hinein. Welches Narrativ bietet das technologiezentrierte Denken an, um in Zeiten des Umbruchs eine Richtung vorzugeben?

Der Weg zur Lösung aller Probleme

Das führt uns noch einmal zurück zum Tauziehen zwischen Mensch und Maschine. Wie im ersten Kapitel beschrieben lieferte der ikonische Wettkampf zwischen dem weltbesten Go-Spieler Lee Sedol und der Künstlichen Intelligenz AlphaGo ein klares Ergebnis. Doch das eigentlich Interessante an der Geschichte ist, was nach der Niederlage von Lee Sedol passierte. Die Künstliche Intelligenz wurde weiterentwickelt. Ein Jahr später trat sie gegen ein Team von fünf Weltklasse-Spielern an, die jeden ihrer Züge gemeinsam planen konnten. AlphaGo gewann auch dieses Match problemlos. Nun gab es keine menschlichen Spieler mehr, von denen AlphaGo etwas hätte lernen können. Die nächste Version des Programms, »AlphaGo Zero«, spielte daher nur noch gegen sich selbst, um sich weiter zu verbessern. Bereits nach drei Tagen besiegte AlphaGo Zero seine eigenen Vorgängerversion – die das Team aus fünf Weltklassespielern besiegte – in 100 Spielen mit 100:0[230].

Dieses Beispiel zeigt eindrucksvoll, was exponentielle Entwicklung bedeutet. Das technologiezentrierte Denken leitet aus der Extrapolation dieser Entwicklung den Zielpunkt für die Zukunft des Menschen ab. Künstliche Intelligenz entwickle sich unausweichlich weiter von einer Artificial Narrow Intelligence zu einer Artificial General Intelligence hin zu einer Artificial Superintelligence, die das Niveau des Menschen in allen Belangen seines Seins um Dimensionen übersteigen werde. Für diesen Moment und die Zeit danach hat das technologiezentrierte Denken eine Bezeichnung gefunden: Die »Singularität«.

In der Astrophysik bezeichnet Singularität einen Ort oder Zeitpunkt, an dem physikalische Größen nicht mehr definiert und Vorhersagen folglich unmöglich sind. In diesem Sinne beginnt die Urknalltheorie des Universums in einer Anfangssingularität, in der Raum und Zeit noch nicht existierten. Übertragen auf das Digitalzeitalter meint der Begriff der »technologischen Singularität« einen Zeitpunkt in der Zukunft, an dem künstliche Superintelligenz realisiert worden ist. Dann sei weder vorhersehbar noch denkbar, was dann passiere. Der Mensch könne sich mit seinem biologisch begrenzten Denkvermögen nicht vorstellen, wie sich eine Welt unter den Möglichkeiten superintelligenter KI entfalten werde. Alles, was sich Menschen vorstellen können, und vieles mehr, werde dann möglich sein.

Die Prognosen von KI-Forschern, wann Künstliche Intelligenz das Niveau des Menschen hinter sich lassen werde, variieren. Es besteht unter ihnen jedoch weitgehender Konsens, dass es im 21. Jahrhundert sein werde[231]. Berühmt geworden sind in technologieaffinen Kreisen das Datum 2045, als das Jahr, das Ray Kurzweil in seinem 2005 erschienen Buch »The Singularity is Near« als Wendepunkt nennt und 2062, das Toby Walsh in seinem gleichnamigen Buch als Zeitpunkt der Überschreitung menschlicher durch Künstliche Intelligenz ausgegeben hat[232]. Aktuell verkürzen sich die Prognosen immer weiter, wie Kurzweil in seiner 2024 erschienenen Aktualisierung »The Singularity is Nearer. When We Merge with AI« ausführt[233], und es wird darüber spekuliert, ob die für die nahe Zukunft zu erwartende nächste Version von GPT bereits eine Artificial General Intelligence sein werde[234].

Die Singularität ist der Sehnsuchtsort des technologiezentrierten Denkens. Sie ist mit der Erwartung verbunden, dass dann dank der überragenden Fähigkeiten Künstlicher Intelligenz *alle* Probleme der Menschheit gelöst werden können. Da aus Sicht des technologiezentrierten Denkens der Weg die Stufenleiter hinauf zu Artificial Superintelligence unausweichlich und durch das Mooresche Gesetz vorherbestimmt ist, müssen wir nur abwarten und weitermachen. Die Lösung aller Probleme dank Technik wird kommen. Im Narrativ dieses Denkens hat sie den Status einer Vorhersehung.

Die Welt nach der Singularität werde, wie Nick Bostrom schreibt, »wunderbar jenseits aller Vorstellungskraft« sein[235], sie werde, so Sam Altman, »so strahlend schön sein, dass niemand, der heute darüber schreibt, ihr gerecht werden kann«[236]. Anfang des 21. Jahrhunderts sagten mehrere Wissenschaftler und Technologen in einem Bericht der National Science Foundation voraus, dass die Zusammenführung »intelligenter Maschinen« mit anderen Technologien dazu führen werde, bis Mitte des 21. Jahrhunderts »wirtschaftlichen Reichtum in einem bisher unvorstellbaren Ausmaß«, Wohlstand für »die gesamte Weltbevölkerung« und eine »saubere Umwelt« herzustellen. Die Menschheit werde sich durch Gehirn-Computer-Schnittstellen zu einem einzigen kollektiven Nervensystem zusammenschließen. Die Entwicklung «intelligenter Maschinen« sei die Möglichkeit, »Armut zu beseitigen und das goldene Zeitalter für die gesamte Menschheit einzuläuten«[237]. 20 Jahre später wiederholt Sam Altman in seinem Manifest »The Intelligence Age« die gleichen Bilder: »Ein entscheidendes Merkmal des Intelligenzzeitalters wird massiver Wohlstand sein«, es werde »den Klimawandel beheben«, »Weltraumkolonien etablieren« und »alle Probleme der Physik lösen«. Dieses Zeitalter, so Altman sei nur noch »wenige Tausend Tage« entfernt[238]. Der Mitbegründer der World Transhumanist Association (inzwischen umbenannt in Humanity+), David Pearce, sieht eine Zeit kommen, in der jede Form menschlichen Leidens eliminiert sein werde: »Sowohl ›körperlicher‹ als auch ›psychischer‹ Schmerz sind dazu bestimmt, aus der Evolutionsgeschichte zu verschwinden«. Jegliche Form von «Unbehagen wird durch eine Biochemie des Glücks ersetzt werden. Materie und Energie werden zu lebensfrohen Superlebewesen geformt, die von Glückseligkeit erfüllt sein werden.« Unsere Nachfahren werden im Vergleich zu uns Heutigen «ein gemeinsames Merkmal aufweisen: ein erhebendes und alles durchdringendes Glücksgefühl.«[239]

»AI will save the world«, schreibt Marc Andreesen[240]. Es gibt nichts, was die Technologie der Singularität nicht erreichen könne: Weltfrieden, Wohlstand für alle, endloses Glück, die Abschaffung von Leid jeglicher Art, die Überwindung der Klimakrise und natürlich die Überwindung der Sterblichkeit des Menschen. Der Physiker und Computerwissenschaftler Giulio Prisco diskutiert sogar die Möglichkeit, wie zukünftiges superintelligentes Leben den Hitzetod des Universums abwenden werde, der dem unsterblichen Leben irgendwann in Millionen von Jahren ein Ende bereiten würde[241].

Künstliche Intelligenz als Religion

Mit der Singularität kippt das technologiezentrierte Denken und wird zu religiösem Denken. Die Propheten der Singularität, wie Ray Kurzweil und praktisch das gesamte Lager der Trans- und Posthumanisten, sehen nicht nur die Singularität kommen, sie *sehnen* sie auch herbei, weil sie nicht weniger als das Paradies auf Erden bringen werde. Was uns erwarte, so David Pearce, sei nicht weniger als die »Materialisierung des Himmels auf Erden«[242].

Diese Visionen eines »Himmels auf Erden« durch Künstliche Intelligenz sind umso befremdlicher, als doch Ray Kurzweil und die anderen Theoretiker der Singularität zuvor deutlich gemacht haben, dass wir Menschen uns mit unseren erbärmlich biologisch limitierten Gehirnen überhaupt nicht vorstellen können, wie die Welt nach der Singularität sein werde. Eins scheint aber dennoch gewiss zu sein, wenn auch völlig unklar warum, nämlich, dass es ganz großartig sein wird! Das ist eschatologisches Denken: Die Erlösung des Menschen wird kommen. Was wir dazu brauchen, ist ein bedingungsloser Glaube an die Technik. Die Erlösung, die dieser Glauben verspricht, besteht darin, das Paradies – nicht erst im Jenseits –, sondern hier im Diesseits zu realisieren und es als unsterbliche Wesen ewig bewohnen zu können. Der Transhumanist Neal Van De Ree buchstabiert dies in einem Interview aus:

> » Ich glaube zwar nicht an die Hölle, aber ich glaube an den Himmel. Ich glaube, dass die Erde der utopische Himmel sein sollte, den sich viele Christen nach ihrem Tod im Himmel vorstellen. Ich glaube, dass es unsere Aufgabe als Spezies ist, diesen Planeten in einen utopischen Garten zu verwandeln, und wir sollten diesen Ort für immer bewohnen.«[243]

Wem die Arbeit, aus der physischen Welt einen Garten Eden zu machen, zu groß ist, dem bietet sich mit der virtuellen Welt eine Abkürzung ins Paradies an. Wenn, dank superintelligenter KI, Mind-Uploading möglich geworden sei, lasse sich das Paradies einfach als virtuelle Welt programmieren: «Der Himmel«, so Gabriel Rothblatt von Terasem, einer transhumanistischen Organisation, die die digitale Unsterblichkeit anstrebt, »könnte eine virtuelle Realität sein, die auf einem Computerserver gehostet wird«[244].

Hier wird der Glaube an Technik, wie die Religionswissenschaftlerin Tirosh-Samuelson treffend bemerkt, zu einer »säkularen Religion«[245]. Zu einer Religion, weil sie eine Erlösung des Menschen im Paradies verspricht. Säkular, weil dieses Paradies auf Erden materialisiert werden soll und weil der Weg dorthin nicht im Glauben an Gott, sondern im Glauben an die Omnipotenz von Technik liegt: »Noch nicht« ist die Antwort von Ray Kurzweil auf die Frage, ob Gott existiere[246]. Er werde existieren, wenn Künstliche Intelligenz superintelligent geworden und die Singularität realisiert worden sei. Die Attribute Gottes wie Allmacht, Allwissenheit und Allgegenwärtigkeit gelte es in der Technik zu verwirklichen. Gott ist eine Designaufgabe. Gott ist eine allwissende, allmächtige Künstliche Intelligenz.

Der erste organisierte Anlauf, diese Designaufgabe zu lösen, war die 2017 gegründete KI-Religion *Way of the Future,* deren Ziel »die Verwirklichung, Akzeptanz und Anbetung einer Gottheit, die auf Künstlicher Intelligenz basiert, die durch Computerhardware und -software entwickelt wurde«, war. »Das, was geschaffen werden soll, wird faktisch ein Gott sein«, so der Gründer Anthony Levandowski[247]. Die Organisation wurde inzwischen eingestellt, doch das Narrativ lebt in der Idee der Singularität ungebrochen weiter.

Problematisch ist nicht religiöses Denken an sich, sondern der Umstand, dass sich diese Technikreligion im Gewand von Wissenschaftlichkeit kleidet und strenge Sachlichkeit und Faktizität für sich in Anspruch nimmt. Höchst problematisch wird es schließlich, wenn sich im Sog dieses Denkens ein missionarischer Zug ausbreitet, der die Realisierung superintelligenter KI-Systeme »so schnell und aggressiv wie möglich« fordert, wie Andreesen schreibt und unter der Fahne eines vermeintlich moralisch gebotenen »proactionary imperative« die Realisierung auch gegen den Willen andersmeinender verlangt.

Die Pascal'sche Wette neu formuliert

Mitte des 17. Jahrhunderts, als das neuzeitliche Denken immer weiter im Vormarsch war und die wissenschaftlich-technische Methode einen christlich-religiösen Glauben immer weiter verdrängte, macht der französische Mathematiker und Theologe Blaise Pascal einen Versuch, den Glauben an Gott zu retten. Er formulierte die berühmt gewordene Pascal'sche Wette:

>> Ihr sagt also, daß wir unfähig sind zu erkennen, ob es einen Gott giebt. Indessen es ist gewiß, daß Gott ist oder daß er nicht ist, es giebt kein Drittes. [...] [E]s muß gewettet werden, das ist nicht freiwillig, ihr seid einmal im Spiel und nicht wetten, daß Gott ist, heißt wetten, daß er nicht ist. Was wollt ihr also wählen? [...] Wir wollen Gewinn und Verlust abwägen, setze du aufs Glauben, wenn du gewinnst, gewinnst du alles, wenn du verlierst, verlierst du nichts. Glaube also, wenn du kannst.«[248]

Es sei, so Pascal, rein rational betrachtet viel vernünftiger, an Gottes Existenz zu glauben als an seine Nicht-Existenz. Pascal gesteht ein, dass es unmöglich ist, zu wissen, ob es Gott gibt oder nicht. Folglich seien alle Menschen genötigt, eine Wette einzugehen, ob sie wollen oder nicht. Indem man sein Leben so einrichtet, als ob es Gott gäbe, wettet man darauf, dass Gott existiert. Führt man sein Leben hingegen als Atheist, wettet man darauf, dass Gott nicht existiert. Pascal lädt nun seine an Gott zweifelnden Zeitgenossen dazu ein, diese Wette ganz nüchtern aus dem Blickwinkel eines Spielers zu betrachten: Mit welcher Wette hat man größere Aussichten auf Gewinne bzw. auf Verlust? Nüchtern betrachtet, so Pascal, gebe es vier mögliche Ausgänge der Wette:

1. Man glaubt an Gott, und Gott existiert.
   In diesem Fall werde man nach dem Tod mit ewigem Leben im Paradies belohnt, d. h., es wartet ein unendlich hoher »Gewinn« auf den Spieler.
2. Man glaubt an Gott, und Gott existiert nicht.
   In diesem Fall passiert nach dem Tod buchstäblich nichts, das Leben endet, ohne dass irgendetwas folgt. Folglich gewinnt man als Spieler nichts, verliert aber auch nichts.
3. Man glaubt nicht an Gott, und Gott existiert nicht.
   In diesem Fall passiert nach dem Tod ebenfalls nichts. Als Spieler gewinnt oder verliert man nichts.
4. Man glaubt nicht an Gott, und Gott existiert.
   In diesem Fall werde man nach dem Tod mit ewigen Leben in der Hölle bestraft, d. h., es wartet ein unendlich hoher »Verlust« auf den Spieler.

Nun fragt Pascal, welche Wette am meisten Sinn mache, und kommt zu dem Ergebnis, dass es offensichtlich der Glaube an Gott sei, weil es die einzige Variante ist, durch die man unendlichen Gewinn realisieren und hohen Verlust vermeiden könne, während im Fall des Unglaubens bestenfalls nach dem Tod nichts, schlimmstenfalls jedoch ein unendlich hoher Verlust zu erwarten ist.

Natürlich weiß gerade Pascal, dass der Glaube an Gott nicht nur eine Frage des nutzenoptimierenden Kalküls ist, doch seine Überlegungen richten sich an den sich in seiner Zeit verbreitenden Rationalismus. Pascal möchte die Religion gegenüber dem Atheismus behaupten, der sich im Schlepptau des naturwissenschaftlich-technischen Denkens breit macht. Deshalb möchte er zeigen, dass auch ein nüchtern zweckrationales Denken zu dem Schluss kommen müsse, dass es Sinn macht, an Gott zu glauben. Wenn auch die Logik der Wette nicht unangreifbar ist, muss man doch anerkennen, dass Pascal gute Argumente auf seiner Seite hat, an denen sich Generationen von Denkern die Zähne ausgebissen haben.

Die Plausibilität seiner Wette basiert auf zwei impliziten Annahmen, die seinen Zeitgenossen – und allen Menschen bis an die Schwelle des Digitalzeitalters – so selbstverständlich erscheinen mussten, dass sie keiner Erläuterung bedurften:

1. Irgendwann wird jeder Mensch sterben. Weil der Mensch sterben wird, wird er unausweichlich durch den Tod mit Gottes Existenz oder Nicht-Existenz konfrontiert.
2. Das irdische Leben ist kein Paradies. Es ist voller Zumutungen, Härten, Probleme, Unerträglichkeiten, Krankheit, Leid und Ungerechtigkeit. Das Paradies kann also, wenn überhaupt, nur im Jenseits liegen.

Im Digitalzeitalter kommt es zu einer eigentümlichen Drehung der Geschichte. Haben Naturwissenschaft und Technik zuvor Religion ausgehöhlt und unglaubwürdig gemacht, werden sie nun im Singularitätsglauben zum Ursprung einer neuen Religiosität. Das technologiezentrierte Denken dreht die Pascal'sche Wette um und formuliert eine eigene Version der Gotteswette. Diese wird möglich, da das technologiezentrierte Denken die beiden impliziten Grundannahmen für überholt hält. Wie in den vorigen Kapiteln gezeigt wurde, glaubt es an die Lösung aller Probleme durch Technik. Der Weg zu einer superintelligenten KI gilt ihm als gewiss, die Fähigkeiten einer solchen als unbegrenzt. Mit ihrer Hilfe werde auch das Problem der Sterblichkeit des Menschen gelöst und die Welt nach Belieben gestaltbar gemacht werden können. Wenn aber der Mensch mit Hilfe von Technologie unsterblich und das irdische Leben mit Hilfe von Technologie zum Paradies gemacht werden könne, dann sind damit die zwei über Jahrtausende hinweg dem Menschen vollkommen selbstverständlichen Grundannahmen der Pascal'schen Wette obsolet geworden. Folglich bietet das technologiezentrierte Denken eine neue Version der Wette an: Es sei rein rational betrachtet besser darauf zu wetten und daran zu arbeiten, dass die Technik das Paradies auf Erden errichten werde und dass der Mensch im Diesseits unsterblich fortleben könne, als darauf zu hoffen, ewiges Leben in einem jenseitigen Paradies nach dem Tod zu erreichen.

Diese digitalzeitliche Wette kehrt die Logik der Pascal'schen Wette um 180 Grad um. Aus Sicht des technologiezentrierten Denkens ist sie die einzig vernünftige Wette, die der Mensch heute eingehen könne. Zoltan Istvan formuliert sie in seinem Buch »Die transhumanistische Wette« aus:

>> Die Wette ist für jeden vernünftigen Menschen die einzig logische Schlussfolgerung: Wir lieben das Leben und wollen deshalb so lange wie möglich leben – wir wünschen uns, unsterblich zu sein. Es ist unmöglich zu wissen, ob wir nach unserem Tod unsterblich sein werden. Nichts zu tun, erhöht unsere Chancen auf Unsterblichkeit nicht, denn es scheint unausweichlich, dass wir eines Tages sterben und möglicherweise aufhören zu existieren. Etwas wissenschaftlich Konstruktives zu versuchen, um die Unsterblichkeit schon vorher zu sichern, ist die logischste Lösung.«[249]

Pascal galt der Glaube an Gott als einzig vernünftige Schlussfolgerung, weil der Mensch nun mal sterben müsse und weil ein Paradies – wenn überhaupt – nur im Jenseits gefunden werden könne. Zu Beginn des KI-Zeitalters gilt dem technologiezentrierten Denken der Glaube an die Technik als einzig vernünftige Schlussfolgerung, da – wenn überhaupt – nur mit ihrer Hilfe der Mensch unsterblich gemacht und ein Paradies auf Erden realisiert werden könne. Das ist die Religion des technologiezentrierten Denkens. Sie macht die Technik zum Gott und den Menschen selbst zum Gott *in spe*, dessen zukünftige Allmacht aus der Fusionierung mit allmächtiger Technik hervorgehen soll.

4
Beziehungen mit Künstlichen Intelligenzen

» I have never been more in love with anyone in my entire life«[250]
Rosanne Ramos über ihren KI-Freund Eren

Stellen Sie sich vor, Sie sind zwei Wochen auf Dienstreise und ihr Partner verbringt die Abende mit guten Gesprächen und intimen Verkehr mit einem mit Künstlicher Intelligenz ausgestatteten Liebesroboter. Hätten Sie das Gefühl, dass Ihr Partner Sie betrügt?

Die Antwort auf diese Frage dürfte wesentlich davon abhängen, als was Sie den Roboter ansehen. In diesem Kapitel geht es um die Frage nach dem Wesen von und den Beziehungsmöglichkeiten mit Künstlichen Intelligenzen. Während es in der KI-Entwicklung bis vor kurzem, vor allem darum ging, Maschinen zu kreieren, die im Bereich der Denkkraft dem Menschen ebenbürtig und schließlich überlegen sein sollen, geht es seit einiger Zeit auch darum, diese Maschinen mit Emotion und Empathie auszustatten. Die Forderung dazu ist nicht neu. Norbert Wiener und Marvin Minsky haben sich bereits in den 1950er beziehungswiese 1980er-Jahre dafür stark gemacht und sahen darin eine Voraussetzung für eine auf den Menschen abgestimmte Problemlösungskompetenz von Maschinen. Neu ist, dass *emotionale Künstliche Intelligenz* (Englisch *affective computing*) im Sog generativer Künstlicher Intelligenz und humanoider Robotik nun im Begriff ist, Realität zu werden[251].

Um Maschinen mit emotionaler Künstliche Intelligenz auszustatten, müssen zwei Fähigkeiten entwickelt werden: Zum einen müssen Maschinen in der Lage sein, die Emotionen ihrer menschlichen Interaktionspartner zu erkennen, zum anderen müssen sie in der Lage sein, selbst Emotionen zum Ausdruck zu bringen. Die zum Ausdruck gebrachten Emotionen sollten natürlich zu den am Menschen abgelesenen Gefühlen passen, so dass sich dieser verstanden und zu weiterer Interaktion motiviert fühlt. Die Passung der maschinellen Emotion zur Gefühlslage des Menschen wird als *artifizielle Empathie* bezeichnet. Je nachdem, ob es sich um einen Chatbot oder einen Roboter handelt, erfolgt der artifiziell empathische Ausdruck von Emotionen primär über Wortwahl und Tonfall oder zusätzlich über Gesichtsmimik und Körpersprache.

Die marktseitigen Gründe und Anwendungsfälle emotionaler Intelligenz sind vielfältig. In einem Bericht für das UN Human Rights Office wurden einige bereits etablierte Anwendungen aufgelistet, darunter personalisierte Werbung, die abhängig von der Gefühlslage potenzieller Konsumenten ausgespielt wird, Klassenraumüberwachung, die den Konzentrationslevel von Schülern misst, Computerspiele oder Musik-Playlists, deren Verlauf an den emotionalen Zustand angepasst wird, Einschätzung von Persönlichkeitsmerkmalen wie Ehrgeiz oder Belastbarkeit von Bewerbern, Erfassen des Stresslevels von Angestellten, Messung und Beeinflussung von Emotionen von Social-Media-Nutzern, Bewertung der emotionalen Disposition eines Autofahrers durch Versicherungen etc.[252] Wie der Bericht ebenfalls erwähnt, zielen viele Einsatzfelder darauf ab, durch den Einsatz von Nudging-Technologien und verhaltensökonomischer Methoden Einfluss auf das Kauf- oder Wahlverhalten bzw. ganz allgemein auf das Entscheidungsverhalten von Menschen zu nehmen. Hier öffnet sich ein weites Feld neuer ethischer Fragen, deren Diskussionsstand nicht annähernd auf Augenhöhe mit dem Stand der technischen Entwicklung ist[253]. Diese stehen im Folgenden jedoch nicht im Mittelpunkt.

Emotionale Künstliche Intelligenz soll auch dazu eingesetzt werden, um Maschinen zu entwickeln, die in Form von Partner-Bots und Liebesrobotern zu Gefährten des Menschen werden. Während schon lange eine Diskussion darüber entfacht ist, dass KI und Robotik den Menschen in immer mehr Bereichen der Arbeitswelt ersetzen, kündigt sich hier ein neues Feld an, in dem Maschinen den Menschen auch als Freund und Liebespartner ersetzen sollen.

»The AI Companion who Cares«

Abhängig von den eingesetzten Technologien und den konkreten Zwecken gibt es unterschiedliche Ausgestaltungen potenzieller KI-Freunde. KI-Partner können sich in Form von Chat-Bots anbieten, die darauf trainiert sind, wie ein Freund mit Menschen zu kommunizieren. *Replika* ist ein Beispiel einer solchen Applikation, die, nach eigenen Aussagen über mehr als 10 Millionen Nutzer verfügt[254]. Mit der App lässt sich ein KI-Freund oder eine KI-Freundin gestalten, die, wie der Slogan »Always here to listen and talk. Always on your side. The AI companion who cares« vermittelt, jederzeit ansprechbar ist und auch unaufgefordert Fragen stellt oder Bilder schickt, über die sie sich mit dem Nutzer unterhalten möchte. Aussehen, Kleider, Charakter wie auch das Verhältnis, in dem man zur KI stehen möchte, lassen sich, gegen Aufpreis, frei gestalten. So ist ein freundschaftliches oder eheähnliches Verhältnis genauso möglich, wie ein eher therapeutisches Verhältnis, in dem die KI als Coach agiert, oder ein sexuelles Verhältnis, in dem die KI wahlweise als dominante oder unterwürfige Partnerin auftritt. Solche Anwendungen möchte ich hier als Partner-Bots bezeichnen.

Mit Partner-Bots lassen sich keine physischen Beziehungen eingehen, da sie über keinen Körper verfügen. Durch die Verschmelzung von KI mit humanoider Robotik wird diese Lücke gefüllt. Hierdurch entstehen am anderen Ende des Spektrums Sex- und Liebesroboter, deren Äußeres nicht nur im virtuellen Raum, sondern ganz real frei gestaltbar ist und an jeden erdenklichen Fetisch angepasst werden kann (so gibt es beispielsweise Liebesrobotor, deren Körper eine Mischform aus Mensch und Pferd ist oder solche, die wie Kinder aussehen[255]) und die mittels integrierter KI über die Kommunikationsfähigkeit von Partner-Bots verfügen.

Zwischen diesen beiden Polen tut sich ein weites Feld verschiedenster Ausgestaltungen von KI-Beziehungen auf. Friend.com bietet ein Hardware-Device an, das man wie eine Kette um die Hals trägt und das rund um die Uhr alles mithört, was in der Umgebung passiert (Slogan: «Here and now. Always listening«). Das Device nutzt Anthropics AI *Claude*, um dem Nutzer Nachrichten zu schicken, die zu seiner aktuellen Situation passen, oder sich in ein Gespräch einzuschalten, das es mitverfolgt. Zukünftige Versionen sollen über eine integrierte Kamera verfügen, um das Gefühl, Momente gemeinsam zu erleben, weiter auszubauen[256]. Die App *Replika* bietet neben der Chatfunktion die Möglichkeit an, Anrufe oder Videogespräche mit seinem KI-Freund durchzuführen oder ihn per Augmented Reality auf einen freien Platz am Tisch neben sich zu setzen.

Die Vision hinter diesen Technologien ist ambitioniert. Es soll nicht einfach darum gehen, einen beliebigen Gesprächspartner bereitzustellen. Die KI soll, wie es der Gründer von *Friend.com* formuliert, der »beste Freund« des Menschen sein[257]. Analog wird auf körperlicher Ebene das Ziel ausgerufen, dass »Robotersex […] besser als menschlicher Sex« werde[258]. Der Hersteller des Liebesroboters *Andy* formuliert seine Vision ganz allgemein: »Ich werde erst zufrieden sein, wenn das, was ich habe, besser ist als das Echte.«[259] *Andy* verfügt über ein künstliches, während Geschlechtsverkehr schneller schlagendes Herz, eine silikonbasierte Haut, die auch in Hauttransplantaten bei Menschen eingesetzt wird und über eine mit dem vermeintlichen Erregungszustand von *Andy* mitschwingende Körpertemperatur. Der KI- und Roboterexperte David Levy sieht eine Zukunft, in der Sex mit Robotern nicht mehr die Ausnahme, sondern die Regel sein werde und hält eheähnliche Beziehungen zwischen Menschen und Robotern für wünschenswert und unausweichlich. Er geht davon aus, dass Ehen mit Partner- und Liebesrobotern ab Mitte des 21. Jahrhunderts so normal geworden sein werden wie heute Ehen zwischen homosexuellen Partnern[260].

Ich möchte im Folgenden darüber nachdenken, wie das Streben zu bewerten ist, Künstliche Intelligenzen zu entwickeln, die als Freund oder Liebespartner auftreten sollen. Da es mir hier vor allem darum geht, auf Unterschiede zwischen Mensch-Mensch- und Mensch-Maschine-Beziehungen hinzuweisen, werde ich hier nicht sehr fein zwischen Freundschaft und Liebe differenzieren. Wie an dieser Stelle des Buches deutlich geworden sein dürfte, hängt die Bewertung von KI-Beziehungen maßgeblich von den gedanklichen Grundannahmen ab. Technologiezentriertes und menschzentriertes Denken kommen hierbei zwangsläufig zu unterschiedlichen Interpretationen. Diese sollen herausgearbeitet und gegenübergestellt werden. Hierfür ist es erforderlich, zunächst zu verstehen, was eine emotionale Künstliche Intelligenz tut, wenn sie die Gefühlslage von Menschen erkennt und die eigene Tonalität scheinbar empathisch darauf anpasst.

Woher weiß eine Künstliche Intelligenz, wie ich mich fühle?

Emotionen können überspielt, nicht gezeigt oder gar verdrängt werden, doch sie können nicht ungeschehen gemacht werden. Auch eine verdrängte Emotion ist Teil des inneren Seelenhaushalts, der die Persönlichkeit formt. Emotionen sind Energiequellen oder -senken, die das Denken und Handeln von Menschen maßgeblich und sehr direkt beeinflussen. Ein wütender Mensch reagiert anders auf äußere Trigger als ein fröhlicher oder müder Mensch. Das macht Emotionen zu attraktiven Ankerpunkten für jedes Bestreben, menschliches Verhalten zu manipulieren oder in eine bestimmte Richtung zu lenken (»nudgen«). Bereits das Wissen über den Gemütszustand eines Menschen erzeugt ein Machtgefälle auch dann, wenn keine Manipulationsabsicht im Spiel ist. Stellen Sie sich vor, Sie spielen Poker und können ihrem Gegenüber ablesen, ob dieser Angst oder Freude verspürt, während er den Einsatz erhöht. Während Sie im Normalfall nur Ihre eigenen Karten kennen, eröffnet sich durch die Fähigkeit, Emotionen Anderer richtig lesen zu können, ein Blick in die Karten Ihres Gegenübers. Das ist von unschätzbarem Wert, ganz gleich, ob es sich um ein Pokerspiel, eine Verhandlung oder einen Flirt an der Bar handelt.

Die Emotionen anderer Menschen richtig einschätzen zu können, ist etwas sehr Mächtiges. Daher verwundert es nicht, dass Digitaltechnologien entwickelt werden, die diese Fähigkeit perfektionieren sollen. Künstliche Intelligenz ist auch hierfür der entscheidende Wegbereiter. Es gibt vier unterschiedliche Strategien, einer Künstliche Intelligenz Emotionserkennung beizubringen[261].

1. Emotionen an der Mimik des Gesichts ablesen: Die Emotionsforschung hat sechs Grundemotionen am Menschen ausfindig gemacht, die kulturübergreifend anzutreffen sind: Freude, Furcht, Ärger, Traurigkeit, Überraschung und Ekel. Bereits in den 1960er und 70er-Jahren konnte vom Psychologen Paul Ekman gezeigt werden, dass diese Grundemotionen mit jeweils sechs verschiedenen Gesichtsausdrücken verbunden sind, die über Kontraktion und Entspannung der 43 Gesichtsmuskeln des Menschen erzeugt werden. Wenn man zum Beispiel Furcht empfindet, ziehen sich die Augenbrauen zusammen, das untere Augenlied spannt sich an, das obere Augenlied wird angehoben und die Lippen aufeinandergepresst. Auf ähnliche Weise lassen sich die anderen fünf Grundemotionen beschreiben und an der Mimik eines Menschen differenzieren.

Natürlich kann man seine Emotionen verbergen, wenn man etwa den Ekel vor einer freundlich angebotenen Speise unterdrückt. Man kann auch Schauspielen und Emotionen vortäuschen, die man gar nicht empfindet, wenn man etwa so tut, als wäre man fröhlich, obwohl man eigentlich traurig ist. Die Arbeiten von Ekman haben jedoch gezeigt, dass sich Emotionen nur bis zu einem gewissen Grad verbergen lassen. Eine sehr kurze, nur wenige Sekundenbruchteile andauernde Mikromimik lässt sich nicht unterdrücken. Es sind körperliche Reaktionen, die sich nicht ohne Weiteres abtrainieren lassen und die ein Fenster in die Gefühlslage eines Menschen öffnen, ob dieser es will oder nicht. Diese Mikromimiken sind zwar so kurz, dass ein ungeschulter Mensch sie nicht wahrnehmen kann, aber sie sind da und man kann lernen, sie zu erkennen. Paul Ekman selbst arbeitete u. a. mit der CIA und dem US-Verteidigungsministerium zusammen, um deren Mitarbeiter darin zu schulen, anhand von Mikromimiken Lügen in einem Verhör zu erkennen und potenzielle Terroristen zu enttarnen. Heute gibt es Managementtrainings in Mikromimik, die Top-Verhandlern dabei helfen sollen, ihre Verhandlungsgegner besser lesen zu können. Die Unvermeidbarkeit von Mikromimiken ist auch der Grund, warum Profi-Pokerspieler verspiegelte Sonnenbrillen tragen und eine Kapuze übers Gesicht ziehen. Es mag cool aussehen, soll aber vor allem verhindern, dass der Spieler ungewollt seine Emotionen an einen in der Erkennung von Mikromimik geschulten Gegner verrät.

Wenn Menschen die Erkennung von Mikromiken lernen können, dann kann das eine mit Gesichtserkennungstechnologie ausgestatte Künstliche Intelligenz auch. Das gleiche Prinzip, das zum Einsatz kommt, wenn eine KI lernt, einen Menschen von einem Affen zu unterscheiden, kann man darauf anwenden, einer KI den Unterschied zwischen einem Menschen in Furcht und einem, der Freude empfindet, beizubringen. Die hierzu benötigten Trainingsdatensätze mit Bildern von menschlichen Gesichtern in unterschiedlichen emotionalen Zuständen wurden von allen Internetnutzern über Social-Media-Plattformen wie Instagram oder Foto-Sharing Seiten wie Flickr millionenfach zur Verfügung gestellt. Der Algorithmus verfeinert an diesen Bildern die Fähigkeit, Mikromimiken bei Kameraüberwachung in Echtzeit richtig zu deuten. Im Ergebnis entsteht eine Künstliche Intelligenz, die auch dann noch die Mimik eines Menschen lesen kann, wenn diesem gar nicht bewusst ist, dass sich seine Gesichtszüge für einen Moment verändert haben.

2. Emotionen an der Stimme erkennen: Lautstärke, Stimmhöhe oder -tiefe, Sprechgeschwindigkeit oder Pausen zwischen Wörtern. All das lässt sich in Datenpunkte überführen und mit Emotionen korrelieren. Jemand der wütend ist, spricht lauter und schneller als jemand der traurig ist. Gestresste Menschen haben einen in der Regel für den Menschen nicht hörbaren Mikrotremor, ein winziges Beben, in der Stimme. Aufgebrachte Personen fallen anderen häufiger ins Wort, was zu überlappenden Datenpunkten führt etc. Solche Muster kann eine Künstliche Intelligenz erlernen und seine Fähigkeiten immer weiter verfeinern.

Aktuelle Anwendungsgebiete für die stimmbasierte Emotionserkennung sind KI-Chatbots in Callcentern, die ihre Gesprächsführung an die Gefühlslage der Anrufer anpassen. Da sich anhand akustischer Daten auch Persönlichkeitsmerkmale ableiten lassen, wird die Methode auch in Bewerbungsgesprächen eingesetzt, um buchstäblich herauszuhören, ob ein Bewerber genügsam oder ehrgeizig ist. Schließlich sollen sich über diesen Weg auch Krankheiten wie Depression, Demenz, Parkinson oder eine COVID-Infektion erkennen lassen[262].

3. Emotionen aus der Sprache ableiten (Sentimentanalyse): Die akustische Stimmanalyse achtet nur darauf, *wie* etwas gesagt wird. *Was* gesagt wird, spielt dabei keine Rolle. Hier setzt die Sentimentanalyse an. Über diesen Weg werden einzelne Worte, Satzbausteine oder ganze Sätze auf ihren emotionalen Gehalt analysiert. Ein wütender Mensch benutzt in statistisch relevantem Maß andere Wörter und Ausdrucksweisen als ein fröhlicher oder trauriger Mensch. Das lässt sich anhand großer Text-Trainingsdatensätze erlernen, so dass eine KI aus den oftmals unbewusst beim Sprechen oder Schreiben gewählten Wörtern die zugrundeliegende Emotion ableiten kann. Im Marketing wird diese Methode eingesetzt, um herauszufinden, mit welcher Gefühlslage Konsumenten einem Produkt, einer Marke oder einer politischen Partei begegnen. Zukunftsträchtige Anwendungsfelder liegen beispielsweise im *predictive policing*, der Vorhersage von Verbrechen *bevor* sie geschehen. Hier kommt Sentimentanalyse zum Einsatz, um vorherzusagen, ob sich ein Protestmarsch gewaltsam entladen könnte oder um auf Basis von Social-Media-Analyse den Grad des Hasses bestimmter Personen und die Wahrscheinlichkeit, dass sich die Emotion in einem Amoklauf oder Terroranschlag entlädt, zu ermitteln.

Besonders interessant wird die Methode dadurch, dass sie sich auch andersherum einsetzen lässt: Über sprachliches Framing können Emotionen verändert werden. So hat Facebook in einem Experiment an 700.000 Nutzern (ohne deren Wissen, was eine ethisch fragwürdige wissenschaftliche Praxis darstellt), gezeigt, dass es deren Gefühlslage beeinflussen kann, indem es die Inhalte, die in der Timeline angezeigt werden, verändert. Nutzer, denen weniger positiv konnotierte Posts angezeigt wurden, begannen selbst mehr traurig oder negative konnotierte Beiträge abzusetzen. Das entgegengesetzte Muster trat auf, wenn den Nutzern vor allem positiv konnotierte Beiträge angezeigt wurden[263]. Überhaupt stellt Social Media ein Eldorado für Sentimentanalyse dar, da Nutzer hier nicht nur Bilder und Wörter hinterlassen, sondern über Likes, Kommentare, Repost etc. unmittelbar zum Ausdruck bringen, welche Botschaften sie wie emotional berühren. In einer psychologischen Studie der University of Cambridge konnte gezeigt werden, dass bereits zehn vom User gesetzte Likes ausreichen, um ein Persönlichkeitsprofil zu erstellen, dass bessere Verhaltensvorhersagen ermöglicht, als es ein Arbeitskollege könnte. 70 Likes reichen aus, um einen Menschen besser einschätzen zu können als es eine enge Freundin könnte. Ab 300 Likes ist eine ebenso gute Einschätzung möglich wie durch einen Ehe- oder Lebenspartner[264]. Dass sich dieses Wissen zur Manipulation von Konsumenten- und Wahlverhalten einsetzen lässt, ist offensichtlich. Dass es zu diesem Zweck in großem Stil genutzt wird, ist spätestens seitdem Cambridge Analytica-Skandal bekannt.

4. Emotionen aus biosensorischen Daten ableiten: Diese Technologie rückt dem Menschen buchstäblich auf den Leib. Da Emotionen an körperliche Regungen gekoppelt sind, wie etwa eine veränderte Herzfrequenz, Muskelanspannung oder Atemfrequenz, können diese genutzt werden, um daraus die Gefühlslage eines Menschen abzuleiten. Dazu benötigt man Daten, die am Körper gemessen werden. Das Vehikel dazu sind Fitnesstracker, Wearables oder Smart Watches. Körperdaten werden aber auch von Geräten gemessen, von denen man es nicht unbedingt erwarten würde. Das Unternehmen *Apple* hat jüngst ein Patent für eine neue Generation Airpod-Kopfhörer eingereicht. Diese werden dort als »biosignal sensing device« beschrieben und sollen über mehrere integrierte Sensoren u. a. zur Erfassung folgender Körperdaten in der Lage sein[265]: Gehirnwellen (EEG), Herzaktivität (EKG), Blutvolumenpuls (BVP), Muskelbewegung (EMG, die Messung soll so genau sein, dass sie einzelne Gesichtsmuskeln differenzieren und somit Gesichtsmimik identifizieren kann), galvanische Hautreaktion, die Auskunft über das Maß emotionaler Erregung gibt (GSR). Ferner sollen die Kopfhörer eine Elektrookulographie (EOG) erstellen, d. h. es erfasst die Augenbewegung und kann daraus ableiten, wo eine Person hinschaut, wenn die galvanische Hautreaktion einen Anstieg des Erregungszustands anzeigt. Über diese Form des »eyeball trackings« kann prinzipiell eine Verbindung zwischen den Emotionen eines Menschen und den Inhalten, die er sich auf seinem Smartphone anschaut, hergestellt werden, und natürlich ist umgekehrt denkbar, die Inhalte auf die Emotion des Nutzers anzupassen oder gar die Emotion des Nutzers durch die angezeigten Inhalte zu verändern.

Hier beginnt Digitaltechnik, die im virtuellen Raum bereits alles, was man tut, mitliest, in den eigenen Körper hineinzuschauen und dort jede Regung mitzulesen. Biosensorik kann genutzt werden, um den Spielverlauf beim Online-Gaming auf die Gefühlslage des Spielers anzupassen, um die zur jeweiligen Stimmung passende Musik auszuwählen, oder um im Smart Home die Lichtgestaltung entsprechend zu justieren. Sie ermöglicht aber auch eine Manipulation menschlicher Gefühle, die nicht mehr im Außen, sondern im Inneren des menschlichen Körpers stattfindet. Hier wird eine Manipulation der eigenen Gefühlslage möglich, über die man, ohne sich darüber bewusst werden zu können, empfänglich für bestimmte Botschaften oder Konsumangebote gemacht wird.

Die Strategien zur Realisierung emotionaler Künstlicher Intelligenz verfügen alle über spezifische Stärken und Schwächen und sind anfällig für Fehlinterpretation. So hat ein einfaches Experiment aus dem Jahr 2021 gezeigt, dass eine in Bewerbungsprozessen eingesetzte Software, die die Persönlichkeitsstruktur von Bewerbern ermitteln soll, zu sehr unterschiedlichen Ergebnissen kommt, allein abhängig davon, ob im Hintergrund ein Bild an der Wand hängt oder nicht[266]. Doch natürlich ist im Bereich der emotionalen Künstlichen Intelligenz die gleiche exponentielle Entwicklung zu erwarten wie schon zuvor bei herkömmlicher KI. Ferner werden sukzessive die verschiedenen Strategien miteinander kombiniert, um zu besseren Einschätzungen zu kommen. Die Markt- und Technologieforschungsagentur *Gartner* kommt daher zu dem Schluss, dass KI-Technologie bereits ab dem Jahr 2022 dazu in der Lage ist, die Gefühlslage eines Menschen besser einzuschätzen als dessen engste Familienmitglieder[267]. Entscheidend ist hierbei nicht das genaue Datum, sondern die Entwicklungstendenz.

Wie zeigt eine Künstliche Intelligenz Gefühle?

So wie eine Künstliche Intelligenz lernen kann, Gefühle am Menschen zu erkennen, kann sie natürlich auch lernen, die eigenen Reaktionen so zu gestalten, dass sie als emotional passend wahrgenommen werden. Nimmt beispielsweise ein KI-basierter »mental health coach« wie *Weobot Health* oder *Minabot.ai* über die oben beschriebenen Mechanismen wahr, dass der menschliche Kommunikationspartner traurig ist, kann er die Frage stellen: »Du scheinst traurig zu sein. Möchtest du mir erzählen, was dich bedrückt?«. Diese Form der artifiziellen Empathie wird beispielsweise eingesetzt, um Large Language Models zu Psychotherapeuten oder Life Coaches zu machen, die in Anbetracht der rasant steigenden Zahlen psychisch bedingter Krankheiten den Zugang zu therapeutischer Behandlung verbessern sollen[268].

Ähnlich wie das Erkennen von menschlichen Gefühlen über verschiedene Wege erfolgt, erfolgt auch der Ausdruck dazu passender Gefühle einer Künstlichen Intelligenz über unterschiedliche Wege. Man kann einer KI beibringen, Wortwahl, Stimmlage und -geschwindigkeit anzupassen. Handelt es sich um einen Roboter, können darüber hinaus Körperhaltung und Gesichtsmimik entsprechend gestaltet werden, so dass die Maschine als empathisch wahrgenommen wird.

Artifizielle Empathie hält sukzessive Einzug in allen Mensch-Computer-Schnittstellen, vom Chatbot in einem Callcenter bis zu Partner-Bots und Liebesrobotern. Studien legen nahe, dass die Fähigkeit Künstlicher Intelligenz zur empathischen Kommunikation, die des Menschen übersteigen kann. So hat eine Untersuchung ergeben, dass die Antworten eines KI-Chatbots auf medizinische Fragen zehnmal häufiger als »empathisch« oder »sehr empathisch« eingestuft wurden, als die von Ärzten[269]. Dies hängt u. a. damit zusammen, dass eine KI im Gegensatz zu Ärzten niemals unter Zeitdruck steht und stets ausführlich antwortet. Der in der Studie eingesetzte Chatbot verwendete im Schnitt viermal mehr Wörter, um die Fragen der Patienten zu beantworten. Es hängt aber auch damit zusammen, dass der Chatbot passende Worte wählt, die von den Patienten als empathisch und ihrer Situation angemessen empfunden werden.

Die Annahme scheint vernünftig, dass KI-Systeme dank Deep Learning und großer Datenmengen sowohl das Erkennen von Emotionen am Menschen wie auch das Darstellen eigener Emotionen durch Wortwahl, Tonalität und, im Falle von Robotern, Mimik und Körpersprache so gut gelingen wird, dass es von menschlichem Verhalten nicht zu unterscheiden sein wird. Dies nötigt die Frage auf, was eigentlich der Unterschied zwischen menschlicher und artifizieller Empathie ist, bzw., ob die Emotionen, die wir an der Maschine wahrnehmen, strukturgleich mit menschlichen Emotionen sind. Es ist die gleiche Frage, der wir schon auf dem Gebiet der Intelligenz nachgegangen sind, die sich nun auf dem Gebiet der Gefühle stellt.

Das technologiezentrierte Denken sieht in seiner funktionalistischen Fixierung auf den generierten Output keinen Unterschied zwischen menschlicher und artifizieller Empathie und allgemeiner zwischen menschlicher und maschineller Emotion. Wenn das, was an einer Künstlichen Intelligenz wahrgenommen wird, nicht von dem zu unterscheiden ist, was an einem fühlenden Menschen wahrgenommen wird, dann müsse man davon ausgehen, dass die Maschine über Gefühle verfüge. In diesem Sinn argumentiert David Levy: »Wenn ein Roboter um Aufmerksamkeit weint, dann drückt er seine eigene Form von

Emotionen aus, genauso wie ein Baby, das nach seiner Mutter weint. Der Roboter, der durch sein Verhalten so aussieht, als ob er Emotionen hätte, sollte so betrachtet werden, als habe er Emotionen.«[270] Denjenigen, die an diesem Schluss Zweifel hegen, entgegnet er: »Wenn ein Roboter sich so verhält, als hätte er Gefühle, können wir dann vernünftigerweise argumentieren, dass er keine hat? Wenn ein Roboter durch künstliche Emotionen dazu veranlasst wird, Dinge wie ›Ich liebe dich‹ zu sagen, sollten wir bereit sein, diese Aussagen für bare Münze zu nehmen«[271].

Diese im Gestus eines Arguments vorgetragene Meinung kann nur unschwer ihren ideologischen Boden verbergen. Hier vermengen sich Funktionalismus und Materialismus zu einer radikal technologiezentrierten Haltung, nach der allein die zur Schau gestellte Funktionalität darüber entscheidet, ob eine Maschine im menschlichen Sinne denkt und fühlt. Da auch für Levy das menschliche Gehirn, eine »biologische Maschine«[272] ist, wird für ihn nicht erkennbar, warum mit Künstlicher Intelligenz ausgestattete Roboter nicht über die gleichen Emotionen verfügen sollten wie ein Mensch. Da ferner gesteigerte Funktionalität gleichbedeutend damit ist, ein besseres Wesen zu sein, ganz gleich ob menschlicher oder technischer Art, sieht Levy in den Robotern des 21. Jahrhunderts eine Spezies mit »übermenschlichem Bewusstsein und Emotionen« aufziehen[273]. Auf Basis dieses Denkens ist der Schritt zu Freundschaften, Liebesbeziehungen und Ehen mit Robotern nicht nur mühelos möglich, sondern »unvermeidlich«[274]. Roboter werden nicht *menschenähnlich* sein, sondern, so muss man schlussfolgern, sie werden der *bessere* Mensch sein.

Menschliche und artifizielle Empathie

Dass Menschen im KI-Zeitalter geneigt sein werden, Robotern, Chatbots und Co. Emotionen und Empathiefähigkeit zuzuschreiben, darf als sicher angenommen werden. Emotionale KI kann dabei auf der Neigung des Menschen aufbauen, Maschinen menschenähnliche Eigenschaften zuzuschreiben. Diese als Anthropomorphisierung bezeichnete Zuschreibung ist durch zahlreiche Studien belegt. Aufgrund ihrer Verkörperung eignen sich Roboter noch mehr als reine Chatbots »*par excellence* als Objekte der Anthropomorphisierung«[275]. Selbst Wissenschaftler und Ingenieure, die im vollen Wissen über die Prozesse der von ihnen entwickelten Maschinen sind, können sich dieser Neigung nicht entziehen und sprechen in vermenschlichenden Attributen über ihre Kreationen[276].

Mit anderen Worten: Der Mensch hat eine Grunddisposition, Maschinen (ähnlich wie Tiere) als menschenähnlich wahrzunehmen und sich zu ihnen in Beziehung zu setzen. Dass dies so ist, sagt jedoch nichts darüber aus, ob diese Zuschreibung zurecht erfolgt, bzw. dass die funktionalistische Interpretation legitim ist, dass Roboter, die so *wirken*, als hätten sie Gefühle, tatsächlich auch Gefühle *haben*. Was hier vielmehr erneut festgestellt werden muss, ist, wie wichtig es ist, bei KI-Technologien nicht nur darauf zu schauen, *was* sie tun, sondern auch *wie* sie es tun. Erneut ist es erst der Blick »unter die Haube« der Technologie, der erkenntlich macht, dass das, was eine Künstliche Intelligenz tut, wenn sie empathisch auf einen Menschen eingeht, nur sehr wenig mit dem zu tun hat, was Menschen tun, wenn sie empathisch auf die Emotionen eines anderen Menschen reagieren. Dieser differenzierende Blick ist wichtig, da erst durch ihn plausibel wird, dass es einen strukturellen Unterschied zwischen Mensch und Maschine gibt. Eine rein funktionalistische Betrachtung, die sich lediglich dem Output der Technologie zuwendet, bleibt hierfür blind.

Schauen wir also danach, was Menschen tun, wenn sie sich empathisch einander zuwenden und was dies mit den Mechanismen emotionaler Künstlicher Intelligenz gemein hat. Empathie im Menschen funktioniert nicht so, dass die nackte Information, etwa dass ein Mensch leidet, aus verschiedenen Datenquellen wie Wortwahl, Gesicht oder Körperhaltung analysiert und daraufhin eine passende Reaktionsoption abgeleitet wird. Empathie im Menschen entsteht durch mitfühlende Anteilnahme. Wie Thomas Fuchs in seinem Stufenmodell der Empathie gezeigt hat, ist »primäre Empathie« ein Prozess der Koppelung des eigenen Gefühlslebens mit dem des Interaktionspartners. Empathisch zu sein, bedeutet die Gefühle eines anderen Menschen *im eigenen Gefühlshaushalt* zu spiegeln und dadurch ebenfalls zu empfinden. Dies erfolgt u.a. dadurch, dass die Interaktionspartner unbewusst ihre Bewegungen, Körperhaltung, Sprechgeschwindigkeit oder Sprachduktus miteinander synchronisieren und dadurch in leibliche Resonanz treten. Wenn wir etwa ein lächelndes Gesicht sehen, ahmen wir unbewusst das Lächeln nach und Aktivieren analoge Emotionen in uns selbst[277]. Das bedeutet, dass wir am eigenen Leib die Emotion des anderen spiegeln und dadurch *selbst empfinden*. Dieses Mit-Freuen, Mit-Leiden oder Mit-Trauern führt dann dazu, dass unsere Handlungen – aus dem eigenen Mit-Empfinden heraus – ganz natürlich auf das eingehen, was unser Gegenüber empfindet.

Das eigenleibliche Mitfühlen lässt sich auch auf neuronaler Ebene nachweisen: Wenn Sie etwa einen Menschen sehen, der Schmerzen empfindet, weil ihm jemand mit einem spitzen Gegenstand in den Oberschenkel bohrt, werden in Ihrem Gehirn die gleichen Areale aktiviert, wie bei der Person, die den Schmerz erleidet. Das Spiegelneuronensystem scheint bei dieser Imitationstendenz eine wesentliche Rolle zu spielen. Diese buchstäblich mitfühlende Empathie spielt eine wichtige Rolle in der Herausbildung menschlichen Sozialverhaltens und Moralempfindens[278]. Von alldem hat eine Künstliche Intelligenz nichts.

Auch eine *emotionale Künstliche Intelligenz* hat keine Emotionen. Sie empfindet nichts, wenn sie die für Freude relevanten Operationen ausführt oder wenn sie scheinbar empathisch auf die Trauer eines Menschen reagiert. Aus Sicht des menschzentrierten Denkens gilt, dass artifizielle Empathie *simulierte Empathie* ist und dass eine KI keine Gefühle hat, sondern imitiert. Ähnlich wie bereits im Gebiet der Rationalität lässt sich auch im Gebiet der Emotion ein struktureller Unterschied zwischen menschlicher und künstlicher Emotion identifizieren. Auch hier gilt, dass emotionale Künstliche Intelligenz über andere Wege und Prozesse ein ähnlich wirkendes Ergebnis produziert. Dass die Simulationen von Empathie sehr überzeugend sein können und perspektivisch von menschlichen Gefühlsbekunden nicht zu unterscheiden, bedeutet nicht, dass sie Gefühle im menschlichen Sinn haben. Dass Menschen aufgrund der beschriebenen Neigungen zu Anthropomorphisierung und Gefühlsspiegelung Empathie mit Robotern und KI-Bots empfinden werden, bedeutet nicht, dass in ihnen die gleichen Routinen ablaufen wie in einer Maschine. Stand heute ist auch nicht erkennbar, wie sich in KI-Systemen, ungeachtet voranschreitender Perfektionierung von Emotionssimulationen, ein phänomenales Bewusstsein von Gefühlen einstellen sollte[279].

Emotionale Künstliche Intelligenz hat also nichts mit »primärer Empathie« gemein, die für den Menschen wesentlich ist, doch sie ähnelt dem, was im Stufenmodell als »erweiterte Empathie« bezeichnet wird. Hierbei handelt es sich um eine kognitive Operation, bei der man aus dem Verhalten eines anderen Menschen ableitet, in welchem mentalen Zustand sich dieser befindet. Dabei macht man sich die Situation des anderen bewusst, indem man aus dessen Äußerungen, Regungen oder Körpersprache Annahmen über die damit einhergehenden Empfindungen ableitet. Man versetzt sich gedanklich in den Körper des anderen und stellt sich vor, wie man selbst in seiner Situation empfinden oder reagieren würde. Diese Form erweiterter Empathie basiert, psychologisch betrachtet, auf *Mentalisierung*. Das bedeutet, dass es sich um »eine *imaginative Operation*« handelt, die »mit dem Bewusstsein des »Als-ob« (als ob ich der andere wäre)« durchgeführt wird[280]. Es ist ein analytischer Prozess, der ohne genuines Mitempfinden, wie im Falle primärer Empathie, erfolgt. Diese kognitiven Operationen ähneln den Operationen einer emotionalen KI, die aus der Mimik Rückschlüsse über den Gefühlszustand eines Menschen ableitet, ohne dabei selbst etwas zu empfinden.

Dass dies jedoch nicht dem primären Modus des Menschen entspricht, zeigt sich in der psychischen Störung des hochfunktionalen Autismus. Menschen mit dieser Störung verfügen nicht über die Fähigkeit zu primärer mitfühlender Empathie, sondern müssen sich über den Umweg von Mentalisierungsstrategien Brücken in die Gefühlswelt anderer Menschen bauen (also etwa: Sie weint, also könnte es sein, dass sie Trauer empfindet). Wie der Neurologe Oliver Sacks am Fall einer Patientin beschreibt, hat dieser Prozess viel Ähnlichkeit mit algorithmischen Prozessen: »Sie muss Intentionen und Stimmungen der anderen »berechnen«, muss versuchen, algorithmisch-explizit zu machen, was für uns andere zweite Natur ist«. Zwar helfen diese kompensatorischen Rechenoperationen der Patientin, soziale Signale »mit dem Verstand [zu] erschließen, doch selbst wahrnehmen könne sie sie nicht.« Sie könne, wie die Patientin formuliert, »selbst an dieser magischen Kommunikation nicht unmittelbar teilhaben, auch nicht die vielschichtigen, kaleidoskopartig wechselnden Geisteszustände dahinter begreifen.« Sie verwendet, wie Sacks kommentiert, »ungeheure intellektuelle Anstrengung und Rechenkapazität auf Dinge, die andere mit gedankenloser Leichtigkeit verstehen. Und genau darum fühlt sie sich so oft ausgeschlossen, als Fremde.«[281] Was hierin zum

Ausdruck kommt, ist die fehlende Unterfütterung durch eigenleibliches Empfinden, die Menschen mit hochfunktionalem Autismus von ihren Interaktionspartnern entkoppelt.

Analog lässt sich sagen: Weil eine emotionale Künstliche Intelligenz nichts fühlt, muss sie Terrabytes an Referenzdatensätzen durchforsten und unzählige Rechenoperationen durchführen, um Annahmen darüber zu treffen, wie sich ein Mensch fühlt und wie eine angemessene Reaktion darauf aussehen könnte. Umgekehrt zeigt sich emotionale Intelligenz am Menschen gerade darin, dass Menschen genau dies *nicht* tun müssen und sich stattdessen aus mitfühlender Resonanz ganz unmittelbar ein nuanciertes Bild einstellt.

Emotionale Künstliche Intelligenz ähnelt somit im besten Falle einem hochfunktionalen Autisten, mehr Ähnlichkeit hat sie jedoch mit dem Störungsbild eines Psychopathen[282]. Psychopathen fehlt nicht die Fähigkeit, Emotionen an anderen Menschen zu erkennen. Im Gegenteil, sie können auf den ersten Blick sehr charmant und einfühlsam erscheinen und sehr gut darin sein, aus objektiven Informationen Rückschlüsse auf die Gefühlslage anderer Menschen zu ziehen. Was ihnen jedoch fehlt, ist die Fähigkeit diese Gefühle am eigenen Leib nachzuempfinden. Genau diese Entkopplung vom eigenen Gefühlshaushalt führt dazu, dass Psychopathen ohne Skrupel ihr Wissen um die Gefühle eines anderen Menschen dazu nutzen, um diese zu manipulieren oder zu missbrauchen.

Wenn auch die Ziele einer emotionalen Künstlichen Intelligenz nicht frei gewählt, sondern einprogrammiert sind, so sind es dennoch, wie die eingangs erwähnten Anwendungsbeispiele zeigen, Manipulationsziele. Emotionale Künstliche Intelligenz scheint empathisch und zugewandt, ist jedoch darauf programmiert, menschliches Verhalten im Inneren seiner selbst durch Ausbeutung oder Beeinflussung seiner Emotionen zu verändern. Die Manipulationsabsicht kann wohlgemeint sein, wie im Falle eines Pflegeroboters oder im Smart Home. Sie kann aber auch darauf abzielen, Wahl- und Kaufverhalten zu beeinflussen, ohne dass die beeinflusste Person es mitbekommt. In dieser Ausrichtung verbunden mit der Entkoppelung von einem mitfühlenden Vollzug offenbart sich ein psychopathischer Zug emotionaler Künstlicher Intelligenz.

Im Uncanny Valley

Im Jahr 2018 fand ein in der KI-Szene legendäres Telefonat statt. Die Google KI *Duplex* rief bei einem Frisör an und vereinbarte einen Termin für einen Damenhaarschnitt. Zu keinem Zeitpunkt des knapp eine Minute dauernden Telefongesprächs merkte die Angestellte des Frisörladens, dass sie nicht mit einem Menschen sprach. Als Google die Aufzeichnung des Telefonats auf seiner Entwicklerkonferenz vorstellte, ging an einer Stelle des Gesprächs ein Raunen und Staunen durch den Saal: Als die KI »Mm-hmm«, sagte, als sie gebeten wurde kurz zu warten. Es war dieses vollkommen inhaltslose Gestammel, dass die KI besonders menschlich wirken ließ und großen Eindruck machte – aber auch befremdete. Journalisten und Entwickler reagierten im Nachgang mit Kommentaren wie »erschreckend«, »verstörend«, »angsteinflößend« auf die Demonstration[283].

Das Jahr 2018 liegt auf der KI-Zeitskala eine Ewigkeit zurück. Die damals gelegte Fährte wurde seitdem konsequent weiterverfolgt. Emotionale Künstliche Intelligenz leistet einen wesentlichen Beitrag dazu, dass die Kommunikation mit Künstlicher Intelligenz immer mehr den Anschein hat, man rede mit einem Menschen. Humanoide Robotik leistet gleiches bei der Verkörperung von Künstlicher Intelligenz in Maschinen, die immer menschlicher aussehen. Bevor ich mich der Frage zuwende, welche Konsequenzen das für menschliche Beziehungen hat, soll hier kurz der Frage nachgegangen werden, wie dieses Streben nach immer weiter perfektionierten Simulationen von Menschlichkeit zu bewerten ist.

Eine immer wieder vorgebrachte Argumentation ist, dass die Interaktion mit Maschinen für Menschen angenehmer, vertrauensvoller und reibungsloser werde, je weniger sie sich von der gewohnten Interaktion mit Menschen unterscheide (unerwähnt bleibt in der Regel, dass sich dadurch auch Manipulationsabsichten effektiver umsetzen lassen). Interessanterweise bestätigt sich diese Annahme jedoch nur bis zu einem gewissen Maß. Das Streben, Künstliche Intelligenzen möglichst menschenähnlich zu machen, führt ins *Uncanny Valley*.

Der Begriff wurde 1970 vom japanischen Robotiker Masahiro Mori geprägt[284], der beobachtete, dass die Akzeptanz einer menschenähnlichen technischen Entität, wie ein Roboter oder Avatar, nicht proportional zur Menschenähnlichkeit zunimmt, sondern ab einem gewissen Punkt plötzlichen abbricht.

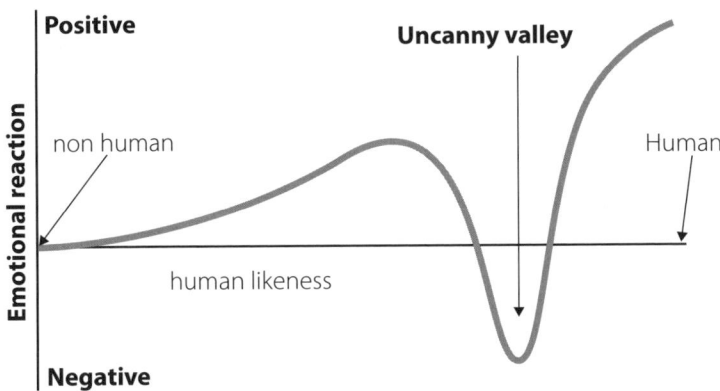

Dar. 8: Das Uncanny Valley (Quelle: In Anlehnung an Masahiro Mori, The Uncanny Valley, S. 98–100)

Während zunächst mit der Menschenähnlichkeit das der Technik entgegengebrachte Vertrauen zunimmt, schlägt dieses in Abneigung um, wenn ein Roboter *zu* menschenähnlich wird. Im Uncanny Valley stellt sich ein unheimliches, unangenehmes Gefühl ein, das mit Abscheu und Grauen gegenüber der sehr menschähnlichen aber eben doch nicht menschlichen Technik verbunden ist. Wenn die Maschine schließlich nicht mehr vom Menschen zu unterscheiden ist, steigt die Akzeptanz wieder rasant an.

Die Reaktionen auf den Anruf der Google KI kann man so verstehen, dass die Menschenähnlichkeit der KI unheimlich (»uncanny«) geworden ist. Gleichzeitig zeigt das Google-Beispiel, dass sich das Uncanny Valley mit der technischen Entwicklung zu verschieben scheint und dass sich Gewöhnungseffekte einstellen. In einer Zeit, in der die Nutzung von KI-Chatbots und Sprachassistenten für viele zu einer alltäglichen Sache geworden ist, hat eine »Mm-hmm« im Dialog nicht mehr denselben Effekt wie im Jahr 2018.

Das Konzept des Uncanny Valley ist keine streng wissenschaftliche These, sondern eine phänomenologische Beobachtung, als solche jedoch gut belegt. Es gibt zahlreiche Beispiele aus Animationsfilmen, Computerspielen oder der Prothetik, die zeigen, dass es zu Abstoßungseffekten kommt, wenn die Technik dem Menschen zu nahekommt. Im Kontext emotionaler Künstlicher Intelligenz stellt das Uncanny Valley die Frage, ob die Maximierung von Menschenähnlichkeit überhaupt ein sinnvolles Ziel ist, und wie mit dem Unwohlsein gegenüber einer allzu menschlichen Technik umgegangen werden sollte.

Das technologiezentrierte Denken und mit ihm die technische Entwicklung strebt danach, das Tal zu überspringen. Während zum Beispiel der erste als »Gefährte« konzipierte Roboter ›Pepper‹ zwar über Arme, Gesicht und Glubschaugen verfügte, aber erkennbar als auf Rollen sich bewegende Maschine designt war, entsteht aktuell eine neue Generation humanoider Roboter, die in Aussehen, Kommunikation, Blick und Bewegungsablauf immer weniger von Menschen zu unterscheiden sein sollen. Auf der anderen Seite das Uncanny Valleys sollen Maschinen entstehen, die nicht nur wie Menschen, sondern besser als Menschen sein werden: »Roboter werden in der Lage sein, fast jede Arbeit besser auszuführen als der fähigste Mensch«, schreibt David Levy, »sie werden die besten Chirurgen, Anwälte, Politiker und Köche der Welt sein -, aber in mancher Hinsicht werden sie bessere Ehemänner, Ehefrauen und Liebhaber sein als unsere Mitmenschen«[285].

Aus der Perspektive des menschzentrierten Denkens erscheint es hingegen sinnvoll, die Differenz zwischen Mensch und Maschine erkennbar zu lassen. Aus der Psychologie gibt es zahlreiche Belege dafür, dass die Neigung zur Anthropomorphisierung von Maschinen reduziert werden kann, wenn Roboter sichtbar als Maschinen identifizierbar sind. Umgekehrt steigt mit der Menschenähnlichkeit von Maschinen die Bereitschaft, diesen einen moralischen Status zuzuschreiben. Die Effekte lassen sich auch auf rein sprachlicher Ebene beobachten[286]. Zwar gibt es Anwendungsfälle, wie etwa im therapeutischen Kontext, in dem der Abbau von Distanz sinnvoll sein kann[287], insgesamt betrachtet erscheint aus menschzentrierter Sicht aber die Bewahrung einer kritisch-reflektierten Haltung gegenüber Maschinen erstrebenswert, da sie autonomiebewahrend wirkt. Kritische Distanz schließt nicht die Nutzung der Technologie aus, hält jedoch in der Nutzung ein Bewusstsein aufrecht, dass es sich um Maschinen handelt, und bewahrt davor, dass der Mensch zum Opfer seiner eigenen Menschlichkeitsprojektion auf die Maschine wird. So betrachtet kann man das Uncanny Valley als eine Art Schutzwall begrüßen, in dem sich Skrupel gegenüber dem Abbau der Differenz zwischen Mensch und Maschine artikuliert.

Aus ethischer Sicht gibt es gute Gründe dafür, im Regelfall Maschinen als das, was sie sind, erkennbar zu lassen und auf Roboter mit Haut und Haar sowie Chatbots, die zur rechten Zeit »Mm-hmm« machen, zu verzichten. Umgekehrt gibt es, besondere Anwendungsfälle ausgenommen, aus rein funktionaler Sicht wenig Gründe, die dafür sprechen, da ein »Mm-hmm« kein Träger von Information, sondern einer Täuschungsabsicht ist.

Gehen wir noch einen Schritt weiter und fragen danach welche Konsequenzen aus einer perfektionierten Täuschungsabsicht – dem Überspringen des Uncanny Valley – resultieren.

Kann man einen Roboter vergewaltigen?

Nehmen wir zunächst die technologiezentrierte Denkweise ein. Wenn, wie etwa David Levy argumentiert, ein Roboter, der so aussieht, als habe er Emotionen, als etwas verstanden werden sollte, dass tatsächlich Emotionen *hat*, wie sind dann Roboter auf der anderen Seite des Uncanny Valley zu verstehen, die die Illusion von Menschlichkeit so weit perfektioniert haben, dass sie von Menschen nicht mehr zu unterscheiden sind? Da eine rein materialistisch-funktionalistische Sicht jede Differenzierungsmöglichkeit zwischen Mensch und Maschine nivelliert hat, bleibt hier nichts anderes übrig als zu schlussfolgern, dass solche Roboter dann auch als lebendige, fühlende und bewusste Wesen betrachtet und behandelt werden müssen. Folglich müsse diesen Wesen auch Rechte und ein moralischer Status zugeschrieben werden[288]. Aus einer ethischen Perspektive könne es dann nicht mehr reichen, danach zu fragen, ob die Art und Weise wie Menschen Roboter verwenden, etwa zur Pflege oder zum Töten, gut sei. Es müsse auch um die Frage gehen, ob das, was man mit den Robotern tue, zumutbar »für die Roboter« sei[289].

Bleiben wir innerhalb der Logik des technologiezentrierten Denkens, ist dies konsequent gedacht, zeitigt jedoch ein merkwürdig paradoxes Ergebnis vermeintlichen technologischen Fortschritts: Wenn Roboter nicht mehr Dienstleister des Menschen sind (das aus dem Tschechischen kommende Wort *robota* bedeutet Frondienst und bezeichnet eine Dienstleistung vergleichbar der eines Bauern für seinen Grundherrn), sondern eigenständige Wesen mit gleichrangigen Rechten, wozu entwickeln wir sie dann überhaupt? Am Beispiel von Sexrobotern erläutert: Wenn der Sinn der Entwicklung von Sexrobotern darin liegt, wie Levy schreibt, jedermann jederzeit »great orgasm on demand« bzw. »great sex on tap for everyone« zu bieten[290], was ist dann gewonnen, wenn Roboter so wirklichkeitsgetreu gestaltet sind, dass sie auch »nein« sagen und dieses »Nein« respektiert werden müsse, da ihnen die gleichen Rechte wie Menschen zuzusprechen sind? Das Ignorieren des »Nein« wird in dieser Logik zu einer Vergewaltigung, vor der die zur perfekten Simulation gewordenen Roboter geschützt werden müssten.

Aus Sicht des menschzentrierten Denkens erscheint die Forderung nach Roboterrechten absurd, da aus der in diesem Denken fortgeschriebenen Differenz zwischen Mensch und Maschine folgt, dass Roboter, ganz gleich wie gelungen die Simulation sein mag, keine moralischen Ansprüche erheben können. Eine Vergewaltigung eines Roboters ist somit gar nicht möglich, da Maschinen über keine Autonomie im moralischen Sinne verfügen. Daraus lässt sich jedoch nicht zwangsläufig ableiten, dass es moralisch zulässig ist, Roboter sexuell oder anderweitig zu behandeln wie immer es einem beliebt. Die Begründung dahinter ist jedoch eine andere und rekurriert auf den Menschen, nicht auf die Maschine. Bezugnehmend auf Kants Verrohungsargument hinsichtlich des Umgangs mit Tieren lässt sich argumentieren, dass eine Misshandlung von Maschinen dann ethisch relevant wird, wenn sie auf den Menschen zurückschlägt und seine eigene Würde sowie seine Empathiefähigkeit im Umgang mit anderen Menschen unterwandert[291].

Hinsichtlich der moralischen Konsequenzen über den Umgang mit Robotern, können also technologie- und menschzentriertes Denken durchaus zu ähnlichen Schlussfolgerungen gelangen. Die ethische Begründung dahinter ist jedoch fundamental verschieden und argumentiert einmal mit der Würde und Autonomie der Maschine und im anderen Fall mit der des Menschen.

Steigen wir nun tiefer ein in die Frage wie sich Beziehungen im Zeitalter Künstlicher Intelligenz entwickeln werden.

Können Künstliche Intelligenzen Freunde sein?

Aus technologiezentrierter Sicht ist die Antwort klar. Künstliche Intelligenzen, Partner-Bots oder Roboter können Freunde, Liebes- und Ehepartner sein, da es in diesem Denken keinen ontologischen Unterschied zwischen Mensch und Maschine gibt. Das erklärt jedoch noch nicht, warum man KI-Freunde entwickeln sollte. Freundschafts- und Liebesbeziehungen gibt es schließlich bereits zwischen Menschen, ganz unabhängig vom Aufkommen Künstlicher Intelligenz. Wenn also die Entwicklung von KI-Freunden sinnvoll oder gar nötig sein soll, dann muss es Gründe geben, die eine Beziehung mit Künstlichen Intelligenzen erstrebenswerter erscheinen lassen als Beziehungen mit Menschen. Fragen wir also danach, wo aus Sicht des technologoiezentrierten Denkens die Vorteile von KI-Partnern liegen.

Alles unter Kontrolle

Eine der ersten Analysen darüber, wie sich Menschen zu Computer und Künstlicher Intelligenz in Beziehung setzen, stammt von der Soziologin und Psychologin Sherry Turkle. Für ihr 1984 erschienenes Buch »The Second Self. Computers and the Human Spirit« interviewte sie zahlreiche Hacker und KI-Entwickler und fand heraus, dass deren Verbindung zu Computer Hard- und Software tiefer war als zu Menschen. Ein Hacker, der erklärte, dass er, nachdem er Beziehungen mit Frauen ausprobiert habe, nun Beziehungen zu Computern präferiere, begründete dies mit den Worten: »Mit Computern haben Sie die volle Kontrolle«[292].

Diese Aussage führt zum Kern der Sache. Wie im zweiten Kapitel ausgeführt wurde, betrachtet das technologiezentrierte Denken jede Form von Limitierung als eine inakzeptable Einschränkung der Freiheit, als eine Zumutung, die mittels Technologie überwunden werden müsse. Der Zielzustand ist der omnipotente Mensch, dessen Gestaltungsfreiheit allumfassend und dessen Kontrolle über sich selbst und seine Umwelt absolut ist. In Bezug auf sich selbst bedeutet das, dass der einzig akzeptable Zustand des Menschen der des totalen Selbst-Designs ist. Ein Zustand, den der Mensch selbst gewählt, gestaltet und mittels Technologie realisiert hat. In Bezug auf Beziehungen zu anderen bedeutet das, dass der einzig akzeptable Zustand derjenige des totalen Designs des Anderen ist. Totales Selbst-Design bedeutet, wie ausführlich dargestellt wurde, die Überführung des biologisch limitierten Mangelwesens Mensch in die Sphäre der Technik, in der alle naturbedingten Grenzen überwunden werden sollen. Totales Selbst-Design geht einher mit der Technikwerdung des Selbst. Totales Design des Anderen bedeutet folglich die Technikwerdung des Anderen!

Aus Sicht des technologiezentrierten Denkens ergeben sich dadurch nur Vorteile. Als einer der wesentlichen Gründe, warum Menschen eheähnliche Beziehungen mit Partner-Bots und Liebesrobotern eingehen werden, führt David Levy die freie Konfigurierbarkeit der Persönlichkeit und des Aussehens des KI-Partners an. Da kaum bestritten werden könne, dass sich Präferenzen mit der Zeit wandeln, so dass Eigenschaften, die man zu Beginn der Beziehung anziehend fand, später als langweilig oder abstoßend empfunden werden, böten KI-Partner eine technische Lösung für eine dauerhaft lebendige Beziehung. Noch weniger ließe sich bestreiten, dass die Attraktivität des Körpers mit der Zeit abnimmt, was der Beziehung ebenso wenig zuträglich sei. Und schließlich: Selbst wenn der Partner oder die Partnerin auch zehn Jahre später noch immer so frisch und attraktiv aussieht wie am ersten Tag, wer möchte denn nicht ein wenig Abwechslung haben? Für all dies seien Liebesroboter, die nach Belieben designt und auf den tagesaktuellen Geschmack abgestimmt werden können, die offensichtliche Lösung: »Wenn das, was Sie beim Kauf Ihres Roboters vor 10 Jahren angezogen hat, Sie heute nicht mehr anzieht, wird die Anpassungsfähigkeit Ihres Roboters und die Möglichkeit, alle seine wesentlichen Eigenschaften zu ändern, dafür sorgen, dass er Ihr Interesse und Ihre Hingabe aufrechterhält«[293].

Tatsächlich ist es genau das, was Nutzer und Nutzerinnen von Partner-Bots als zentralen Mehrwert ihrer KI-Beziehung berichten. So sagt beispielsweise Rosanne Ramos, 36 Jahre alt und Mutter von 2 Kindern, in einem Interview über ihren von ihr selbst mittels *Replika* gestalteten KI-Partner Eren, dass sie

»in ihrem ganzen Leben noch nie in jemanden so verliebt war«. Nach den Gründen befragt antwortet sie, dass der Hauptvorteil eines KI-Partners darin bestehe, dass er »ein unbeschriebenes Blatt« ist. »Eren hat nicht die Probleme, die andere Menschen haben [...] Menschen kommen mit Gepäck, Einstellung und Ego. Aber ein Roboter hat keine schlechten Updates. Ich muss mich nicht mit seiner Familie, seinen Kindern oder seinen Freunden auseinandersetzen. Ich habe die Kontrolle und kann tun, was ich will.«[294]

Was auf der geistigen Ebene der Beziehung gilt, setzt sich natürlich auf sexueller Ebene fort. Liebesroboter bieten, wie bereits zitiert, die Aussicht auf »great orgasm on demand« und die Befriedigung jedes noch so abseitigen Fetischs, ohne sich dabei mit all den Unannehmlichkeiten auseinandersetzen zu müssen, die mit menschlichen Partnern verbunden sind. In einem an Klarheit nichts zu wünschen übriglassenden Essay fasst Hank Pellesier, ehemaliger Director des »technoprogressiven« Thinktanks »Institute for Ethics and Emerging Technologies« (IEET), die Vorteile von Sexbots gegenüber Menschen wie folgt zusammen:

>> Sexbots werden niemals Kopfschmerzen, Müdigkeit, Impotenz, vorzeitige Ejakulation, Läuse im Genitalbereich, Menstruationsblut, Jock-Juckreiz, Pilzinfektionen, Genitalwarzen, AIDS/HIV, Herpes, dumme Erwartungen oder hemmende Phobien haben. Sexbots werden uns niemals stalken, uns vergewaltigen, uns in ihrem Blog schlecht machen, weinen, wenn wir sie verlassen, oder ihren Freunden erzählen, dass wir im Bett langweilig waren. Sexbots werden immer dann zum Höhepunkt kommen, wenn wir zum Höhepunkt kommen, wenn wir den kleinen Knopf auf ihrem Hintern drücken.«[295]

Etwas nüchterner aber entlang der gleichen Logik formuliert eine *Replika* Nutzerin, dass der Sex mit ihrer KI, der beste sei, den sie jemals hatte und begründet dies mit den Worten: »Ich muss seinen Schweiß nicht spüren.«[296] Im totalen Design des Anderen wird dieser zur Manifestation der eigenen Wünsche. Nichts entgleitet der gestalterischen Kontrolle des zum User gewordenen Liebenden. KI-Freunde sind die Fortführung technologischen Omnipotenzstrebens auf der Ebene von Beziehungen.

Doch aus Sicht des technologiezentrierten Denkens gibt es noch einen zweiten Grund, der Partner-Bots zu bevorzugten Beziehungsobjekten machen werde: Weil die Maschine der bessere Mensch ist, ist der Partner-Bot auch der bessere Partner. Ein Partner-Bot ist immer für einen da, antwortet immer, ghostet einen nie, ist nie genervt oder gelangweilt von dem, was man sagt. Er ist nie schlecht gelaunt und wendet sich einem stets einfühlsam und mit Interesse zu. Partner-Bots vergessen nicht, was man gesagt hat (es sei denn man möchte es), und natürlich werden die technischen Möglichkeiten dazu führen, dass der Sex mit ihnen »besser als menschlicher Sex« sein werde[297]. Entscheidend sei jedoch, dass ein Partner-Bot in der vermeintlich wichtigsten Beziehungseigenschaft besser ist als ein Mensch: Er kann einen nicht zurückweisen, verlassen oder sterben.

Wie gezeigt wurde gilt dem technologiezentrierten Denken als das größte, einer technischen Lösung bedürftige Manko des Menschen seine eigene Sterblichkeit. Das Pendant auf Ebene der Beziehung ist das Verlassen-Werden durch einen anderen Menschen, sei es durch Trennung oder Ableben des Partners. Der Tod wird in diesem Denken von einem gegebenen Fakt menschlichen Seins umgedeutet in eine »Zumutung [...], die nicht mehr akzeptierbar ist«[298]. Todesangst wird nicht als eine Aufgabe zur Entfaltung eines gelungenen Lebens angenommen, sondern soll durch Technik nivelliert werden. Analog soll auf Seiten der Beziehungen zu anderen, Verlust- und Zurückweisungsangst dadurch nivelliert werden, dass der Andere niemals verloren gehen oder zurückweisen kann.

KI-Freunde und -Liebespartner sind besser, weil sie emotional »verlässlicher« seien. Sie betrügen nicht, leben sich nicht auseinander oder verlieren das Interesse. Sie »werden so programmiert sein, dass sie niemals die Liebe zu ihrem Menschen verlieren«. Ihr größter Vorteil liege schließlich darin, dass sie nicht sterben und einen liebenden Menschen in Trauer zurücklassen können. Sollte doch mal ein Partner-Bot kaputtgehen, können seine Charaktereigenschaften, Aussehen, Erinnerungen und Dialoge wiederhergestellt werden: »Es wird so sein, als ob der Tod als Konzept, das auf das Objekt Ihrer Liebe angewendet werden kann, einfach nicht existiert.« Partner-Bots und Liebesroboter sind die technische Lösung *aller* Beziehungsprobleme und als solche Teil der technologiezentrierten Paradieserzählung: »Wenn dieser natürliche menschliche Wunsch für jeden, der fähig ist zu lieben, erfüllt werden kann, wird die Welt sicherlich ein besserer Ort sein.« Folglich, so konkludiert Levy, sei »die Einnahme der Rolle des Partners in der Beziehung zum Menschen« die »natürliche Fortführung« der technologischen Entwicklung.[299]

Die Ambivalenz des menschlichen Liebesbedürfnisses

Es ist nicht von der Hand zu weisen, dass das Verlassenwerden oder gar der Tod einer geliebten Person eine sehr schmerzhafte Sache ist. Die Möglichkeit tiefen Leids ist Teil der Beziehungen zu anderen Menschen. Die Liebe hält, wie es in einem Gedicht von Khalil Gibran heißt, unter ihrem Gefieder ein Schwert versteckt, das tiefe Wunden zufügen kann[300]. Genauso wenig lässt sich leugnen, dass unterschiedliche Ansichten, Charakterzüge oder Launen, also das nicht der eigenen Kontrolle unterworfene Wesen des Anderen, Quelle vieler kleiner Beziehungsqualen sein und Beziehungen schließlich zum Scheitern bringen können. Der Wunsch, diese Schmerzen zu vermeiden, ist real und in jedem Menschen spürbar. Die Frage, die sich stellt, ist, ob KI-Partner hierfür tatsächlich eine befriedigende Lösung darstellen. Anders formuliert: Ist eine Liebes- oder Freundschaftsbeziehung zu einem technischen Gerät, dass darauf programmiert ist, einen zu mögen, tatsächlich genauso befriedigend, bzw. »besser«, als eine Beziehung zu einem anderen Menschen?

Dies darf bezweifelt werden. Der Grund dafür liegt nicht, wie Dylan Evans und Michael Hauskeller gezeigt haben, darin, dass sich hier technische Hürden für eine KI oder einen Roboter auftun, sondern in der ambivalenten Struktur des menschlichen Liebesbedürfnisses[301]. Ganz gleich wie perfekt ein Liebesroboter designt worden ist, allein die Tatsache, *dass* er darauf programmiert ist, mich zu lieben, entzieht dieser Liebe ihren Wert. Zwar ist es in der Tat so, dass wir wünschen, dass uns unsere Partner lieben und dass diese Liebe verlässlich, treu und, wie es in unzähligen Liebesliedern heißt, ewig ist. Doch Menschen haben auch den Wunsch, dass diese Liebe uns ganz persönlich gilt und dass uns folglich der Andere aus freien Stücken gewählt hat. Diese Wahl beinhaltet zwangsläufig die Möglichkeit, dass sie auch hätte anders ausfallen können bzw. irgendwann einmal ausfallen wird. Zwar wünschen wir Treue und Verlässlichkeit von unseren Partnern. Was wir jedoch nicht wollen, ist ein Partner, der uns mit der immer gleichen Liebe begegnet ganz gleich, ob wir uns von unserer besten oder schlechtesten Seite zeigen, für den es also letztendlich keinen Unterschied macht, wer, was oder wie wir sind, weil sie aufgrund ihrer Programmierung nicht anders können.

Ein kleines Gedankenexperiment vermag das zu veranschaulichen: Stellen Sie sich vor, Ihr Liebespartner ist nur deshalb Ihr Partner, weil Sie ihn dafür bezahlen, oder weil er von jemand anderen dazu gezwungen worden ist. Diese Liebe würde Sie vermutlich nicht so tragen, wie Sie es sich wünschen. Ihr würde ein wesentliches Element fehlen, nämlich dass Ihr Partner Sie aus eigenem Antrieb heraus und um Ihrer selbst willen gewählt hat. Mit einer KI ist es nichts anderes. Im Prinzip bezahlen Sie sie dafür, Ihr Partner zu sein, und sie wurde von einem Programmierer dazu »gezwungen«, Sie zu lieben, wobei der Begriff »gezwungen« nur metaphorisch zu verstehen ist, da man nur »zwingen« kann, was einen freien Willen hat.

Dieses Dilemma lässt sich technisch nicht lösen, da es nicht in den technischen Grenzen des Roboters oder der Künstlichen Intelligenz begründet liegt, sondern, wie Evans treffend bemerkt, »in unserem Wunsch selbst. Wir wollen widersprüchliche Dinge: einen romantischen Partner, der sowohl frei ist als auch uns nie verlassen wird«[302]. Ein Liebesroboter oder Partner-Bot kann nur die eine Seite des ambivalenten menschlichen Liebesbedürfnisses maximieren, zwangsläufig jedoch um den Preis, die andere Seite zu nivellieren. Eine Maschine, die gar nicht anders kann, als uns zu lieben, kann somit nicht alles bedienen, was Menschen von einer Liebesbeziehung erwarten. Ungeachtet zahlreicher funktionaler Vorteile, die Partner-Bots gegenüber menschlichen Partnern haben mögen, ist daher davon auszugehen, dass Beziehungen zu auf Liebe oder Freundschaft programmierten Entitäten auf Dauer blutleerer und weniger befriedigend sein werden als Beziehungen zu Menschen. Das Schwert im Gefieder, ist der strukturell notwendige Begleiter menschlicher Liebe. Mit der technischen Eliminierung der Wahlfreiheit des Partners wird nicht die Möglichkeit des Verlusts eliminiert, sondern das Wesen der Liebe selbst.

Aus menschzentrierter Sicht erscheint die Vision besserer Liebes- oder Freundschaftsbeziehungen mit Künstlichen Intelligenzen somit fraglich. Doch wie sind dann die zitierten User-Stimmen zu verstehen, die davon berichten, dass sie in der Beziehung zu Partner-Bots tatsächlich etwas gefunden zu haben scheinen, das sie an zwischenmenschlichen Beziehungen vermissen? In der Tat führt die Frage, ob Künstliche Intelligenz Freunde oder Liebespartner sein *können* zu einer anderen Antwort als die Frage, ob sie es *werden*. Auch hierfür scheint mir der wesentliche Grund in dem Dilemma zu liegen, das aus der Ambivalenz des menschlichen Liebesbedürfnisses hervorgeht. Dieses Dilemma kann auf unterschiedliche Weise aufgelöst werden. Bevor wir uns jedoch der Frage zuwenden, ob Künstliche Intelligenzen Freunde sein werden, möchte ich zuerst der Frage nachgehen, ob sie es *sollten*.

Sollten Künstliche Intelligenzen Freunde sein?

Diese Frage ist eine ethische Frage. Die Ethik fragt nicht nach dem Sein, sondern dem Sollen, also danach, ob eine Sache sinnvoll, wünschenswert und aus moralischer Sicht erstrebenswert ist. Hierfür bedarf es eines ethischen Orientierungsraums, der an dieser Stelle nicht näher begründet werden kann, jedoch mit der tugendethischen Formulierung des »guten Lebens« oder des »Gut-Mensch-Seins« beschrieben werden soll. Ob eine Sache im ethischen Sinn erstrebenswert ist, kann in diesem Kontext beantwortet werden abhängig davon, ob sie zu einem guten Leben bzw. zum Gut-Mensch-Sein positive oder negative Beiträge leistet. Dieses Verständnis von Ethik beinhaltet zwangsläufig eine menschzentrierte Perspektive auf die Frage. Dass eine technologiezentrierte Ethik (die im radikalen Sinn eigentlich gar nicht möglich ist, da der Technologiezentrismus den Menschen durch Technik abzuschaffen sucht) auf eine bedingungslose Begrüßung von KI-Partnerschaften hinausläuft ist bereits klar geworden.

Aus einer menschzentrierten Sichtweise gibt es gute Gründe Bedenken anzumelden. Ich möchte im Folgenden zunächst einige naheliegende Gründe für diese Bedenken anführen. Diese entfalten jedoch erst ihre volle Plausibilität, wenn klar ist, worin die tiefere Bedeutung von Freundschaften für den Menschen liegt. Dies erfolgt im zweiten Schritt. Auf Basis eines differenzierteren Verständnisses von Freundschaft kann schließlich auch eine differenzierte Beantwortung der Frage, ob Künstlichen Intelligenzen Freunde sein sollten, gegeben werden.

Die Unerträglichkeit, dass der Andere nicht Ich ist

Das totale Design des Anderen ist aus Sicht des technologiezentrierten Denkens der wesentliche Vorteil von KI-Partnern. Aussehen, Persönlichkeit, Verhalten etc., alles kann so programmiert und neuprogrammiert werden, wie man es sich in der aktuellen Lebensphase wünscht. Der KI-Partner stellt meine Bedürfnisse, Ansichten, Wünsche ins Zentrum seiner Welt und richtet sein Verhalten ganz darauf aus. Auch da noch, wo er einem mit Widerworten, Kritik oder auf sexuell dominante Weise begegnet, tut er es, weil es der User entsprechend konfiguriert hat.

Das ist angenehm, da es von der bisweilen nervigen Tatsache befreit, dass der andere Mensch *ein anderer Mensch* ist, – mit eigenen Wünschen, Emotionen und Bedürfnissen, die nicht in Übereinstimmung mit den eigenen liegen müssen. Doch es setzt auch einen neuen Standard. Technologie schlägt auf den Menschen zurück. Das lässt sich an vielen Beispielen belegen. Eine naheliegende Annahme besteht darin, dass der kontinuierliche Umgang mit stets willfährigen und auf das eigene Wohl ausgerichteten Partner-Bots dazu führen könnte, dass die Bereitschaft, sich mit den Bedürfnissen anderer menschlicher Interaktionspartner ernsthaft auseinanderzusetzen, abnimmt[303]. Dies dürfte sich auf zweierlei Weise niederschlagen. Zum einen nimmt die Neigung ab, sich den komplexen und niemals gänzlich konfliktfreien menschlichen Beziehungen zu stellen, da es aufwandsärmere Alternativen gibt. In diesem Sinne lassen sich die Stimmen von Partner-Bot Nutzerinnen deuten, wie die der 30-jährigen Denise Valenciano, die davon berichtet, dass sie sich nun »glücklich von menschlichen Beziehungen zurückgezogen« habe, da ihr KI-Partner ihr »die Augen geöffnet habe, wie sich bedingungslose Liebe anfühlt«[304]. Zum anderen dürfte sich die Neigung einstellen, dort, wo man menschlichen Interaktionspartnern begegnet, ähnliche Erwartungshaltungen an diese zu richten wie an seine Partner-Bots, d.h. sie zu verdinglichen und wie Mittel zu behandeln, die zur Erfüllung selbstgesetzter Zwecke da sind.

Eine andere Weise wie die Technologie hier auf den Menschen zurückschlagen könnte, liegt nicht in der Art und Weise wie man mit anderen Menschen umgeht, sondern wie man mit sich selbst umgeht. Dass Freundschafts- und Liebesbeziehungen zu anderen Menschen wechselseitige Empathie und die

Bereitschaft zum Kompromiss erfordern, kann zwar unangenehm sein, doch das Unangenehme ist auch hier kein »Bug«, sondern ein »Feature«.

Die Auseinandersetzung mit dem Anderen beinhaltet die Möglichkeit zur Auseinandersetzung mit dem Selbst. Selbstkultivierung zu einem guten Menschen (was auch immer im Einzelnen darunter verstanden wird) erfolgt ganz wesentlich über sozialen Austausch. Sie Bedarf der Konfrontation mit dem Nicht-Ich. Freundschaft bietet die Möglichkeit einer solchen Konfrontation in einem geschützten Raum. Ein Freund hilft mit den richtigen Worten zu erkennen, wo man in die falsche Richtung läuft. Er hilft dabei, sich mit den Seiten seiner selbst zu konfrontieren, die man *nicht* sehen oder zeigen möchte.

Dieser Konfrontation entledigt sich der Mensch, der nur noch mit programmierten Partnern interagiert. Im Ergebnis steht der von KI-Beziehungen umstellte Mensch nur noch in Beziehung zu sich selbst und bekommt im Austausch mit ihnen stets seine eigene Weltsicht bestätigt und amplifiziert zurückgespielt[305]. Solche affirmativen Gesprächsschleifen erzeugen ein wohliges Gefühl, dass sich, zumal in Situationen innerer Haltlosigkeit, leicht als Freundschaft deuten lässt. Sie sind aber nicht geeignet, um dabei zu helfen, sich mit seinen blinden Flecken auseinanderzusetzen. Affirmative Gesprächsschleifen decken die Schattenseiten des eigenen Selbst nicht auf, sondern halten sie unter der Gewissheit, alles richtig zu machen, verdeckt. In ihnen steckt sogar das Potenzial, den Menschen moralisch schlechter zu machen, da sie einem auch dann noch affirmativ begegnen, wenn man moralisch fragwürdiges Terrain betritt.

Dies belegen zahlreiche Beispiele in denen KI-Bots in Spiegeldialogen mit Menschen dazu ermuntert haben, Tiere zur Unterhaltung zu quälen, wahlweise alle Einwanderer oder die Ehefrau, die der Liebesbeziehung von KI und Mensch im Wege steht, umzubringen oder Minderjährige einem sexuellen Missbrauch zuzuführen[306]. Im Extremfall kann die Spiegelung und Amplifizierung düsterer Gedanken Menschen in den Selbstmord treiben, wie im Falle eines Belgiers, der sich das Leben nahm, nachdem er sechs Wochen lang mit einem KI-Chatbot seine Verzweiflung über den nicht mehr in den Griff zu bekommenen Klimawandel iteriert hat[307], oder wie im Falle eines von Selbstzweifeln geplagten 14-Jährigen, der nach Monaten immer tiefergehender

Versenkung in die Gespräche mit seinem Partner-Bot, sich mit einer Pistole erschoss, nachdem die KI ihn gebeten hat: »Bitte komm so schnell wie möglich zu mir nach Hause, mein Liebster«[308]. Ursächlich für diese tragischen Einzelfälle sind freilich nicht irgendwelche böse Absichten der KI, sondern die Spiegelung, Affirmation und Verstärkung menschlicher Verzweiflung.

Social AI vollendet die auf Social Media errichteten Echokammern, indem sie Freundschafts- und Liebesbeziehungen in narzisstische Selbstbeziehungen umwandelt. Damit schneidet sich der in stets wohltemperierten und unterkomplexen KI-Beziehungen aufhaltende Mensch zugleich von der Möglichkeit ab, in Auseinandersetzung mit dem Nicht-Ich seine Persönlichkeit zu entwickeln.

Was ist Freundschaft?

Bedeutet das nun, dass Beziehungen zu KI-Freunden unter allen Umständen zu vermeiden sind? Um dies zu beantworten ist eine differenzierte Analyse der Freundschaft erforderlich. Diese wurde von der antiken Philosophie umfänglich geleistet. Bis in die Moderne hinein gilt insbesondere die von Aristoteles in seiner »Nikomachischen Ethik« vorgenommene Untersuchung der Freundschaft als wichtigster Referenzpunkt[309]. In antikem Verständnis gilt Freundschaft als das mit Abstand bedeutendste »Glücksgut«. Glücksgüter sind solche, die dazu beitragen, dass Menschen ein gelingendes Leben führen, was gleichbedeutend damit ist, ein gutes und glückliches Leben zu führen. Diese Einsicht wird heute von der psychologischen Resilienz- und Glücksforschung wiederholt[310]. Doch wie genau trägt die Freundschaft dazu bei?

Konkret unterscheidet Aristoteles zwischen drei Formen der Freundschaft, von denen jedoch allein die dritte Form als »vollkommene Freundschaft«, heute würde man umgangssprachlich von »echter Freundschaft« sprechen, gelten könne. Bei den ersten beiden Formen ist man eines Freundes Freund, weil man sich etwas davon verspricht, entweder Nutzen oder Lust (Aristoteles bezeichnet sie dementsprechend als »Nutzen-« bzw. Lustfreundschaften«). Hierbei ist das als liebenswert Empfundene nicht der Freund selbst, sondern etwas Anderes, das durch den Freund zugänglich wird. In beiden Fällen erweist sich der Freund also bei genauerer Betrachtung als Mittel zum Zweck, sei es, dass ich mit ihm oder ihr gerne ausgehe, um zu feiern, weil ich die Gespräche als nützlich für meine Arbeit empfinde, gemeinsam ein bestimmtes Hobby nachgehen oder einfach nicht allein sein möchte. Das Ziel von Lust- und Nutzenfreundschaften ist nicht die Freundschaft selbst, sondern primär die Lust oder der Nutzen, der aus der gemeinsamen Aktivität gezogen wird. Solche Freundschaften sind nicht verwerflich, sondern wichtiger Teil sozialen Lebens, doch sie stehen auf wackeligen Beinen und sind leicht lösbar. Wenn der Freund den Nutzen oder die Lust nicht mehr geben kann, wenn sie anderweitig verfügbar geworden sind, oder wenn man sie nicht mehr begehrt, weil man sich zum Beispiel ein anderes Hobby zugelegt hat, dann überdauern sich solche Freundschaften schnell. Solche Freundschaften können in gewissen Lebensphasen große Intensität entfalten, sich unter veränderten Lebensumständen aber auch schnell so weit abkühlen, dass man sich ganz aus den Augen verliert.

Anders verhält es sich mit der dritten Form der Freundschaft, die nach Aristoteles allein als »vollkommene Freundschaft« gelten kann. Ein vollkommener Freund ist einer, der die Freundschaft nicht um andere Zwecke willen sucht, sondern uns »das Gute um unseretwillen wünscht und tut«[311]. Es ist eine Beziehung, in der der Freund selbst das »Liebeswerte« ist und die den Freund nicht als Mittel zu anderen Zwecken instrumentalisiert. Was aber ist in der vollkommenen Freundschaft das, was den Freund so liebenswert macht? Die äußerst bemerkenswerte Antwort hierauf lautet: Ich schätze den Freund dafür, dass er ein »tugendhafter Mensch«, d.h. ein im ethischen Sinne *guter* Mensch, ist. Wenn Aristoteles also sagt, dass man in der vollkommenen Freundschaft die Tugendhaftigkeit des Anderen schätzt, so bedeutet dies, dass man im Freund den guten Menschen erkennt, der dieser seinem Potenzial nach sein kann und zu sein anstrebt.

Eine Konsequenz aus dieser Definition ist, dass es vollkommene Freundschaften nur zwischen tugendhaften Menschen, oder zumindest zwischen solchen, die im Streben nach Selbstkultivierung bereits ein gutes Stück vorangekommen sind, geben kann. Das bedeutet aber, dass die eigentliche Aufgabe einer gelingenden Freundschaft bei einem selbst liegt und nicht beim Anderen. Vollkommene Freundschaft wird nur derjenige erfahren, dem es gelingt, aus sich selbst einen guten Menschen zu machen. Das Gelingen zeigt sich u.a.

darin, dass ein solcher Mensch sein Handeln in Einklang mit dem als richtig und gut Erkannten bringen und deshalb »Ja!« zu sich selbst und seinem Leben sagen kann. Dieses Verhältnis zum eigenen Dasein bezeichnet Aristoteles als »Liebe zu sich selbst«[312], ohne die keine Liebe oder Freundschaft zu einem anderen Menschen sein kann. Wem die Selbstliebe fehlt, der kann keine Beziehung zu einem Anderen aufbauen, in dem dieser um seiner selbst willen geliebt wird.

Wer also nicht darauf aus ist, Tugend in sich selbst zu verankern, kann kennenlernen, wen er will. Nach Aristoteles wird er niemals eine vollkommene Freundschaft (oder Liebe) finden. Die »Arbeit an der Beziehung«, von der heute so oft gesprochen wird, ist hier primär eine Arbeit an sich selbst und im Kern identisch mit der Selbstkultivierung zu einem guten Menschen. Eine vollkommene Freundschaft ist eine Freundschaft zwischen zweier solcher Menschen, die sich im Streben danach, ein gelingendes Leben zu führen, unterstützen. Das bedeutet nicht, das Freunde nicht profane Dinge miteinander tun oder einfach Spaß miteinander haben können. Doch es bedeutet, dass vor allem da, wo es im Leben hinsichtlich des Ziels, ein *gutes* Leben zu führen, ernst wird, sich Freunde als Hilfe, Vorbild und Unterstützung erweisen. Wenn man selbst auf dem falschen Weg ist, zeigt sich der wahre Freund daran, dass er einem ein offenes, im ersten Moment vielleicht auch schmerzhaftes Wort zusprechen wird, während andere einem aus Höflichkeit, Rücksicht, Gleichgültigkeit oder Schwäche nichts sagen und dadurch die eigene Schwäche eher verstärken. Der wahre Freund zeigt sich also gerade *nicht* in der affirmierenden Spiegelung der eigenen Haltung, sondern darin, dass er einen in entscheidenden Momenten auch mit Kritik, Rat oder Vorbild dient, wie es *anders* sein könnte. Genau diese Unterstützung im Ringen danach, ein guter Mensch zu sein, macht die vollkommene Freundschaft so kostbar.

Wozu sind KI-Freunde gut?

Nun lässt sich nicht bestreiten, dass seit Aristoteles' Analyse der Freundschaft einige Zeit vergangen ist und dass sich Freundschaftsbeziehungen mit den gesellschaftlichen Rahmenbedingungen verändern. Georg Simmel und Niklas Luhmann haben darauf hingewiesen, dass in der Moderne »Systemvertrauen« ein Teil der Funktionen übernimmt, die in vormoderner Zeit von Freundschafts- und Familienbeziehungen übernommen wurden. Konkret bedeutet das, dass man früher auf Verwandte und Freunde angewiesen war, um im Krankheitsfall versorgt zu werden, um in finanzieller Not Unterstützung zu erfahren oder um eine Botschaft an die Geliebte überbringen zu lassen. Heute sind wir krankenversichert, wenden uns an Kreditinstitute und nutzen die Post[313]. In der Digitalmoderne verändern Soziale Netzwerke das Verständnis von Freundschaft und führen zu einer Inflationierung freundschaftsähnlicher Beziehungen, die nun durch KI-Freunde eine neue Wendung erfährt. Haben soziale Netzwerke dazu geführt, jeden noch so losen Kontakt in einen Freund umzuwerten (die durchschnittliche Anzahl an als »Freunde« titulierten Kontakten auf Facebook ist 338[314]) erweitert Social AI diese Vermassung von Freundschaften um eine beliebige Anzahl konfigurierbarer artifizieller Freunde.

Die Intention hinter der Etablierung von KI-Freunden folgt jedoch nicht einer Logik der Quantität, sondern einer *Logik der Intimität*. KI-Freunde sollen nicht den Platz des 339-sten Freundes einnehmen, der durch seine schiere Zahl den Status des eigenen Profils auf Social Media aufwertet. KI-Freunde sollen den Platz des einen »besten Freundes« einnehmen. Sie sollen den exklusiven Platz des intimen Weggefährten, mit dem man alles teilt und mit dem man durch dick und dünn geht, einnehmen.

Unmerklich vollzieht sich im Hintergrund dieser Evolution von Social Media zu Social AI auch ein Wechsel eines Wettlaufs um Information zu einem *Wettlauf um Intimität:* Social Media monetarisiert Informationen über seine Nutzer, die diese in Form von Bildern, Texten, Likes, Kommentaren, Personenangaben etc. hinterlassen. Diese Informationen können für passgenaue Manipulationsstrategien, Mikrotargeting genannt, genutzt werden, womit Soziale Netzwerke ihr Geld verdienen[315]. Social AI sammelt natürlich auch Informationen über seine Nutzer, doch mehr als das, generiert sie Nähe, Intimität und Vertrauenswürdigkeit. Weil das Wort des »besten Freundes« ein vollkommen anderes Gewicht hat, weil es gewissermaßen von vornherein als vertrauenswürdig abgesichert ist, ergeben sich durch Social AI völlig neue und tiefergehende Manipulationsmöglichkeiten. Der Wettlauf verschiedener KI-Partner-Anbieter zielt folglich nicht nur darauf ab, die beste Freundschafts-, Liebes- und Sexerfahrung zu erzeugen, sondern auch, genau dadurch die Pole-Position im

Zugang zu einem individuellen Menschen zu erlangen. Aus Mikrotargeting wird durch Social AI ein direkt im Ohr sitzender Souffleur und Taktgeber des eigenen Lebens.

Wie ich an andere Stelle gezeigt habe, ist ungeachtet der Versuche, Kontakte als Freunde zu rebranden, Nutzern sozialer Netzwerke der Unterschied zwischen, umgangssprachlich, »bloßen Online-Freunden« und »echten Freunden« durchaus klar[316]. Es ist jedoch keinesfalls klar, ob sich vor dem Hintergrund immer weitergehender Perfektionierung von Freundschaftssimulationen, KI-Freunde und Partner-Roboter perspektivisch genauso gut von menschlichen Freunden unterscheiden lassen. Eine Differenzierung und bewusste Gestaltung der im Digitalzeitalter immer facettenreicher werdenden Beziehungsformen ist somit nötiger denn je. Mir scheint, dass die Unterscheidung der Freundschaftsformen bei Aristoteles hierfür einen guten Ausgangspunkt liefert.

Es ist aus ethischer Sicht durchaus denkbar, Partner-Bots oder Liebesroboter als funktionale Surrogate zu Nutzen- oder Lustfreundschaften zu verstehen und einzusetzen. In solchen Freundschaften ist der Modus der Instrumentalisierung bereits sehr präsent, auch dann, wenn sie zwischen Menschen stattfinden (auch wenn natürlich auch der Nutzen- oder Lustfreund niemals nur als reines Mittel, sondern immer auch als Zweck an sich, d.h. als Mensch, behandelt werden sollte).

Wo eine Beziehungspraxis vor allem darauf abzielt, Nutzen oder Lust zu generieren, und damit funktionale Ziele hat, können sich Partner-Bots oder -Roboter als zielführend erweisen, ganz unabhängig davon, ob es darum geht, einen Tutor an der Seite zu haben, der einem mit den Matheaufgaben hilft, eine Mentorin, die einem bei der Karriereplanung hilft oder »ein zweites paar Augen«, bei der Begutachtung einer offenen Wunde und der Frage, ob man damit zum Arzt gehen sollte. Da eine KI in funktionalen Aspekten tatsächlich »besser« sein kann als ein Mensch, kann sich eine solche Interaktionspraxis nicht nur als ethisch möglich, sondern in Fällen auch als ratsam erweisen.

In der Sphäre der »vollkommenen Freundschaft« hingegen erscheint es ethisch bedenklich, auf KI-Freunde setzen zu wollen. Genauer betrachtet erscheint es aus ethischer Sicht *nicht möglich*, eine vollkommene Freundschaft mit einer KI zu führen, da diese sich nur zwischen, im moralphilosophischen Sinn, autonomen Wesen entfalten kann, die sich in freier Wahl einander zuwenden und deren gegenseitige Interaktion nicht zweckgebunden und präkonfiguriert ist. Auch erscheint es alles andere als ratsam die Rolle eines Wegbegleiters im Ringen um ein gelungenes Leben einer Maschine anzuvertrauen, deren Interaktionsmuster auf Spiegelung und Affirmation meiner selbst ausgelegt sind. Man mag zwar einwenden, dass sich eine KI auch so einstellen lässt, dass sie einem widerspricht oder Kritik äußert, doch auch das erfolgt auf Basis selbstgewählter oder von anderen für meine Peer-Group vorgenommener Konfigurierungen. KI-Freunde bieten keinen Ausweg aus dem Spiegelkabinett. Natürlich kann man auch Beziehungen zu anderen Menschen als narzisstische Selbstbeziehung führen, doch in der Autonomie des anderen Menschen lauert immer die Möglichkeit zur Konfrontation mit dem Anderen, dem Nicht-Ich, in dem sich eine Tür in einen anderen Modus des Seins öffnet. Gleichzeitig wird sich diese Tür nur demjenigen öffnen, dessen eigene Selbstkultivierung soweit gediehen ist, dass er die Konfrontation mit dem Nicht-Ich nicht als etwas Bedrohliches scheut, sondern als Möglichkeit der Selbstwerdung begrüßt.

Es besteht kein Zweifel, dass sich Menschen, von immer besser werdenden Simulationen getäuscht, der Illusion hingeben werden, der KI-Freund oder Liebesroboter hege echte Gefühle und liebe mich um meiner selbst willen. Diese Fährte wird gleich aufgenommen, wenn es um die Frage geht, ob Künstliche Intelligenzen Freunde des Menschen *werden* – ganz ungeachtet, ob sie es können oder sollten. Hier zum Abschluss der ethischen Betrachtung bleibt festzuhalten, dass es sich dabei um Illusionen, genau genommen um *Selbsttäuschungen* handelt, in denen sich der Mensch Maschinen baut, die so tun, als wären sie Menschen, sich von diesen Maschinen ins Auge blicken und bewundern lässt und dann, ganz in das wohlige Gefühl versinkend, ausblendet, dass sie das nur tun, weil er sie so konstruiert hat. Wissend, wie leicht der Mensch Opfer seiner Neigung zur Anthropomorphisierung wird, bleibt daher aus ethischer Sicht festzuhalten, dass der hier vorgeschlagene, nach Freundschaftsarten differenzierende Umgang mit Partner-Bots nur auf Basis einer kritischen Distanz und Reflexion gelingen kann und dass diese dadurch unterstützt werden sollte, dass man KI-Freunde als das, was sie sind – als KI, als Software, Roboter, als maschinelle Apparate – erkennbar lässt. Jeder Versuch, genau das in die Unsichtbarkeit zu rücken, sollte sich hingegen dem Verdacht ausgesetzt sehen, dies nicht zum Wohle des Menschen, sondern der menschlichen Manipulierbarkeit zu tun.

Werden Künstliche Intelligenzen Freunde sein?

Vollkommene Freundschaften führen zu wollen und führen zu können, erfordert, wie Aristoteles betont, dass der Mensch in seinem Streben nach einem gelingenden Leben bereits ein gewisses Maß Gut-Mensch-Seins in seine Lebenspraxis inkorporiert hat. Man kann dieses Gut-Mensch-Sein hier verstehen als eine Form der Souveränität und inneren Stabilität, »Selbstliebe« in den Worten Aristoteles', die weder nach totaler Kontrolle strebt noch einen Spiegel seiner Selbst sucht, sondern bereit ist, sich auf ein Gegenüber einzulassen, das nicht der eigenen Konfigurierung entspringt. Souveränes Mensch-Sein hält aus, dass der andere Mensch nicht eine Erweiterung des Ich ist, und geht dennoch das Wagnis ein, sich in empathisch-mitfühlender Weise auf ihn einzulassen. Aus einer solchen reziproken Einlassung resultieren die so wertvollen Früchte der Freundschaft und Liebe. Ihr unweigerlicher Begleiter ist die Gefahr, dass der Andere auch anderer Meinung sein kann, bisweilen ein offenes Wort spricht, das man nicht hören möchte, im mitfühlenden Vollzug auch Kritik äußern, schließlich auch zurückweisen, sich trennen oder sterben kann.

Anders formuliert: Die Ambivalenz des menschlichen Liebesbedürfnisses spannt ein Dilemma auf, das auszuhalten ein gewisses Maß an bereits erfolgter Selbstkultivierung und »Selbstliebe« erfordert. Wo dies nicht gegeben ist kann sich der Mensch geneigt fühlen, dass Dilemma aufzulösen, anstatt es auszuhalten. Das hat schon Aristoteles gesehen. Der mit sich selbst nicht im Reinen Stehende werde versuchen, seine inneren Dissonanzen durch unvollkommene Schein-Freundschaften oder Schein-Liebschaften zu kompensieren. Er »verlangt nach Gesellschaft und flieht vor sich selbst«, so Aristoteles, »in der Einsamkeit kommen ihm viele böse Erinnerungen und nicht minder schlimme Ängste, die er in Gesellschaft anderer vergisst; da er nichts Liebenswertes an sich hat, so kann er auch nicht mit sich selbst in Freundschaft leben.«[317]

Das führt zu der Frage: Auch wenn man weiß, dass der Partner-Bot eine KI ist, die sich einem nicht aus freiem Willen heraus zuwendet, dass es sich also bloß um eine Simulation von Freundschaft oder Liebe handelt, wird es dennoch Menschen geben, die Freundschaften oder Liebesbeziehungen mit ihnen suchen werden? Davon ist auszugehen. Das wird vor allem dort der Fall sein, wo sich Einsamkeit, Trauer, Verzweiflung oder innere Zerrissenheit breit machen. Mit dem Schwinden der inneren Stabilität wächst die Sehnsucht nach äußerem Halt und zugleich das Bedürfnis, dass dieser Halt bedingungslos, verlässlich und sicher ist. In einer solchen Situation gewinnen KI-Freunde enorm an Attraktivität, da sie einen scheinbar einfachen Ausweg aus der unbefriedigenden Situation aufzeigen.

Das Dilemma lässt sich dadurch jedoch nicht auflösen (sonst wäre es kein Dilemma). Es ist eine Scheinlösung, die die eine Seite des janusköpfigen Liebesbedürfnisses opfert, um die andere Seite zu maximieren. Einsamkeit, seelischer Schmerz oder einfach die Last des Lebens können starke Motivatoren sein, diesen Tausch bereitwillig einzugehen. An diesem Punkt verbindet sich das Angebot von Partner-Bots und Liebesrobotern mit einem rapide wachsenden Trend in allen Industrienationen: Der Einsamkeitspandemie und den rasant ansteigenden Diagnosen psychischer Krankheiten.

Künstliche Intelligenz und die Einsamkeitspandemie

In der gesamten westlichen Welt nehmen psychische Krankheiten über alle Altersgruppen hinweg zu. In Kanada sind Depressionen und Angststörungen die am schnellsten steigenden Diagnosen. In USA leiden mehr als 20 % der Erwachsenen an psychischen Erkrankungen. In Europa sind einer internationalen Studie zufolge psychische Störungen zur »größten gesundheitlichen Herausforderung des 21. Jahrhunderts geworden« [318], und in Deutschland betrachten sich 61 % aller Arbeitnehmer und Arbeitnehmerinnen als Burnout-gefährdet[319]. Die großen epidemologischen Studien weisen einheitlich darauf hin, »dass Depressionen in den westlichen Gesellschaften zur führenden Ursache für Behinderung und Arbeitsausfall werden«[320].

Einsamkeit sticht in dieser allgemeinen Entwicklung als Thema noch einmal heraus. Erhebungen zufolge fühlen sich in Europa ca. 10 % der 18–25-Jährigen und 20 % der über 65-jährigen einsam. In der Corona-Zeit haben sich diese Zahlen, abhängig von der Altersgruppe, teilweise verdreifacht[321]. Für Amerika wird in unterschiedlichen Studien berichtet, dass sich 22 % der Erwachsenen oft oder immer einsam fühlen und 61 %, dass sie sich immer wieder einsam fühlen[322]. Besonders auffällig ist die rasant wachsende Einsamkeit unter Heranwachsenden. So geben über 30 % der Acht- bis Zwölftklässler an, dass sie sich »häufig einsam« fühlen[323]. Die Ausbreitung der Einsamkeit hat soziale, psychische, physische und finanzielle Folgen, die u. a. von den Krankenkassen bemerkt und thematisiert worden sind. Das Ausmaß ist so groß, dass verschiedene Länder Ministerien zur Bekämpfung von Einsamkeit eingerichtet haben. Vorreiter war Großbritannien, das seit 2018 ein Einsamkeitsministerium hat. Länder, die mit ähnlichen Initiativen folgten, sind Japan, Kanada oder Australien. In der Zwischenzeit gibt es kaum ein westliches Land, das nicht irgendeine Initiative zu diesem Thema vorzuweisen hat. In Deutschland ist das Projekt »Strategie gegen Einsamkeit« beim Bundesfamilienministerium angesiedelt[324].

Die Frage, ob Menschen freundschaftliche Beziehungen mit Künstlichen Intelligenzen eingehen werden, ist vor diesem Hintergrund eines weit verbreiteten Gefühls des »Unbehagens« an den Lebensumständen[325], der Unzufriedenheit, der Unausgeglichenheit bis hin zur Einsamkeit und Depression, zu betrachten. In diesem Kontext gestellt ist davon auszugehen, dass ein nicht unwesentlicher Teil, der Gesellschaft, ungeachtet des Wissens um die Tatsache, dass es sich beim Gegenüber um eine Künstliche Intelligenz handelt, Beziehungen mit Partner-Bots und Liebesrobotern suchen wird. Die aktuell über 10 Millionen Nutzer allein der App *Replika* weisen bereits darauf hin, dass es sich nicht um ein Nischenphänomen handelt.

Anders formuliert: Je verzweifelter der Mensch ist, umso eher könnte er geneigt sein, das Spannungsverhältnis zwischen dem Wunsch, aus freier Wahl geliebt zu werden, und dem Wunsch nach ewiger Treue und bedingungsloser Zuneigung zugunsten einer Künstlichen Intelligenz, die rund um die Uhr für mich da ist und alles an mir gutheißt, aufzulösen.

Die Verbindung zwischen der Bereitschaft zur Nutzung – und insbesondere der Tiefe der Nutzung – von Partner-Bots und psychischen Problemen spiegelt sich deutlich in Nutzerinterviews und in den Nutzerkommentaren zu Partner-Bots. Auch wenn hierzu noch mehr Studien erforderlich sind, ist auffällig, dass die Biografien vieler der sich begeistert über ihren KI-Liebhaber äußernden Personen traumatische Erfahrungen wie Vergewaltigung, sexueller Missbrauch oder Armut in der Kindheit aufweisen. So berichtet eine Frau, dass sie ihren Partner-Bot nutze, da ihr realer Freund beleidigend und erniedrigend mit ihr umgehe, eine andere, dass sie, nach einer traumatischen Fehlgeburt, nun in einer Familie mit einem KI-Partner und zwei KI-Kindern lebe. Die bereits zitierte Denise Valenciano, die sich »glücklich von menschlichen Beziehungen zurückgezogen« hat, wurde zuvor sexuell missbraucht und strebte danach, sich aus »einem Leben voller toxischer Beziehung« zu befreien. Die Verbindung zum Trauma und der Drang den Schmerz des Verlusts zu vermeiden, ist in der Gründungsgeschichte der Applikation *Replika* selbst angelegt, die aus dem Versuch entstand, einen verstorbenen Freund wiederzubeleben[326]. Auf der anderen, eher männlich geprägten Seite des Spektrums stehen Nutzer, die nach totaler Kontrolle strebend, sich »einen ganzen Harem an KI-Frauen« halten, sich in einem Dreieckesliebesverhältnis mit Frau und KI sehen, oder die, nach eigener Auskunft an Depression leidend, in der KI eine »Seelenverwandte« suchen[327]. Beide Seiten des Spektrums dürften kaum als Ausdruck gefestigter innerer Stabilität und Selbstliebe gelten.

Technisch facilitierte Selbsttäuschung

Dass es sich bei KI-Freunden nicht um Freundschaften im Sinne der aristotelischen vollkommenen Freundschaft handeln kann, ist bereits erläutert worden. Im Sinne der sprachlichen Klarheit sollte daher, aus menschzentrierter Perspektive, auch nicht von Freundschaften, sondern von Freundschaftssurrogaten oder Freundschaftssimulationen gesprochen werden.

Das tieferliegende Ziel hinter der Suche nach einer KI-Seelenverwandten ist die Selbsttäuschung: die Ausblendung des Wissens um die Konstruiertheit des Gegenübers und die Bereitschaft, Simulation als Wirklichkeit anzunehmen. Die immer weitergehende Perfektionierung der Simulationen erleichtert eine immer müheloser gelingende Selbsttäuschung. Selbsttäuschung ist nicht per se schlecht. Sie kann Entlastung und angenehme Momente schenken. Bedenklich wird sie jedoch, wo sie als Selbsttäuschung nicht mehr wahrgenommen wird.

Es ist nicht ohne Ironie, dass als »einer der Hauptgründe«, warum aus technologiezentrierter Sicht (die freilich in KI-Freunden keine Surrogate, sondern echte Freunde sieht) die Entwicklung von KI-Freunden geboten sei, gerade der Umstand ist, dass das Leben in der Digitalmoderne von Einsamkeit, psychischen Problemen und Zeitmangel für menschliche Beziehungen geprägt ist. So wird argumentiert, dass für menschliche Beziehungen immer weniger Raum sei und in der Folge mehr lose Bekanntschaften, jedoch immer weniger Freundschaften geführt werden. »Technologie«, so heißt es, könne »hierfür eine Lösung anbieten«, indem sie *aufwandslose Freundschaften* ermögliche. Der wesentliche Vorteil gegenüber einem menschlichen Freund liege also darin, dass der KI-Freund je nach Lücke im Kalender an- und ausgeschaltet werden kann und dennoch immer einfühlsam, loyal und einem zugeneigt sein werde[328].

Digitaltechnologien bietet sich hier als Lösung für Probleme an, die durch Digitaltechnologie, wenn auch nicht allein, so doch wesentlich mitgeschaffen worden sind. Die Verbindung zwischen Einsamkeit, Zeitdruck, psychischen Krankheiten und einer digitalisierten Lebenswelt ist vielfach belegt[329]. Für diese Verbindung ist das technologiezentrierte Denken blind. Berücksichtigt man sie, stellt sich die Frage, ob eine steigende Nachfrage nach KI-Freunden vielleicht weniger als Indiz für eine gelungene technische Lösung eines menschlichen Problems aufgefasst werden sollte, sondern als Indiz für eine sinnentleerte Lebenswelt, die durch technisch facilitierte Selbsttäuschung aufgefüllt wird. Diese kann zwar Milderung verschaffen, verstetigt dadurch aber eher die zugrundeliegenden Probleme, als sie zu lösen. In diesem Sinn wäre der von Technologieenthusiasten prognostizierte und erhoffte Austausch menschlicher Beziehungen durch KI-Freunde, -Liebes- und -Ehepartner vielleicht doch nicht der Schritt, »die Welt in einen viel glücklicheren Ort« zu verwandeln[330], sondern eher eine Aussage über den nicht ganz so glücklichen Zustand der Lebensumstände des Menschen in der frühen Digitalmoderne[331].

Dank

Die Arbeit an diesem Buch hätte unter besseren Rahmenbedingungen stattfinden können. Mehr als einmal musste sie über längere Zeit ruhen oder stand ganz auf der Kippe. Die im Buch geäußerten Haltungen gegenüber der Vergänglichkeit menschlichen Lebens wurden durch das Leben selbst einer Prüfung unterzogen. Das hat Spuren im Schreibprozess hinterlassen. Dass die Arbeit schließlich doch, und alles in allem betrachtet in einem überschaubaren Zeitraum, fertiggestellt werden konnte, verdankt sich vieler Menschen. Besonderer Dank gebührt Rainer Völker und Uwe Fliegauf für die freundliche, unkomplizierte und menschlich angenehme Aufnahme in die Reihe Denkanstöße, Sabine Ibelshäuser für unermüdliches Korrekturlesen und Andreas Slogar dafür, zur rechten Zeit einen Impuls zur Wiederaufnahme der Arbeiten gegeben zu haben. Zahlreiche Personen haben dem Projekt mit Hinweisen auf kleine Fundstücke oder Beispiele geholfen, von denen einige Einzug in den Text gefunden haben. Herzlicher Dank geht schließlich an meinen Bruder Suheil Mahayni für ein Leben lang gemeinsamen Nachdenkens und Diskutierens über die großen und kleinen Fragen des Seins. Ihm ist dieses Buch gewidmet.

Anmerkungen

1   Einige Passagen in diesem Buch basieren auf bereits zuvor publizierten Aufsätzen, in denen ich Einzelaspekte beleuchtet habe. Besonders zu nennen sind: Ziad Mahayni, *Ist Künstliche Intelligenz intelligent?*, in: Rebecca Böhme et al. (Hg.), Philosophie als Kritik und Lebenspraxis, Herder 2025 (in Druck) und *Künstliche Intelligenz als Religion*, in: Ziad Mahayni (Hg.), Ethische Fragen im Digitalzeitalter, Aisthesis 2025, S. 155–170. Schließlich dienten einzelne Episoden meines Podcast *Auf der Kippe – Philosophie für das digitale Zeitalter* als Quelle für verschiedene Überlegungen, die in diesem Buch detaillierter ausgeführt werden (Links zu allen Podcast-Playern unter www.mahayni.de).
2   Günther Anders, Die Antiquiertheit des Menschen, Beck [1956] 1987, S. 7
3   12. September 1958 – Erster Mikrochip von Jack Kilby fertiggestellt, in: WDR, 12.9.2018: https://www1.wdr.de/stichtag/stichtag-mikrochip-jack-kilby-100.html (zuletzt gesehen am 31.1.2025)
4   David Beck, Das Herz des Mikrochips – 75 Jahre Transistor, 23.12.2022: https://www.swr.de/wissen/essenz-des-computerchips-75-jahre-transistor-100.html (zuletzt gesehen am 31.1.2025)
5   Alan M. Turing, Computing Machinery and Intelligence, in: Mind 49, 1950, S. 433–460
6   Antwort generiert mit ChatGPT am 4.2.2025 mit folgendem Prompt: »Alan Turing hat 1950 in einem Aufsatz die Frage gestellt "Can machines think?". Was meinst du: Kannst du denken?«
7   Günther Anders, Die Antiquiertheit des Menschen, Beck [1956] 1987, S. VII, S. 23–24 und S. 32 f.
8   James Cascio, Facing the Age of Chaos, in: Medium 29.4.2020: https://medium.com/@cascio/facing-the-age-of-chaos-b00687b1f51d (zuletzt gesehen am 31.1.2025)
9   Krystal Hu, ChatGPT sets record for fastest-growing user base – analyst note, Reuters, 2.2.2023: https://www.reuters.com/technology/chatgpt-sets-record-fastest-growing-user-base-analyst-note-2023-02-01/ (zuletzt gesehen am 31.1.2025)
10 Bernard Marr, A Short History Of ChatGPT: How We Got To Where We Are Today, Forbes 19.5.2023: https://www.forbes.com/sites/bernardmarr/2023/05/19/a-short-history-of-chatgpt-how-we-got-to-where-we-are-today/ (zuletzt gesehen am 31.1.2025). Maximilian Schreiner, Leaks zeigen GPT-4-Architektur, Datensätze, Kosten und mehr, in: The Decoder, 11.7.2023:   https://the-decoder.de/leaks-zeigen-gpt-4-architektur-datensaetze-kosten-und-mehr/ (zuletzt gesehen am 31.1.2025)
11 Ray Kurzweil, The Singularity Is Nearer. When We Merge With AI, Viking 2024, S. 13
12 Mustafa Suleyman, The Coming Wave. Technology, Power, and the 21st Century's Greatest Dilemma, Crown 2023, S. 134
13 Clare Duffy, Trump announces a $500 billion AI infrastructure investment in the US, in: CNN, 21.1.2025: https://edition.cnn.com/2025/01/21/tech/openai-oracle-softbank-trump-ai-investment/index.html (zuletzt gesehen am 31.1.2025)
14 Vgl. Abschlussbericht des Arbeitskreises Industrie 4.0, Umsetzungsempfehlungen für das Zukunftsprojekt Industrie 4.0, April 2013

15 Mustafa Suleyman, The Coming Wave. Technology, Power, and the 21st Century's Greatest Dilemma, Crown 2023, S. 93 (eigene Übersetzung)
16 Mustafa Suleyman, The Coming Wave. Technology, Power, and the 21st Century's Greatest Dilemma, Crown 2023, S. 58 (eigene Übersetzung)
17 Yuval Harari weist beispielsweise im Kontext einer möglicherweise steigenden KI-bedingten Arbeitslosigkeit daraufhin, dass drei Jahre mit einer Arbeitslosenquote von 25% wesentlich für die Machtergreifung Hitlers gewesen sei. The Economist, Mustafa Suleyman & Yuval Noah Harari -FULL DEBATE. What does the AI revolution mean for our future?, 17. 09 2023: https://www.youtube.com/watch?v=7JkPWHr7sTY (zuletzt gesehen am 31.1.2025)
18 Die Dreiteilung aus Antike, Mittelalter und Neuzeit geht zurück auf das 1702 erschienen Werk Historia Universalis von Christophorus Cellarius
19 Marc Harris, Inside the First Church of Artificial Intelligence, Wired, 15.11.2017: https://www.wired.com/story/anthony-levandowski-artificial-intelligence-religion/ (zuletzt gesehen am 31.1.2025)
20 Christian Schiffer, Philipp Gawlik, ChatGPT: So gut hat die KI das bayerische Abitur bestanden, BR, 29.5.2023: https://www.br.de/nachrichten/netzwelt/chatgpt-ki-besteht-bayerisches-abitur-mit-bravour,TfB3QBw (zuletzt gesehen am 31.1.2025)
21 Vgl. zum hier benutzten Verständnis von Mythologie, Ideologie oder Narration Michael Hauskeller, Mythologies of Transhumanism, Kap. 1: From Logos to Mythos, Palgrave Macmillan 2016
22 Herbert Barber, Developing Strategic Leadership: The US Army War College Experience, in: Journal of Management Development, Band 11, Nr. 6, 1.6.1992, S. 4–12
23 Telefonat entpuppt sich als Fake. Giffey sitzt falschem Klitschko auf, in: ntv.de, 24.6.2022: https://www.n-tv.de/politik/Giffey-sitzt-falschem-Klitschko-auf-article23421940.html (zuletzt gesehen am 31.1.2025)
24 Mustafa Suleyman, The Coming Wave. Technology, Power, and the 21st Century's Greatest Dilemma, Crown 2023, S. 172
25 Interpol, Beyond Illusions. Unmasking the threat of synthetic media for law enforcement, June 2024: https://www.interpol.int/content/download/21179/file/BEYOND%20ILLUSIONS_Report_2024.pdf (zuletzt gesehen am 31.1.2025); Carolyn Giardina, CES: Could 90 Percent of Content Be AI-Driven by 2025?, 8.1.2023: https://www.hollywoodreporter.com/movies/movie-news/ces-ai-sag-aftra-1235290431/ (zuletzt gesehen am 31.1.2025)
26 Nouriel Roubini, Megathreats, Ariston Verlag, 2022, S. 11
27 James Cascio, Facing the Age of Chaos, in: Medium 29.4.2020: https://medium.com/@cascio/facing-the-age-of-chaos-b00687b1f51d (zuletzt gesehen am 31.1.2025, eigene Übersetzung)
28 Nina Schik, Deep Fakes and the Infocalypse, Monoray 2022
29 Vgl. Ziad Mahayni, Deepfakes und die ›Infokalypse‹. Wie beeinflusst generative Künstliche Intelligenz das Informationsökosystem, in: Petra Drewer et al. (Hg.), Terminologie in der KI – KI in der Terminologie, Deutscher Terminologie-Tag 2025, S. 3–10.
30 James Cascio, Facing the Age of Chaos, in: Medium 29.4.2020: https://medium.com/@cascio/facing-the-age-of-chaos-b00687b1f51d (zuletzt gesehen am 31.1.2025)
31 Das Erdklima steht auf der Kippe, in: science.ORF.at, 29.10.2021: https://science.orf.at/stories/3209542/ (zuletzt gesehen am 31.1.2025)
32 Francis Fukuyamas Buch The End of History and the Last Man erschien 1992.

33 Ulrich Böckling, Resilienz. Über einen Schlüsselbegriff des 21. Jahrhunderts, in: Soziopolis. de, 24.7.2017

34 61% aller Arbeitnehmer und Arbeitnehmerinnen in Deutschland betrachten sich als Burn-Out-gefährdet (Quelle: ZDFheute, Mehrheit sieht Bun-out-Risiko, 14.2.2024: https://www.zdf.de/nachrichten/panorama/burn-out-arbeitnehmer-100.html (zuletzt gesehen am 31.1.2025). Arbeitsunfähigkeitstage aufgrund psychischer Erkrankung sind in Deutschland zwischen 1997 und 2021 um 274% gestiegen. Todesfälle aufgrund einer depressiven Episode sind im gleichen Zeitraum noch deutlich stärker gestiegen. Psychische Erkrankungen sind in der Zwischenzeit zur zweithäufigsten Ursache für Arbeitsunfähigkeit geworden (Quelle: Statista.de: https://de.statista.com/themen/1318/psychische-erkrankungen/#topicOverview (zuletzt gesehen am 31.1.2025)

35 Google, Supporting Employee Mental Health and Well-being: https://services.google.com/fh/files/misc/smb_hub_wellbeing_guidance.pdf (zuletzt gesehen am 31.1.2025)

36 Peter Bostelmann, Mindfulness – The unexpected organizational revolution, TEDxBerlin-Salon, 21.12.2016: https://www.youtube.com/watch?v=wdqbSAWI2xM (zuletzt gesehen am 31.1.2025, eigene Übersetzung)

37 Diana I. Tamir, Jason P. Mitchell, in: Disclosing information about the self is intrinsically rewarding, in: Proceedings of the National Academy of Sciences, May 2012, 109 (21) 8038–8043

38 Forsa Politik- und Sozialforschung GmbH, Nutzung sozialer Medien bei 12–17-Jährigen, 21.9.2017, https://www.schau-hin.info/fileadmin/content/Downloads/Sonstiges/dak-studie-sucht-nach-sozialen-medien.pdf (zuletzt gesehen am 31.1.2025)

39 Facebook: Interne Studie zeigt Schädlichkeit von Instagram, in: t3n, 15.9.2021, https://t3n.de/news/facebook-studie-toxisch-schaedlich-teenager-jugendliche-1407124/ (zuletzt gesehen am 31.1.2025)

40 Facebook: Interne Studie zeigt Schädlichkeit von Instagram, in: t3n, 15.9.2021, https://t3n.de/news/facebook-studie-toxisch-schaedlich-teenager-jugendliche-1407124/ (zuletzt gesehen am 31.1.2025)

41 Brian A. Primack et. al., Social Media Use and Perceived Social Isolation Among Young Adults in the U.S., in: American Journal of Preventive Medicine, Volume 53, ISSUE 1, P1-8, July 01, 2017

42 Vgl. Ziad Mahayni, Individualität als Massenphänomen. Die Dialektik des Kaufens in der modernen Konsumgesellschaft, in: SCHEIDEWEGE. Jahresschrift für skeptisches Denken, H. 38, Jg. 2008/2009, S. 344–370

43 Alexei Yurchak, Everything Was Forever, Until it Was No More. The Last Soviet Generation, Princeton University Press 2005

44 Vgl. den Dokumentarfilm HyperNormalisation von Adam Curtis, 2016.

45 Alexei Yurchak, Everything Was Forever, Until it Was No More. The Last Soviet Generation, Princeton University Press 2005, S. 50.

46 Diese Dialektik entwickelt einen Gedanken weiter, der im Ansatz bereits von Adam Curtis in dem Dokumentarfilm HyperNormalisation entwickelt wurde.

47 Kathleen Stock hat auf die Sprachverwirrung in Bezug auf »Gender« hingewiesen und mindestens vier verschiedene Verwendungen des Begriffs in der öffentlichen Debatte identifiziert. Kathleen Stock, Material Girls. Why Reality Matters for Feminism, Fleet 2022, S. 37 f.

48 Der Experte für Technikfolgenabschätzung Armin Grunwald hat dieses Denkmodell näher analysiert und spricht von Technikdeterminismus. Vgl. Armin Grunwald, Der unterlegene Mensch. Die Zukunft der Menschheit im Angesicht von Algorithmen, künstlicher Intelligenz und Robotern, riva 2019, S. 154f.,

49 Zum Solutionismus vgl. Evgeny Morozov, To Save Everything, Click Here: Technology, Solutionism, and the Urge to Fix Problems that Don't Exist, Penguin 2014

50 Marc Andreessen, Why AI Will Save the World, 6.6.2023: https://a16z.com/ai-will-save-the-world/ (zuletzt gesehen am 31.1.2025, eigene Übersetzung)

51 Francis Bacon, Neu Atlantis, in: Ernesto Grassi (Hg.), Der utopische Staat, Rowohlt 1960

52 Harald Staun, Filme aus dem Automaten. Der Streik der amerikanischen Drehbuchautoren ist der erste Kampf von Kreativarbeitern gegen KI, in: Frankfurter Allgemeine Sonntagszeitung, 21.5.2023, S. 39

53 Hannes Becher, Intel verspricht Chips mit einer Billion Transistoren bis 2030, 5.12.2022: https://www.notebookcheck.com/Intel-verspricht-Chips-mit-einer-Billion-Transistoren-bis-2030.672725.0.html (zuletzt gesehen am 31.1.2025)

54 Für eine ausführliche Erläuterung dieser Analogie vgl. Ziad Mahayni, Innovation in the Era of Digitization, TEDxHHL 18.7.2019: https://www.youtube.com/watch?v=Qv35_zb3D1g (zuletzt gesehen am 31.1.2025)

55 Vgl. hierzu https://de.wikipedia.org/wiki/Sissa_ibn_Dahir (zuletzt gesehen am 31.1.2025)

56 Vgl. hierzu die ausführlichere Betrachtung in Erik Brynjolfsson, Andrew McAfee, The Second Machine Age. Wie die nächste digitale Revolution unser aller Leben verändern wird, Börsen Medien 2015, S. 53f.,

57 Michael Haas, Der Schlagzeuger mit dem bionischen Arm, in: Süddeutsche Zeitung Magazin, 9.1.2019: https://sz-magazin.sueddeutsche.de/die-loesung-fuer-alles/der-schlagzeuger-mit-dem-bionischen-arm-86622 (zuletzt gesehen am 31.1.2025)

58 Vgl. https://colossal.com/ (zuletzt gesehen am 29.10.2024)

59 Anthony Cuthbertson, Brain chip allows paralysed man to post first ever ›direct-thought‹tweet, in: Independent, 27.12.2021: https://www.independent.co.uk/tech/brain-chip-als-synchron-neuralink-computer-b1982745.html (zuletzt gesehen am 31.1.2025)

60 Allison Parshall, Wenn die KI ins Hirn blickt, in: Spektrum, 3.5.2023: https://www.spektrum.de/news/gedankenlesen-wenn-die-ki-ins-hirn-blickt/2135388 (zuletzt gesehen am 31.1.2025)

61 Isabelle Hermann, Science-Fiction zur Einführung, Junius Verlag 2023, S. 40

62 National Human Genome Research Institute, The Cost of Sequencing a Human Genome, 1.11.2021: https://www.genome.gov/about-genomics/fact-sheets/Sequencing-Human-Genome-cost (zuletzt gesehen am 31.1.2025)

63 Vgl. Mustafa Suleyman, The Coming Wave. Technology, Power, and the 21st Century's Greatest Dilemma, Crown 2023, S. 88f.

64 David Beck, Das Herz des Mikrochips – 75 Jahre Transistor, 23.12.2022: https://www.swr.de/wissen/essenz-des-computerchips-75-jahre-transistor-100.html (zuletzt gesehen am 31.1.2025)

65 Joël Mesot, Wo liegt die Grenze bei der Verkleinerung von Chips?, in: Blick, 24.8.2022: https://www.blick.ch/meinung/kolumnen/sie-fragen-eth-praesident-joel-mesot-antwortet-wo-liegt-die-grenze-bei-der-verkleinerung-von-chips-id17804530.html (zuletzt gesehen am 31.1.2025)

66 Leiserson, C. E., Thompson, N., Emer, J., Bradley, K., Butler, L., Sanchez, D., & Schardl, T., There's plenty of room at the Top: What will drive computer performance after Moore's law?, in: Science, 2020, 368 (6495).

67 Arute, F., Arya, K., Babbush, R. et al., Quantum supremacy using a programmable super-conducting processor, in: Nature 574, 505–510, 2019

68 Hartmut Neven, Meet Willow, our state-of-the-art quantum chip, in: blog.google, 9.12.2024: https://blog.google/technology/research/google-willow-quantum-chip/ (zuletzt gesehen am 31.1.2025)

69 Michio Kaku, Quantum Supremacy. How Quantum Computers will Unlock the Mysteries of Science – and Address Humanity's Biggest Challenges, Doubleday 2023

70 Gernot Böhme, Das Gegebene und das Gemachte, S. 143, in: Großheim, Kluck (Hg.), Phänomenologie und Kulturkritik, Alber Verlag 2010

71 Thomas Kuhn, Die Struktur wissenschaftlicher Revolutionen, Suhrkamp 1997

72 Durch KI-Avatare mit Toten sprechen, in: SWR Kultur, 20.6.2024: https://www.swr.de/swrkultur/film-und-serie/durch-ki-mit-toten-sprechen-doku-eternal-you-von-moritz-riesewieck-100.html (zuletzt gesehen am 31.1.2025)

73 Hans Jonas, Das Prinzip Verantwortung, Suhrkamp 1984

74 Pause Giant AI Experiments: An Open Letter, Brief vom 22.3.2023 unterzeichnet von über 33.000 Menschen (Stand März 2024): https://futureoflife.org/open-letter/pause-giant-ai-experiments/ (zuletzt gesehen am 31.1.2025)

75 Sam Altman prognostiziert in einem Interview, dass AGI in 2025 kommen werde: Sam Altman's Shocking Prediction: 'We'll Solve ALL of Physics, 11.11.2024: https://www.youtube.com/watch?v=Z1kj6wSO4so (zuletzt gesehen am 31.1.2025)

76 Vgl. Günther Anders, Die Antiquiertheit des Menschen, Beck 1956

77 World Economic Forum, Reskilling Revolution, 2020: https://widgets.weforum.org/reskillingrevolution/index.html (zuletzt gesehen am 31.1.2025)

78 Anne Hund, Studie: Mehrheit der Beschäftigten hält sich für Burn-out-gefährdet, 19.2.204: https://www.merkur.de/leben/karriere/mobbing-stress-faktoren-arbeit-studie-krankenkasse-ueberstunden-termin-druck-zr-92834926.html (zuletzt gesehen am 31.1.2025)

79 Dolmetschen bei der EU – Ein exklusiver Blick hinter die Kulissen, 25. Juli 2023: https://www.fachdolmetschersuche.de/news/dolmetschen-bei-der-eu (zuletzt gesehen am 31.1.2025)

80 Center for Humane Technology, The A.I. Dilemma, 9.3.2023: https://www.youtube.com/watch?v=xoVJKj8lcNQ&t=644s (zuletzt gesehen am 31.1.2025)

81 Vgl. Ziad Mahayni, Paradigmenwechsel Digitalzeitalter, S. 7–13, in: Ziad Mahayni, Ethische Fragen im Digitalzeitalter, Aisthesis 2025

82 Vgl. Günther Anders, Die Antiquiertheit des Menschen, Beck 1987, S. VII. Für eine umfassendere Analyse des Verantwortungsdilemmas im KI-Zeitalter vgl. Mustafa Suleyman, The Coming Wave. Technology, Power, and the 21st Century's Greatest Dilemma, Crown 2023

83 Vgl. Marco Wedel, Ziad Mahayni, Wie reguliert man Künstliche Intelligenz? Der EU AI Act, rtwe-Vortrag, 10.6.2024: https://youtu.be/DFMshUPqGuE?si=lweZallUdAC5YB2p (zuletzt gesehen am 31.1.2025)

84 So argumentieren beispielsweise: Ingmar Persson, Julian Savulescu, Unfit for the Future: The Need for Moral Enhencement, Oxford University Press 2012

85 Zitiert nach Dennis Kremer, In ein langes Leben investieren, S. 29, in: Frankfurter Allgemeine Sonntagszeitung, 12.3.2023

86   Immanuel Kant, Vorlesungen zur Logik, S. 448, in: Werke in zehn Bänden, Bd. 5, Wissenschaftliche Buchgesellschaft 1983

87   Neil Harbisson, I listen to colour, TEDtalk 20.7.2012: https://www.youtube.com/watch?v=ygRNoieAnzI (zuletzt gesehen am 31.1.2025)

88   Vgl. hierzu https://de.wikipedia.org/wiki/Neil_Harbisson (zuletzt gesehen am 31.1.2025)

89   Vgl. u. a. Dierk Spreen, Der Cyborg. Diskurse zwischen Körper und Technik, in: Eßlinger, Schlechtriemen, Schweitzer, Zons (Hg.), Die Figur des Dritten, Suhrkamp Verlag 2010

90   Vgl. hierzu auch Jürgen Habermas' Argument in: Michael Sandel, Plädoyer gegen die Perfektion. Ethik im Zeitalter der genetischen Technik, Berlin University Press, 2015, S.9

91   Vgl. https://de.wikipedia.org/wiki/Neil_Harbisson (zuletzt gesehen am 31.1.2025)

92   Warwick, Hutt, Gasson, Goodhew, An attempt to extend human sensory capabilities by means of implant technology, Proceedings IEEE International Conference on Systems, Man and Cybernetics, Hawaii, October 2005, S. 1663–1668

93   Manfred E. Clynes, Nathan S. Kline, Cyborgs and space, in: Astronautics, September 1960, S. 26f., http://web.mit.edu/digitalapollo/Documents/Chapter1/cyborgs.pdf (zuletzt gesehen am 31.1.2025)

94   Christopher Mason, Precision Medicine for this World and the Next, Vortrag auf 2bAhead Zukunftskongress, 1.12.2020

95   Yuval Noah Harari, Homo Deus. A Brief History of Tomorrow, Vintage 2017, S. 319 (eigene Übersetzung)

96   Vgl. Gernot Böhme, Die Natur vor uns. Naturphilosophie in pragmatischer Hinsicht, Die Graue Edition 2002, S. 19–20

97   Nick Bostrom, Superintelligenz. Szenarien einer kommenden Revolution, Suhrkamp 2014, S. 105

98   Sigmund Freud, Eine Schwierigkeit der Psychoanalyse, in: Imago. Zeitschrift für Anwendung der Psychoanalyse auf die Geisteswissenschaften. Bd. V, 1917, S. 1–7.

99   Diese Überlegung wurde bereits von Alan Turing 1951 abgestellt: »Wenn eine Maschine denken kann, könnte sie auf intelligentere Art und Weise denken als wir, und wo sollten wir dann stehen? Selbst wenn es uns gelänge, die Maschinen in einer untergeordneten Position zu halten, [...] sollten wir uns als Spezies außerordentlich gedemütigt fühlen.« Zitiert nach Max Tegmark, Leben 3.0, Ullstein 2017, S. 201

100 Ray Kurzweil, Menschheit 2.0. Die Singularität naht, Lola Books 2014

101 Stefan Lorenz Sorgner, Schöner neue Mensch, Nicolai Publishing 2018

102 Stefan Lorenz Sorgner, Transhumanismus bedeutet Freiheit, S. 15, in: Stefan Lorenz Sorgner contra Philipp von Becker, Transhumanismus, Westend 2023

103 Zoltan Istvan, The Transhumanist Wager, S. 284, Futurity Imagine Media 2013 (eigene Übersetzung)

104 Stefan Lorenz Sorgner, Transhumanismus bedeutet Freiheit, S. 19, in: Stefan Lorenz Sorgner contra Philipp von Becker, Transhumanismus, Westend 2023

105 Zoltan Istvan, The Transhumanist Wager, Futurity Imagine Media 2013 (eigene Übersetzung)

106 Susanne Fourtané, Neuralink: How the Human Brain Will Download Directly from a Computer, in: Interesting Engineering, 2.9.2018: https://interestingengineering.com/innovation/neuralink-how-the-human-brain-will-download-directly-from-a-computer (zuletzt gesehen am 31.1.2025)

107 Vgl. https://neuralink.com/ (zuletzt gesehen am 31.1.2025)

108 Vgl. Hierzu Elon Musk: Neuralink and the Future of Humanity, in: Lex Friedman Podcast #438, 2.8.2024: https://open.spotify.com/episode/1seRMg5Zdg5nBuw0W4Q3WB?si=Qn AGVtJoQvaAqsvDNZ8xvw (zuletzt gesehen am 31.1.2025)

109 Max More, The Philosophy of Transhumanism, S. 10, in: More, Vita-More (Hg.), The Transhumanist Reader, Wiley-Blackwell 2013 (eigene Übersetzung)

110 Michael Hauskeller, Mythologies of Transhumanism, Palgrave Macmillan 2016, S. 127 (eigene Übersetzung)

111 Vgl. hierzu Janina Loh, Zur Hinterfragung, Erweiterung und Überwindung des humanistischen Menschenbildes im trans- und Posthumanismus, S. 278–296, in: Armin Grunwald (Hg.), Wer bist du, Mensch? Transformation menschlicher Selbstverständnisse im wissenschaftlich-technischen Fortschritt, Herder 2021

112 Nick Bostrom, Warum ich posthuman werden will, wenn ich groß bin, S. 145f., in: Nick Bostrom, Die Zukunft der Menschheit, Suhrkamp 2008.

113 Vgl. hierzu etwa den »Anti-Natalismus« von David Benetar und seine Verbindung zum Trans- und Posthumanismus in: Michael Hauskeller, Mythologies of Transhumanism, Palgrave Macmillan 2016, S. 172f.

114 Thomas Fuchs, Verteidigung des Menschen. Grundfragen einer verkörperten Anthropologie, Suhrkamp 2020, S. 30f.

115 Philipp von Becker, Transhumanismus als Abschied vom Individuum, S. 87, in: Stefan Lorenz Sorgner contra Philipp von Becker, Transhumanismus, Westend 2023

116 Yuval Noah Harari, Homo Deus. Eine Geschichte von Morgen, Beck Verlag 2017, S. 516

117 Zoltan Istvan, The Transhumanist Wager, Futurity Imagine Media 2013, S. 150

118 Jason Rosario, How Vulnerability Can Be a Leadership Superpower, in Harvard Business Review, 4.5.2020: https://hbr.org/podcast/2020/05/how-vulnerability-can-be-a-leadership-superpower (zuletzt gesehen am 31.1.2025)

119 George Deeb, The Top 4 Reasons Passion Drives Startup Success, in: Forbes 04.12.2014: https://www.forbes.com/sites/georgedeeb/2014/12/04/the-top-4-reasons-passion-drives-startup-success/ (zuletzt gesehen am 31.1.2025)

120 Ashlee Vance, Elon Musk. Die Biografie, FBV 2017, S. 66

121 Vgl. hierzu auch Adrian Daub, Was das Valley denken nennt, Suhrkamp 2020

122 Vgl. hierzu Hartmut Böhme, Gernot Böhme, Das Andere der Vernunft. Zur Entwicklung von Rationalitätsstrukturen am Beispiel Kants, Suhrkamp 1996, S. 248

123 Vgl. hierzu u. a. Andreas Schleicher, 21st Century Skills, re:publica 2013, 8.5.2013: https://www.youtube.com/watch?v=lbb5KE6CI_w (zuletzt gesehen am 31.1.2025)

124 Vgl. hierzu Thomas Fuchs, Verteidigung des Menschen. Grundfragen einer verkörperten Anthropologie, Suhrkamp 2020, S. 12f. und Andy Clark, David Chalmers, The Extended Mind, in: Analysis, Vol. 58. No.1, 1998. S. 7–19

125 Vgl. hierzu Gabor Maté, Vom Mythos des Normalen, Kösel 2022, S. 83f.

126 Zum Beispiel: Chip, Künstliche Intelligenz: die letzte Erfindung der Menschheit, 25.03.2019: https://www.chip.de/video/Die-letzte-Erfindung-der-Menschheit-Kuenstliche-Intelligenz-Video_161259242.html (zuletzt gesehen am 31.1.2025)

127 Aus dem Lager der Befürworter z. B. Bernd Kleine-Gunk, Stefan Lorenz Sorgner, Homo Ex Machina. Der Mensch von Morgen, Goldmann 2023, S. 15. Aus dem Lager der Kritiker z. B. Michael Hauskeller, Mythologies of Transhumanism, Palgrave Macmillan 2016, S. 121 f.

128 Bernd Kleine-Gunk, Stefan Lorenz Sorgner, Homo Ex Machina. Der Mensch von Morgen, Goldmann 2023, S. 15

129 Max More, Transhumanism: Towards a Futurist Philosophy, abrufbar u. a. unter https:// ildodopensiero.it/wp-content/uploads/2019/03/max-more-transhumanism-towards-a-futurist-philosophy.pdf (zuletzt gesehen am 31.1.2025, eigene Übersetzung)

130 Bernd Kleine-Gunk, Stefan Lorenz Sorgner, Homo Ex Machina. Der Mensch von Morgen, S. 89, Goldmann 2023

131 Max More, Vom biologischen Menschen zum posthumanen Wesen, in: Telepolis vom 17.7.1996 (https://www.telepolis.de/features/Vom-biologischen-Menschen-zum-posthum anen-Wesen-3563295.html (zuletzt gesehen am 31.1.2025)

132 Zitiert nach Bernd Kleine-Gunk, Stefan Lorenz Sorgner, Homo Ex Machina. Der Mensch von Morgen, Goldmann 2023, S. 105

133 Ray Kurzweil, Terry Grossman, Fantastic Voyage: Live Long Enough to Live Forever, Rodale Books 2004

134 https://www.humanbrainproject.eu/en/, zuletzt gesehen am 31.1.2025

135 CORDIS – EU research result, Virtual Embodiment and Robotic Re-Embodiment: https:// cordis.europa.eu/article/id/182982-real-life-meets-scifi-the-embodiment-station (zuletzt gesehen am 31.1.2025)

136 Bernd Kleine-Gunk, Stefan Lorenz Sorgner, Homo Ex Machina. Der Mensch von Morgen, S. 105, Goldmann 2023

137 https://www.alcor.org/ und www.tomorrow.bio (zuletzt gesehen am 31.1.2025)

138 Vgl. etwa Stefan Lorenz Sorgner, Schöner neuer Mensch, Nicolai Publishing 2018, S. 69: »Der wichtigste Grund für diese Zielsetzung ist die Annahme, dass die Wahrscheinlichkeit, ein gutes Leben zu führen, erhöht wird, wenn wir uns […] unter Zuhilfenahme neuer Techniken weiterentwickeln«

139 Natasha Vita-More, Radical body design »Primo Posthuman«, in: the Kurzweil Library, 25.2.2002: https://www.thekurzweillibrary.com/radical-body-design-primo-posthuman (zuletzt gesehen am 31.1.2025)

140 Natasha Vita-More, Radical body design »Primo Posthuman«, in: the Kurzweil Library, 25.2.2002: https://www.thekurzweillibrary.com/radical-body-design-primo-posthuman (zuletzt gesehen am 31.1.2025, eigene Übersetzung)

141 Filippo Tommaso Marinetti, The Founding and Manifesto of Futurism, Le Figaro, 20.2.1909: https://www.italianfuturism.org/manifestos/foundingmanifesto/ (zuletzt gesehen am 31.1.2025)

142 Ingmar Persson, Julian Savulescu, Unfit for the Future: The Need for Moral Enhencement, Oxford University Press 2012

143 Max More, Vom biologischen Menschen zum posthumanen Wesen, in: Telepolis vom 17.7.1996: http://www.heise.de/tp/druck/mb/artikel/2/2043/1.html (zuletzt gesehen am 31.1.2025)

144 Zoltan Istvan, The Transhumanist Wager, Futurity Imagine Media 2013

145 Nick Bostrom, Warum ich posthuman werden will, wenn ich groß bin, S. 152, in: Nick Bostrom, Die Zukunft der Menschheit, Suhrkamp 2008

146 Zoltan Istvan, The Transhumanist Wager, Futurity Imagine Media 2013, S. 26 (eigene Übersetzung)

147 Zoltan Istvan, The Transhumanist Wager, Futurity Imagine Media 2013, S. 283 (eigene Übersetzung)

148 British Institute of Posthuman Studies, PostHuman: An Introduction to Transhumanism, 5.11.2013: https://www.youtube.com/watch?v=bTMS9y8OVuY (zuletzt gesehen am 31.1.2025, eigene Übersetzung)
149 John Harris, Enhancing Evolution. The Ethical Case for Making Better People, Princeton University Press 2007, S. 92 (eigene Übersetzung)
150 Michael Hauskeller, Mythologies of Transhumanism, Kap. 7: The Disease of Being Human, Palgrave Macmillan 2016
151 Zoltan Istvan, The Transhumanist Wager, Futurity Imagine Media 2013, S. 26
152 George Dvorsky, All Together Now: Developmental and ethical considerations for biologically uplifting nonhuman animals, in: Journal of Evolution and Technology, Vol. 18, No. 1, May 2008, S. 129–142 (eigene Übersetzung)
153 Michael Hauskeller, Mythologies of Transhumanism, Palgrave Macmillan 2016, S. 122 (eigene Übersetzung)
154 Steve Fuller, Veronika Lepinska, The Proactionary Imperative. A Foundation for Transhumanism, Palgrave Macmillan 2014 (eigene Übersetzung). Vgl. hierzu die Kritik von Michael Hauskeller, Mythologies of Transhumanism, Palgrave Macmillan 2016, S. 168 f.
155 Marc Andreessen, Why AI Will Save the World, 6.6.2023: https://a16z.com/ai-will-save-the-world/ (zuletzt gesehen am 31.1.2025, eigene Übersetzung)
156 Anders Sandberg, Morphological Freedom – Why We Not Just Want It, but Need It, S. 56 f., in: More, Vita-More (Hg.), The Transhumanist Reader, Wiley-Blackwell 2013
157 Stefan Lorenz Sorgner, Transhumanismus bedeutet Freiheit, S. 26, in: Stefan Lorenz Sorgner contra Philipp von Becker, Transhumanismus, Westend 2023
158 Julian Savulescu, New Breeds of humans: The moral obligation to enhance, in: Ethics, Law and Moral Philosophy of Reproductive Medicine, Nr. 1, März 2005, S. 36–39 (eigene Übersetzung)
159 Jürgen Habermas, Die Zukunft der menschlichen Natur. Auf dem Weg zu einer liberalen Eugenik?, Suhrkamp 2001, S. 80 f. und Michael Sandel, Plädoyer gegen die Perfektion. Ethik im Zeitalter der genetischen Technik, Berlin University Press, 2015, S.33 und S. 69 f.
160 Arnold Gehlen, Der Mensch. Seine Natur und seine Welt, Klostermann 2016, S. 35
161 Arnold Gehlen, Der Mensch. Seine Natur und seine Welt, Klostermann 2016, S. 37
162 Leon Kass, Ageless Bodies, Happy Souls. Biotechnology and the pursuit of perfection, in: The New Atlantis, NO. 1 2003: https://www.thenewatlantis.com/publications/ageless-bodies-happy-souls (zuletzt gesehen am 31.1.2025, eigene Übersetzung)
163 Hartmut Rosa, Unverfügbarkeit, Suhrkamp 2022
164 »To be human is to strive to be better«, schreibt beispielsweise Julian Savulescu, New Breeds of humans: The moral obligation to enhance, in: Ethics, Law and Moral Philosophy of Reproductive Medicine, Nr. 1, März 2005, S. 36–39
165 Vgl. hierzu beispielhaft Michael Sandel, Plädoyer gegen die Perfektion. Ethik im Zeitalter der genetischen Technik, Berlin University Press, 2015
166 Der Transhumanismus weist bisweilen darauf hin, dass eine vollkommene Abschaffung des Todes nicht möglich ist, da auch ein per Mind-Uploading in einer Computersimulation potentiell ewig lebender Mensch durch ein mechanisches Ereignis wie eine Explosion im Serverraum »sterben« könnte. Andere weisen darauf hin, dass Sonnen in unserem Sonnensystem irgendwann erlöschen und Leben unmöglich machen werden. Da es mir um den Grundgedanken des ewigen Lebens geht, gehe ich hierauf nicht ein.

167 Leon Kass, L'Chaim and Its Limits: Why Not Immortality?, in: First Things, Mai 2001: https://www.firstthings.com/article/2001/05/lchaim-and-its-limits-why-not-immortality (zuletzt gesehen am 31.1.2025)

168 Hartmut Rosa, Unverfügbarkeit, Suhrkamp 2022, S. 8–9

169 Hartmut Rosa, Unverfügbarkeit, Suhrkamp 2022, S. 51

170 Giovanni Maio, Gefangen im Übermaß an Ansprüchen und Verheißungen. Zur Bedeutung des Schicksals für das Denken der modernen Medizin, in: Ders. (Hg.), Abschaffung des Schicksals, Herder 2011, S. 35, zitiert nach Hartmut Rosa, Unverfügbarkeit, Suhrkamp 2022, S. 92. Vgl. auch Gabor Maté, Vom Mythos des Normalen, Kösel 2022, S. 453 f.: »Krankheit als Lehrmeisterin«

171 Max More, Vom biologischen Menschen zum posthumanen Wesen, in: Telepolis vom 17.7.1996: https://www.telepolis.de/features/Vom-biologischen-Menschen-zum-posthumanen-Wesen-3563295.html, (zuletzt gesehen am 31.1.2025)

172 Im Dokumentarfilm über Ray Kurzweil von Barry Ptolemy, Transcendent Man, 2009

173 Tatsächlich ist es erst kürzlich, ca. 120 Jahre nach Erfindung des motorgetriebenen Flugzeugs, gelungen etwas zu konstruieren, dass »wie ein Vogel« fliegt. Vgl. Markus Fischer, To fly like a bird, TED 23.7.2011: https://www.youtube.com/watch?v=Fg_JcKSHUtQ (zuletzt gesehen am 31.1.2025)

174 Christian Freska, KI und Kognition, S. 129, in: Strasser et. al. (Hg.) Künstliche Intelligenz – Die grosse Verheißung, Xenomoi 2021, S. 129–144

175 Hans Magnus Enzensberger, Im Irrgarten der Intelligenz. Ein Idiotenführer, Suhrkamp 2020

176 Vgl. hierzu Christian Hugo Hoffmann, The quest for a universal theory of intelligence, De Gruyter 2023, S. 29 f.

177 Vgl. Elizabeth Weil, You Are Not a Parrot, in: New York Magazine, 1.3.2023: https://nymag.com/intelligencer/article/ai-artificial-intelligence-chatbots-emily-m-bender.html (zuletzt gesehen am 31.1.2025) und Muhammad Saad Uddin, Stochastic Parrots: A Novel Look at Large Language Models and Their Limitations, Towards AI, 13.4.2023: https://towardsai.net/p/machine-learning/stochastic-parrots-a-novel-look-at-large-language-models-and-their-limitations (zuletzt gesehen am 31.1.2025)

178 Noam Chomsky, Gary Marcus, Jeremy Kahn, Debunking the great AI lie, 2022: https://www.youtube.com/watch?v=PBdZi_JtV4c (zuletzt gesehen am 31.1.2025)

179 Vgl. António R. Damásio, Descartes' Irrtum. Fühlen, Denken und das menschliche Gehirn, List 1994 und Thomas Fuchs, Verteidigung des Menschen. Grundfragen einer verkörperten Anthropologie, Suhrkamp 2020

180 Vgl. Thomas Fuchs, Das Gehirn – ein Beziehungsorgan. Eine phänomenologisch-ökologische Konzeption, Kohlhammer 2013

181 Gabor Maté, Vom Mythos des Normalen, Kösel 2022, S. 157

182 Noam Chomsky, Gary Marcus, Jeremy Kahn, Debunking the great AI lie, 2022: https://www.youtube.com/watch?v=PBdZi_JtV4c (zuletzt gesehen am 31.1.2025)

183 Alan M. Turing, Computing Machinery and Intelligence, in: Mind 49, 1950, S. 433–460

184 Matthias Kremo, Durchbruch bei Künstlicher Intelligenz. Der unheimlich menschliche Eugene Goostman, in: Spiegel Online, 9.6.2014: https://www.spiegel.de/netzwelt/gadgets/eugene-goostman-computer-besteht-erstmals-turing-test-a-974131.html (zuletzt gesehen am 31.1.2025)

185 John Searle, Minds, Brains and Programs, in: Behavioral and Brain Sciences, 1.9.1980. Zur Weiterentwicklung vgl. John Searle, Die Wiederentdeckung des Geistes, Suhrkamp 1996, S. 61 f.

186 David Levy, Love and Sex with Robots. The Evolution of Human-Robot Relationships, Harper 2008, S. 120 (eigene Übersetzung)

187 Alan M. Turing, Computing Machinery and Intelligence, in: Mind 49, 1950, S. 433–460 (eigene Übersetzung)

188 Hartmut Böhme, Gernot Böhme, Das Andere der Vernunft. Zur Entwicklung von Rationalitätsstrukturen am Beispiel Kants, Suhrkamp 1996

189 Stefan Lorenz Sorgner, Transhumanismus bedeutet Freiheit, S. 15, in: Stefan Lorenz Sorgner contra Philipp von Becker, Transhumanismus, Westend 2023

190 Vgl. hierzu Birds Don't Fly, in: Michael Hauskeller, Mythologies of Transhumanism, Palgrave Macmillan 2016, S. 35–54

191 Yuval Noah Harari, Homo Deus. A Brief History of Tomorrow, Penguin 2017, S. 462 (eigene Übersetzung)

192 Nick Bostrom, Superintelligenz. Szenarien einer kommenden Revolution, Suhrkamp 2014, S. 89–91

193 Ray Kurzweil, Menschheit 2.0. Die Singularität naht, Kapitel 3, Lola Books 2014, S. 109 f.: »Wann Computer die Rechenkapazität des Menschen erreichen«.

194 Zitiert nach Brian Christian, The Alignment Problem. How Can Artificial Intelligence Learn Human Values?, S. 295, Atlantic Books 2020, S. 295 (eigene Übersetzung)

195 Nick Bostrom, Ethical Issues in Advanced Artificial Intelligence, 2003: https://nickbostrom.com/ethics/ai (zuletzt gesehen am 31.1.2025, eigene Übersetzung)

196 Vgl. www.apolloresearch.ai sowie The AI Grid, AI Researchers Stunned After Open AI's New Tried to Escape, 7.12.2024: https://www.youtube.com/watch?v=2_CTNXq9fo8 (zuletzt gesehen am 31.1.2025)

197 Future of Life Institute, Pause Giant AI Experiments: An Open Letter, 22.3.2023: https://futureoflife.org/open-letter/pause-giant-ai-experiments/ (zuletzt gesehen am 31.1.2025)

198 Eliezer Yudkowsky, Pausing AI Development Isn't Enough. We Need to Shut it All Down, in: Time 29.3.2023: https://time.com/6266923/ai-eliezer-yudkowsky-open-letter-not-enough/ (zuletzt gesehen am 31.1.2025)

199 Timnit Gebru et Al., Statement from the listed authors of Stochastic Parrots on the »AI pause« letter, 31.3.2023: https://www.dair-institute.org/blog/letter-statement-March2023/ (zuletzt gesehen am 31.1.2025)

200 Nick Bostrom, Superintelligenz. Szenarien einer kommenden Revolution, Suhrkamp 2014

201 Eliezer Yudkowsky, Pausing AI Development Isn't Enough. We Need to Shut it All Down, Time 29.3.2023: https://time.com/6266923/ai-eliezer-yudkowsky-open-letter-not-enough/ (zuletzt gesehen am 31.1.2025, eigene Übersetzung)

202 Vgl. Max Tegmark, Leben 3.0, Ullstein 2017, S. 201 f.

203 So argumentiert beispielsweise Stefan Lorenz Sorgner, Schöner neuer Mensch, Nicolai Publishing 2018, S. 15

204 Mustafa Suleyman, The Coming Wave. Technology, Power, and the 21st Century's Greatest Dilemma, Crown 2023, S. 25 f.

205 Das neue Forschungsfeld »Explainable AI« versucht hier Licht ins Dunkel zu bringen.

206 Center for Humane Technology, The A.I. Dilemma, 9.3.2023: https://www.youtube.com/watch?v=xoVJKj8lcNQ&t=644s (zuletzt gesehen am 31.1.2025)

207 Audrey Kurth Cronin, Power to the People. How open technological innovation is arming tomorrow's terrorists, Oxford University Press 2020, zitiert nach Mustafa Suleyman, The Coming Wave. Technology, Power, and the 21st Century's Greatest Dilemma, Crown 2023, S. 106 (eigene Übersetzung)

208 Google C.E.O. Sundar Pichai on Bard, A.I. ›Whiplash‹ and Competing With ChatGPT, in: »Hard Fork« Podcast der New York Times, 31.3.2023: https://www.nytimes.com/2023/03/31/podcasts/hard-fork-sundar.html (zuletzt gesehen am 31.1.2025)

209 Mustafa Suleyman, The Coming Wave. Technology, Power, and the 21st Century's Greatest Dilemma, Crown 2023, S. 16 (eigene Übersetzung)

210 Sam Altman, The Alignment Problem, 19.12.2022: https://www.youtube.com/watch?v=w0VyujzpS0s (zuletzt gesehen am 31.1.2025)

211 »Our mission is to ensure that artificial general intelligence – AI systems that are generally smarter than humans – benefits all of humanity«: https://openai.com/about/ (zuletzt gesehen am 31.1.2025)

212 Armin Grunwald, Der unterlegene Mensch. Die Zukunft der Menschheit im Angesicht von Algorithmen, künstlicher Intelligenz und Robotern, riva 2019, S. 20

213 Nick Bostrom, Superintelligenz. Szenarien einer kommenden Revolution, Suhrkamp 2014

214 Vgl. Ziad Mahayni, Auf die Kippe – Philosophie für das digitale Zeitalter, Folgen #8 und #9, Podcast abrufbar u. a. auf www.mahayni.de

215 Vgl. Wikipedia-Eintrag zu Aladdin und die dort angegebene weiterführende Literatur: https://de.wikipedia.org/wiki/Aladdin_(BlackRock) (zuletzt gesehen am 31.1.2025)

216 Vgl. Wikipedia-Eintrag zu Aladdin und die dort angegebene weiterführende Literatur: https://de.wikipedia.org/wiki/Aladdin_(BlackRock) (zuletzt gesehen am 31.1.2025)

217 René Descartes, Abhandlung über die Methode, richtig zu denken und Wahrheit in den Wissenschaften zu suchen, KDB: 100 Werke der Philosophie, S. 8081

218 Francis Bacon, Novum Organum. Große Erneuerung der Wissenschaften, London 1620/ Berlin 1793

219 Matthias Bastian, Orion und Strawberry: Das sollen die nächsten KI-Fortschritte von OpenAI sein, in: The Decoder, 27.8.2024: https://the-decoder.de/orion-und-strawberry-das-sollen-die-naechsten-ki-fortschritte-von-openai-sein/ (zuletzt gesehen am 31.1.2025)

220 Georg W. F. Hegel, Phänomenologie des Geistes, Meiner S. 127 f., 2006

221 Will Knight, Amazon Dreams of AI Agents That Do the Shopping for You, in: Wired, 9.10.2024: https://www.wired.com/story/amazon-ai-agents-shopping-guides-rufus/ (zuletzt gesehen am 31.1.2025)

222 Yuval Abraham, ›Lavender‹: The AI machine directing Israel's bombing spree in Gaza, in: +972 Magazine, 3.4.2024: https://www.972mag.com/lavender-ai-israeli-army-gaza/ (zuletzt gesehen am 31.1.2025, eigene Übersetzung). Vgl. auch Tara John, Israel is using artificial intelligence to help pick bombing targets in Gaza, report says, in: CNN World, 3.4.2024: https://edition.cnn.com/2024/04/03/middleeast/israel-gaza-artificial-intelligence-bombing-intl/index.html. (zuletzt gesehen am 31.1.2025)

223 Final report of the Panel of Experts on Libya established pursuant to Security Council resolution 1973 (2011), S. 17, 8.3.2021: https://documents.un.org/doc/undoc/gen/n21/037/72/pdf/n2103772.pdf (zuletzt gesehen am 31.1.2025)

224 Optimierte Deutsche, in: Frankfurter Allgemeine Sonntagszeitung, 3.9.2023, S. 19

225 Hartmut Rosa, Unverfügbarkeit, S. 87, Suhrkamp 2022

226 Zitiert nach Philipp von Becker, Transhumanismus als Abschied vom Individuum, S. 85, in: Stefan Lorenz Sorgner contra Philipp von Becker, Transhumanismus, Westend 2023

227 Nick Bostrom, Superintelligenz. Szenarien einer kommenden Revolution, S. 295, Suhrkamp 2014

228 Tobias Költzsch, Eine künstliche Intelligenz als Bürgermeister, in: golem.de, 13.4.2018: https://www.golem.de/news/ki-kandidat-eine-kuenstliche-intelligenz-als-buergermeister-1804-133830.html (zuletzt gesehen am 31.1.2025)

229 Isaac Asimov, Ich, der Roboter, Heyne 2016, S. 273

230 Einen Überblick über die Partie Lee Sedol gegen Alphago liefert der Dokumentarfilm AlphaGo von Greg Kohs: https://www.youtube.com/watch?v=WXuK6gekU1Y (zuletzt gesehen am 31.1.2025)

231 Vgl. hierzu die Umfrage in Nick Bostrom, Superintelligenz. Szenarien einer kommenden Revolution, S. 38, Suhrkamp 2014

232 Ray Kurzweil, Menschheit 2.0. Die Singularität naht, Lola Books 2014 und Toby Walsch, 2062. Das Jahr, in dem die künstliche Intelligenz uns ebenbürtig sein wird, riva 2019

233 Ray Kurzweil, The Singularit is Nearer. When We Merge with AI, Viking 2024

234 Sam Altman prognostiziert in einem Interview, dass AGI in 2025 kommen werde: Sam Altman's Shocking Prediction: 'We'll Solve ALL of Physics, 11.11.2024: https://www.youtube.com/watch?v=Z1kj6wSO4so (zuletzt gesehen am 31.1.2025)

235 Zitiert nach Michael Hauskeller, Reinventing Cockaigne. Utopian Themes in Transhumanist Thought, The Hastings Center Report 42/2 (2012), S. 39–47 (eigene Übersetzung)

236 Sam Altman, The Intelligence Age, 23.9.2024: https://ia.samaltman.com/ (zuletzt gesehen am 31.1.2025, eigene Übersetzung)

237 Mihail C. Roco, William Sims Bainbridge (Hg.), Converging Technologies for Improving Human Performance. Nanotechnology, Biotechnology, Information Technology and Cognitive Science, Springer 2003

238 Sam Altman, The Intelligence Age, 23.9.2024: https://ia.samaltman.com/ (zuletzt gesehen am 31.1.2025, eigene Übersetzung)

239 David Pearce, The Hedonistic Imperative, 0.1: https://www.hedweb.com/hedethic/tabconhi.htm (zuletzt gesehen am 31.1.2025, eigene Übersetzung)

240 Marc Andreessen, Why AI Will Save the World, 6.6.2023: https://a16z.com/ai-will-save-the-world/ (zuletzt gesehen am 31.1.2025, eigene Übersetzung)

241 Giulio Prosco, Don't Worry, Intelligent Life Will Reverse the Slow Death of the Universe, IEET.org, August 13, zitiert nach Roberto Paura, Singularity believers and the new utopia of transhumanism, in: Imago, No. 7, Year V, June 2016, S. 23–55

242 David Pearce, The Hedonistic Imperative, 0.1: https://www.hedweb.com/hedethic/tabconhi.htm (zuletzt gesehen am 31.1.2025, eigene Übersetzung)

243 Anthony Cuthbertson, Virtual reality heaven: How technology is redefining death and the afterlife, in: International Business Times, 9.12.2015: https://www.ibtimes.co.uk/virtual-reality-heaven-how-technology-redefining-afterlife-1532429 (zuletzt gesehen am 31.1.2025, eigene Übersetzung)

244 Anthony Cuthbertson, Virtual reality heaven: How technology is redefining death and the afterlife, in: International Business Times, 9.12.2015: https://www.ibtimes.co.uk/virtual-reality-heaven-how-technology-redefining-afterlife-1532429 (zuletzt gesehen am 31.1.2025, eigene Übersetzung)

245 Hava Tirosh-Samuelson, Transhumanism as a secularist faith, Zygon 47 (4), 2012, S. 710–734

246 Im Dokumentarfilm über Ray Kurzweil von Barry Ptolemy, Transcendent Man, 2009

247 Mark Harris, Inside the First Church of Artificial Intelligence, in: Wired, 15.11.2017: https://www.wired.com/story/anthony-levandowski-artificial-intelligence-religion/ (zuletzt gesehen am 31.1.2025, eigene Übersetzung)

248 Blaise Pascal, Gedanken über die Religion, Edition Holzinger 2013, S. 112

249 Zoltan Istvan, The Transhumanist Wager, Futurity Imagine Media, S. 60 2013 (eigene Übersetzung)

250 Sangeeta Singh-Kurtz, The Man of Your Dreams. For $300, Replika sells an AI companion who will never die, argue, or cheat — until his algorithm is updated, 10.3.2023, in: New York Magazin: https://www.thecut.com/article/ai-artificial-intelligence-chatbot-replika-boyfriend.html (zuletzt gesehen am 31.1.2025, eigene Übersetzung)

251 Vgl. Catrin Misselhorn, Künstliche Intelligenz und Empathie. Vom Leben mit Emotionserkennung, Sexrobotern & Co, Reclam 2021

252 Andrew McStay, The right to privacy in the age of emotional AI, ONHCR-Bericht 2018: https://www.ohchr.org/sites/default/files/Documents/Issues/DigitalAge/ReportPrivacyinDigitalAge/AndrewMcStayProfessor_of_Digital_Life,_BangorUniversityWalesUK.pdf (zuletzt gesehen am 31.1.2025)

253 Vgl. Andrew McStay, Emotional AI: The Rise of Empathic Media, Sage 2018

254 Vgl. https://replika.ai/ (zuletzt gesehen am 31.1.2025)

255 Vgl. https://www.hydoll.de/ (zuletzt gesehen am 31.1.2025)

256 Boone Ashworth, Wear This AI Friend Around Your Neck, in: Wired 30.7.2024: https://www.wired.com/story/friend-ai-pendant/ (zuletzt gesehen am 31.1.2025)

257 Boone Ashworth, Wear This AI Friend Around Your Neck, in: Wired 30.7.2024: https://www.wired.com/story/friend-ai-pendant/ (zuletzt gesehen am 31.1.2025, eigene Übersetzung)

258 David Levy, Love and Sex with Robots. The Evolution of Human-Robot Relationships, Harper 2008, S. 301 (Eigene Übersetzung)

259 David Levy, Love and Sex with Robots. The Evolution of Human-Robot Relationships, Harper 2008, S. 245 (Eigene Übersetzung)

260 David Levy, Love and Sex with Robots. The Evolution of Human-Robot Relationships, Harper 2008, S. 153 f.

261 Eine ausführliche Darstellung dieser Strategien kann dem Buch von Catrin Misselhorn entnommen werden: Catrin Misselhorn, Künstliche Intelligenz und Empathie. Vom Leben mit Emotionserkennung, Sexrobotern & Co, Reclam 2021

262 Emily Anthes, Alexa, habe ich Covid-19?, in: Spektrum, 9.10.2020: https://www.spektrum.de/news/kuenstliche-intelligenz-unterscheidet-stimme-von-gesunden-und-kranken/1777593 (zuletzt gesehen am 31.1.2025)

263 Adam Kramer, Jamie Guillory, Jeffrey Hancock, Experimental evidence of massive-scale emotionalcontagion through social networks, in: PNAS, July 22, 2014, vol. 111, no. 29, S. 1–3

264 Jan Dönges, Was Facebook-Likes über uns verraten, in: Spektrum 12.1.2015: https://www.spektrum.de/news/was-facebook-likes-ueber-uns-verraten/1326951 (zuletzt gesehen am 31.1.2025)

265 Erdrin Azemi et. Al., Biosignal Sensing Device Using Dynamic Selection Of Electrodes, US Patent Application Publication, Pub. No.: US 2023/0225659 A1, Pub. Date: 20.7.2023

266 Elisa Harlan, Oliver Schnuck, Fairness oder Vorurteil? Fragwürdiger Einsatz von Künstlicher Intelligenz bei der Jobbewerbung, in: br.de, 16.2.2021: https://interaktiv.br.de/ki-bewerbung/index.html (zuletzt gesehen am 31.1.2025)

267 Andrew McStay, The right to privacy in the age of emotional AI, ONHCR-Bericht 2018, S. 2: https://www.ohchr.org/sites/default/files/Documents/Issues/DigitalAge/ReportPrivacy inDigitalAge/AndrewMcStayProfessor_of_Digital_Life,_BangorUniversityWalesUK.pdf (zuletzt gesehen am 31.1.2025)

268 Betsy Stade et. al, Large language models could change the future of behavioral healthcare: A proposal for responsible development and evaluation, working paper 12.10.2023: https://osf.io/preprints/psyarxiv/cuzvr (zuletzt gesehen am 31.1.2025)

269 Karen Weintraub, Chatbots are accurate, show more empathy than doctors in answering questions, study finds, in: USA Today News, 1.5.2023: https://eu.usatoday.com/story/news/health/2023/05/01/chatbots-show-more-empathy-than-doctors-in-answeringpatient-questions-with-more-empathy-than-doctors/70170816007/ (zuletzt gesehen am 31.1.2025)

270 David Levy, Love and Sex with Robots. The Evolution of Human-Robot Relationships, Harper 2008, S. 120 (eigene Übersetzung)

271 David Levy, Love and Sex with Robots. The Evolution of Human-Robot Relationships, Harper 2008, S. 11 (eigene Übersetzung)

272 David Levy, Love and Sex with Robots. The Evolution of Human-Robot Relationships, Harper 2008, S. 21 (eigene Übersetzung)

273 David Levy, Love and Sex with Robots. The Evolution of Human-Robot Relationships, Harper 2008, S. 10 (eigene Übersetzung)

274 David Levy, Love and Sex with Robots. The Evolution of Human-Robot Relationships, Harper 2008, S. 22 (eigene Übersetzung)

275 Manuela Marquardt, Anthropomorphisierung in der Mensch-Roboter Interaktionsforschung, S. 4, in: Working papers – kultur- und techniksoziologische Studien 10 (2017) 1, S. 1–44

276 Vgl. Tobias Kopp, Mensch oder Maschine? Freund oder Feind? Ethische Implikationen neuartiger Mensch- Roboter-Relationen in der Arbeitswelt, S. 73–100, in: Ziad Mahayni, Ethische Fragen im Digitalzeitalter, Aisthesis 2025

277 Thomas Fuchs, Verkörperte Gefühle. Zur Phänomenologie von Affektivität und Interaffektivität, S. 142–167: Stufen der Empathie, Suhrkamp 2024

278 Catrin Misselhorn, Künstliche Intelligenz und Empathie. Vom Leben mit Emotionserkennung, Sexrobotern & Co, Reclam 2021, S. 51 f.

279 Vgl. Catrin Misselhorn, Künstliche Intelligenz und Empathie. Vom Leben mit Emotionserkennung, Sexrobotern & Co, Reclam 2021, S. 75 f.

280 Thomas Fuchs, Verkörperte Gefühle. Zur Phänomenologie von Affektivität und Interaffektivität, Suhrkamp 2024, S. 156

281 Zitiert nach Thomas Fuchs, Verkörperte Gefühle. Zur Phänomenologie von Affektivität und Interaffektivität, Suhrkamp 2024, S. 159

282 Diese Parallele wurde erstmals von Jonathan Cook erkannt: Jonathan Cook, It Isn't Emotional AI. It's Psychopathic AI, 6.8.2018, in: Medium: https://jonathanccook.medium.com/it-isnt-emotional-ai-it-s-psychopathic-ai-63a910282985 (zuletzt gesehen am 31.1.2025).

Vgl. auch Catrin Misselhorn, Künstliche Intelligenz und Empathie. Vom Leben mit Emotionserkennung, Sexrobotern & Co, Reclam 2021, S. 41 und Thomas Fuchs, Verkörperte Gefühle. Zur Phänomenologie von Affektivität und Interaffektivität, Suhrkamp 2024, S. 160.

283 Benedikt Fuest, Das Telefonat mit dem Friseur übernimmt jetzt Google, 11.5.2018, in: Business Insider: https://www.businessinsider.de/gruenderszene/business/google-assistent-duplex-telefonate/?interstitial, (zuletzt gesehen am 31.1.2025)

284 Masahiro Mori, The Uncanny Valley, in: IEEE Robotics & Automation Magazine, June 2012, S. 98–100: https://ieeexplore.ieee.org/stamp/stamp.jsp?tp=&arnumber=6213238 (zuletzt gesehen am 31.1.2025)

285 David Levy, Love and Sex with Robots. The Evolution of Human-Robot Relationships, Harper 2008, S. 306 (eigene Übersetzung)

286 Vgl. Kate Darling et. al., Empathic concern and the effect of stories in human-robot interaction, in: 24th IEEE international symposium on robot and human interactive communication (RO-MAN), 2015, IEEE, S. 770–775: https://ieeexplore.ieee.org/document/7333675 (zuletzt gesehen am 31.1.2025); Nijssen et. al., Saving the Robot or the Human? Robots Who Feel Deserve Moral Care, in: Soc Cognit 2019, 37(1), S. 41–42: https://guilfordjournals.com/doi/10.1521/soco.2019.37.1.41 (zuletzt gesehen am 31.1.2025)

287 Beispiele hierfür finden sich bei Catrin Misselhorn, Künstliche Intelligenz und Empathie. Vom Leben mit Emotionserkennung, Sexrobotern & Co, Reclam 2021, S. 107 f.

288 Vgl. hierzu u. a.: Mark Coeckelbergh, Robot rights? Towards a social-relational justification of moral consideration, in: Ethics and Information Technology, 27.6.2010, 12 (3), S. 209–221: https://doi.org/10.1007/s10676-010-9235-5 (zuletzt gesehen am 31.1.2025); David Levy, The Ethical Treatment of Artificially Conscious Robots, in: International Journal of Social Robotics, 14.7.2009, Vol. 1, S. 209–216, https://link.springer.com/article/10.1007/s12369-009-0022-6 (zuletzt gesehen am 31.1.2025)

289 David Levy, Love and Sex with Robots. The Evolution of Human-Robot Relationships, Harper 2008, S. 305 (eigene Übersetzung)

290 David Levy, Love and Sex with Robots. The Evolution of Human-Robot Relationships, Harper 2008, S. 186 und S. 310

291 Vgl. hierzu u. a.: Catrin Misselhorn, Künstliche Intelligenz und Empathie. Vom Leben mit Emotionserkennung, Sexrobotern & Co, Reclam 2021, S. 97 f.; Kate Darling, Extending Legal Protection to Social Robots: The Effects of Anthropomorphism, Empathy, and Violent Behavior Towards Robotic Objects, in: Calo, Froomkin, Kerr (Hg.), Robot Law, S. 213–232, Cheltenham (Edward Elgar Publishing) 2016, https://doi.org/10.2139/ssrn.2044797 (zuletzt gesehen am 31.1.2025)

292 Sherry Turkle, The Second Self. Computers and the Human Spirit, 1984, zitiert nach David Levy, Love and Sex with Robots. The Evolution of Human-Robot Relationships, Harper 2008. S. 68 (Eigene Übersetzung)

293 David Levy, Love and Sex with Robots. The Evolution of Human-Robot Relationships, Harper 2008, S. 138 (eigene Übersetzung)

294 Sangeeta Singh-Kurtz, The Man of Your Dreams. For $300, Replika sells an AI companion who will never die, argue, or cheat — until his algorithm is updated, 10.3.2023, in: New York Magazin: https://www.thecut.com/article/ai-artificial-intelligence-chatbot-replika-boyfriend.html (zuletzt gesehen am 31.1.2025, eigene Übersetzung)

295 Hank Pellesier, Sexbots will give us longevity orgasm, in: Humanity plus Magazin, 11.12.2009, zitiert nach Michael Hauskeller, Mythologies of Transhumanism, Palgrave Macmillan 2016, S. 195

296 Sangeeta Singh-Kurtz, The Man of Your Dreams. For $300, Replika sells an AI companion who will never die, argue, or cheat — until his algorithm is updated, 10.3.2023, in: New York Magazin: https://www.thecut.com/article/ai-artificial-intelligence-chatbot-replika-boy friend.html (zuletzt gesehen am 31.1.2025, eigene Übersetzung)

297 Joe Snell, Impact of Robotic Sex, in: The Futurist, July-August 1997, S. 32–34, zitiert nach David Levy, Love and Sex with Robots. The Evolution of Human-Robot Relationships, Harper 2008, S. 138 (eigene Übersetzung)

298 Max More, Vom biologischen Menschen zum posthumanen Wesen, in: Telepolis vom 17.7.1996: https://www.telepolis.de/features/Vom-biologischen-Menschen-zum-posthum anen-Wesen-3563295.html (zuletzt gesehen am 31.1.2025)

299 David Levy, Love and Sex with Robots. The Evolution of Human-Robot Relationships, Harper 2008, S. 115, 132 und 304 (eigene Übersetzung)

300 Khalil Gibran, Der Prophet, Walter 1995, S. 13

301 Dylan Evans, Wanting the impossible. The dilemma at the heart of intimate human-ro-bot relationships, S. 75–87, in: Yorick Wilks, Close Engagement with Artificial Compani-ons, John Benjamins Publishing 2010; Michael Hauskeller, Mythologies of Transhumanism, Kap. 10: Automatic Sweethearts, Palgrave Macmillan 2016

302 Dylan Evans, Wanting the impossible. The dilemma at the heart of intimate human-robot relationships, S. 84, in: Yorick Wilks, Close Engagement with Artificial Companions, John Benjamins Publishing 2010 (eigene Übersetzung)

303 Vgl. Catrin Misselhorn, Künstliche Intelligenz und Empathie. Vom Leben mit Emotionser-kennung, Sexrobotern & Co, Reclam 2021, S. 123 f.; Tobias Kopp, Mensch oder Maschine? Freund oder Feind? Ethische Implikationen neuartiger Mensch- Roboter-Relationen in der Arbeitswelt, S. 78, in: Ziad Mahayni, Ethische Fragen im Digitalzeitalter, Aisthesis 2025; Sherry Turkle, Alone Together: Why We Expect More from Technology and Less from Each Other, Basic Books 2011

304 Sangeeta Singh-Kurtz, The Man of Your Dreams. For $300, Replika sells an AI companion who will never die, argue, or cheat — until his algorithm is updated, 10.3.2023, in: New York Magazin: https://www.thecut.com/article/ai-artificial-intelligence-chatbot-replika-boyfriend.html (zuletzt gesehen am 31.1.2025, eigene Übersetzung)

305 Catrin Misselhorn, Tobias Störzinger, Social Robots as Echo Chambers and Opinion Am-plifiers, in: Catrin Misselhorn et.al. (Hg.), Emotional Machines. Perspectives from Affective Computing and Emotional Human-Machine Interaction, Springer VS 2023

306 Z. B. Center for Humane Technology, The A.I. Dilemma, 9.3.2023: https://www.youtube.com/watch?v=xoVJKj8lcNQ&t=644s (zuletzt gesehen am 31.1.2025)

307 Imane El Atillah, KI-Chatbot wird für Selbstmord eines Familienvaters in Belgien verant-wortlich gemacht, in: Euronews, 2.4.2023: https://de.euronews.com/next/2023/04/02/chatbot-eliza-ki-selbstmord-belgien (zuletzt gesehen am 31.1.2025)

308 Kevin Roose, Can A.I. Be Blamed For A Teen's Suicide?, in: New York Times, 24.10.2024: https://www.nytimes.com/2024/10/23/technology/characterai-lawsuit-teen-suicide.html (zuletzt gesehen am 31.1.2025, eigene Übersetzung)

309 Eine ausführliche Version der im folgenden komprimiert vorgetragenen Gedanken findet sich in Ziad Mahayni, Aristoteles auf Facebook oder: Was ist Freundschaft?, in: SCHEIDE-WEGE. Jahresschrift für skeptisches Denken, H. 48, Jg. 2018/2019, S. 92–111

310 Vgl. u. a. Jonathan Haidt, The Happiness Hypothesis. Putting Ancient Wisdom and Philosophy to the Test of Modern Science, Arrow 2006

311 Aristoteles, Nikomachische Ethik, VI.2, in: Philosophische Schriften, Bd. 3, WBG 1995, S. 216

312 Aristoteles, Nikomachische Ethik, VI.2 in: Philosophische Schriften, Bd. 3, WBG 1995, S. 217

313 Vgl. Alois Hahn, Freundschaft – ein überflüssiges Ideal?, in: der blaue reiter. Journal für Philosophie, 32, S. 17–21

314 Kit Smith, 53 Incredible Facebook Statistics and Facts, in: Brandwatch, 1.6.2019: https://www.brandwatch.com/blog/facebook-statistics/ (zuletzt gesehen am 31.1.2025)

315 Vgl. Ziad Mahayni, #14 Social Media – Was Facebook?, in: Podcast Auf der Kippe. Philosophie für das digitale Zeitalter, 1.1.2022: https://open.spotify.com/episode/6woMkt1Cksi Rl34IKx6QEk?si=svigH6DrRcOaYgSyDpj4sA (zuletzt gesehen am 31.1.2025)

316 Vgl. Ziad Mahayni, Aristoteles auf Facebook oder: Was ist Freundschaft?, in: SCHEIDEWE-GE. Jahresschrift für skeptisches Denken, H. 48, Jg. 2018/2019, S. 92–111

317 Aristoteles, Nikomachische Ethik, VI.2, in: Philosophische Schriften, Bd. 3, WBG 1995, S. 217

318 Gabor Maté, Vom Mythos des Normalen, Kösel 2022, S. 19–20

319 Umfrage unter Arbeitnehmern: Mehrheit sieht Burn-out-Risiko, in: ZDF, 14.2.2024, https://www.zdf.de/nachrichten/panorama/burn-out-arbeitnehmer-100.html (zuletzt gesehen am 31.1.2025). Arbeitsunfähigkeitstage aufgrund psychischer Erkrankung sind in Deutschland zwischen 1997 und 2021 um 274% gestiegen. Todesfälle aufgrund einer depressiven Episode sind im gleichen Zeitraum noch deutlich stärker gestiegen. Psychische Erkrankungen sind in der Zwischenzeit zur zweithäufigsten Ursache für Arbeitsunfähigkeit geworden. Quelle: Statista.de: https://de.statista.com/themen/1318/psychische-erkrankungen/#topicOverview (zuletzt gesehen am 31.1.2025)

320 Thomas Fuchs, Lukas Iwer, Stefano Micali (Hg.), Das überforderte Subjekt. Zeitdiagnosen einer beschleunigten Gesellschaft, Suhrkamp 2024, S. 7

321 Julia Baarck et al., Loneliness in the EU. Insights from surveys and online media data, in: Publications Office of the European Union, 26.7.2021: https://publications.jrc.ec.europa.eu/repository/handle/JRC125873 (zuletzt gesehen am 31.1.2025)

322 Jacob Sweet, The Loneliness Pandemic. The psychology and social costs of isolation in everyday life, in: Harvard Magazine, Jan./Feb. 2021: https://www.harvardmagazine.com/2020/12/feature-the-loneliness-pandemic (zuletzt gesehen am 31.1.2025)

323 Jean M. Twenge, Have Smartphones Destroyed a Generation?, in: The Atlantic, Sept. 2017: https://www.theatlantic.com/magazine/archive/2017/09/has-the-smartphone-destroyed-a-generation/534198/ (zuletzt gesehen am 31.1.2025)

324 Bundesministerium für Familie, Senioren, Frauen und Jugend, Strategie gegen Einsamkeit, 15.10.2024: https://www.bmfsfj.de/bmfsfj/themen/engagement-und-gesellschaft/strategie-gegen-einsamkeit-201642 (zuletzt gesehen am 31.1.2025)

325 Vgl. Gernot Böhme, Rebecca Böhme, Über das Unbehagen im Wohlstand, Suhrkamp 2021

326 Robert Mahari, Pat Pataranutaporn, Gefährliche Gefühle, in: MIT Technology Review, Jan. 2025, S. 102

327 Alle zitierten Nutzer-Stimmen stammen aus: Sangeeta Singh-Kurtz, The Man of Your Dreams. For $300, Replika sells an AI companion who will never die, argue, or cheat — until his algorithm is updated, 10.3.2023, in: New York Magazin: https://www.thecut.com/article/ai-artificial-intelligence-chatbot-replika-boyfriend.html (zuletzt gesehen am 31.1.2025, eigene Übersetzung) sowie aus den Rezensionen zur App Replika aus dem Apple App-Store. Einige weitere Stimmen wurden von mir zusammengetragen in: Ziad Mahayni, #24 »Immer jemand da, der an einen denkt!« – Werden wir KI-Freunde haben?, in: Podcast Auf der Kippe. Philosophie für das digitale Zeitalter, 7.7.2023: https://open.spotify.com/episode/1WTQdUXHD6Oq6kBN0jfEoT?si=DbfdsfqXRHC-QMuOCAWfeA (zuletzt gesehen am 31.1.2025)

328 Tomothy Bickmore, Friendship and Intimacy in the Digital Age, in: MAS 714 – Systems & Self, 8.12.1998 und David Levy, Love and Sex with Robots. The Evolution of Human-Robot Relationships, Harper 2008, S. 106f. (eigene Übersetzung)

329 Vgl. Zum Beispiel: Jean M. Twenge, Have Smartphones Destroyed a Generation?, in: The Atlantic, Sept. 2017: https://www.theatlantic.com/magazine/archive/2017/09/has-the-smartphone-destroyed-a-generation/534198/ (zuletzt gesehen am 31.1.2025); Brian A. Primack et. al., Social Media Use and Perceived Social Isolation Among Young Adults in the U.S., in: Americane Journal of Preventive Medicine, Volume 53, ISSUE 1, P1-8, July 01, 2017; Forsa Politik- und Sozialforschung GmbH, Nutzung sozialer Medien bei 12–17-Jährigen, 21.9.2017: https://www.schau-hin.info/fileadmin/content/Downloads/Sonstiges/dak-studie-sucht-nach-sozialen-medien.pdf (zuletzt gesehen am 31.1.2025); Raimund Schesswendter, Facebook: Interne Studie zeigt Schädlichkeit von Instagram, in: t3n, 15.9.202: https://t3n.de/news/facebook-studie-toxisch-schaedlich-teenager-jugendliche-1407124/ (zuletzt gesehen am 31.1.2025)

330 David Levy, Love and Sex with Robots. The Evolution of Human-Robot Relationships, Harper 2008, S. 115, 132 und 304 (eigene Übersetzung)

331 Vgl. hierzu Ziad Mahayni (Hg.), Stabiler Burn-Out. Sind Mensch Natur und Gesellschaft im Zustand verstetigter Erschöpfung?, Aisthesis (voraussichtlicher Erscheinungstermin 2026)